权威·前沿·原创

皮书系列为
"十二五""十三五""十四五"时期国家重点出版物出版专项规划项目

BLUE BOOK

智 库 成 果 出 版 与 传 播 平 台

晋江法治蓝皮书

BLUE BOOK OF THE RULE OF LAW IN JINJIANG

晋江法治发展报告 *No.1*
（2023~2024）

THE ANNUAL REPORT ON DEVELOPMENT OF
THE RULE OF LAW IN JINJIANG No.1(2023-2024)

主　编／莫纪宏　李志强
副主编／黄建辉　范飞跃　李　霞

社会科学文献出版社
SOCIAL SCIENCES ACADEMIC PRESS（CHINA）

图书在版编目（CIP）数据

晋江法治发展报告 . No. 1，2023~2024 / 莫纪宏，
李志强主编；黄建辉，范飞跃，李霞副主编 . --北京：
社会科学文献出版社，2024. 11. --（晋江法治蓝皮书）.
ISBN 978-7-5228-4155-7

Ⅰ . D927. 574

中国国家版本馆 CIP 数据核字第 2024LK6706 号

晋江法治蓝皮书

晋江法治发展报告 No. 1（2023~2024）

主　　编 / 莫纪宏　李志强
副 主 编 / 黄建辉　范飞跃　李　霞

出 版 人 / 冀祥德
责任编辑 / 李　晨
责任印制 / 王京美

出　　版 / 社会科学文献出版社·法治分社（010）59367161
　　　　　　地址：北京市北三环中路甲 29 号院华龙大厦　邮编：100029
　　　　　　网址：www. ssap. com. cn
发　　行 / 社会科学文献出版社（010）59367028
印　　装 / 三河市东方印刷有限公司

规　　格 / 开本：787mm×1092mm　1/16
　　　　　　印张：17. 25　字数：255 千字
版　　次 / 2024 年 11 月第 1 版　2024 年 11 月第 1 次印刷
书　　号 / ISBN 978-7-5228-4155-7
定　　价 / 128. 00 元

读者服务电话：4008918866

主要编撰者简介

莫纪宏　中国社会科学院学部委员、法学研究所所长、研究员，中国社会科学院大学法学院院长、教授、博士生导师。兼任中国法学会宪法学研究会常务副会长、国际宪法学协会名誉主席（终身）等。获文化名家暨"四个一批"人才、第四届"全国十大杰出青年法学家"、"2023 年度法治人物"等称号。

李志强　中共晋江市委常委、政法委书记，中共晋江市委全面依法治市委员会办公室主任。

黄建辉　泉州市公安局副局长，晋江市人民政府党组成员、副市长，晋江市公安局党委书记、局长。

范飞跃　晋江市司法局党组书记、局长，中共晋江市委全面依法治市委员会办公室副主任。

李　霞　中国社会科学院法学研究所宪法与行政法研究室主任、研究员，中国社会科学院大学法学院副院长、教授、博士生导师。兼任中国法学会行政法学研究会常务理事兼副秘书长，北京市监察法学会副会长等。

摘　要

《晋江法治发展报告 No.1（2023~2024）》（晋江法治蓝皮书）以实证研究为主要方法，立足晋江县域，放眼全国法治，观察、梳理和呈现了近年来，尤其是 2022 年以来福建省晋江市全面依法治市工作的成绩、动态和趋势。在此基础上，对在新征程上如何推进县域法治、建设法治化营商环境进行了思考，期望为基层治理体系和治理能力现代化提供有针对性的对策建议和智力支持。

全书分为总报告、法治政府篇、公正司法篇、营商环境篇、基层治理篇、法律服务篇等六个部分。总报告回顾和总结了晋江市以法治政府建设示范创建为主抓手，从贯彻法治思想、加强党的领导、优化营商环境、政府依法行政、保障司法公正、建设法治社会等多方面推进依法治市的实践，剖析了目前法治晋江建设面临的一些挑战。"法治政府篇"聚焦晋江县域法治政府建设领域，从推进严格规范执法、执法体制改革试点、应急法治建设和"政务云"创新等角度，展现了晋江在执法和监管方面取得的成绩。"公正司法篇"的两篇报告分别从人民法院和人民检察院的角度切入，探讨基层审判和检察机关司法为民的定位和角色。"营商环境篇"以传承弘扬"晋江经验"为主线，探讨县域法治化营商环境构建的路径，并对政府和企业的关系、社会科学研究对于法治建设的贡献等问题进行了深入思考。"基层治理篇"以平安晋江建设、大型社区治理、"依法治（医）院"和职工依法维权等层面的丰富实践为例，对多元共治进行了诠释。"法律服务篇"着眼于晋江法律援助的实践，并以"多维度筑牢防溺水安全屏障"为例，体现了政府公共法律服务对于法治社会建设的助推与保障。

目 录 ⤷

I 总报告

II 法治政府篇

III 公正司法篇

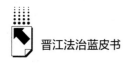

皮书数据库阅读**使用指南**

总 报 告

B.1

全面依法治市的晋江实践[*]

中共晋江市委全面依法治市委员会办公室课题组[**]

摘　要：　二十多年来，在"晋江经验"的指引下，晋江市践行"法治是最好的营商环境"理念，持续高速发展。新时代新征程，晋江市以法治政府建设示范创建为主抓手，从贯彻法治思想、加强党的领导、优化营商环境、政府依法行政、保障司法公正、建设法治社会等多方面全面推进依法治市工作，形成诸多工作亮点，推动法治晋江高水平建设，助力晋江高质量发展。但目前法治晋江工作还面临工作机制不完善、体制改革不到位等问题。晋江市将进一步健全法治晋江建设的领导体制和工作机制，着力增强法治督察实效，提升依法行政水平，深化法治社会建设，为奋力推进中国式现代化晋江实践、谱写"晋江经验"新篇章提供有力的法治保障。

---

[*]　文中数据未专门注明出处的，来源于课题组的一线调研，本书其他分报告下同。

[**]　课题组负责人：范飞跃，晋江市司法局党组书记、局长，中共晋江市委全面依法治市委员会办公室副主任；张贻潜，晋江市司法局党组成员、一级主任科员，中共晋江市委全面依法治市委员会办公室成员。报告执笔人：庄金虎，中共晋江市委全面依法治市委员会办公室秘书科科长、政策法规和备案审查科负责人。

关键词： 晋江经验　全面依法治市　法治政府

一　晋江市全面依法治市的概况

改革开放以来，福建东南沿海一个海滨小县城，一个 1978 年地区生产总值仅为 1.45 亿元人民币的地方，乘着改革开放的春风，靠着"敢为天下先、爱拼才会赢"的闯劲，走出了一条独具特色的县域发展道路。2002 年，时任福建省省长习近平同志将其总结为以"六个始终坚持"和"正确处理好五个关系"为核心内涵的"晋江经验"，即始终坚持以发展社会生产力为改革和发展的根本方向，始终坚持以市场为导向发展经济，始终坚持在顽强拼搏中取胜，始终坚持以诚信促进市场经济的健康发展，始终坚持立足本地优势和选择符合自身条件的最佳方式加快经济发展，始终坚持加强政府对市场经济的引导和服务，处理好有形通道和无形通道的关系，处理好发展中小企业和大企业之间的关系，处理好发展高新技术产业和传统产业的关系，处理好工业化和城市化的关系，处理好发展市场经济与建设新型服务型政府之间的关系。①

20 多年来，晋江始终以"晋江经验"为引领，发挥"敢为天下先、爱拼才会赢"精神，践行"法治是最好的营商环境"理念，以高质量法治保障高质量发展，被誉为"全国县域经济发展典范、中小城市建设样板"，先后荣获"全国文明城市""国家园林城市""国家生态市""中国国际化营商环境建设示范县（市、区）"等称号。2022 年，晋江市地区生产总值达3207.4 亿元，经济总量持续位居福建省县域首位，县域基本竞争力位居全国第四，城市投资潜力、营商环境跃居全国县域第二。回望"晋江经验"

---

① 参见习近平《研究借鉴晋江经验　加快县域经济发展——关于晋江经济持续快速发展的调查与思考》，《人民日报》2002 年 8 月 20 日，第 11 版；习近平《研究借鉴晋江经验　加快构建三条战略通道——关于晋江经济持续快速发展的调查与思考》，《福建日报》2002 年10 月 4 日，第 3 版。

的发展历程，可以发现一条清晰的主线，这就是以法治护航经济发展、以法治推动社会进步，晋江的发展成就充分地践行着"法治是最好的营商环境"理念。

2019年9月，晋江召开市委全面依法治市委员会第一次会议，审议通过了《中共晋江市委全面依法治市委员会工作规则》《中共晋江市委全面依法治市委员会协调小组工作规则》《中共晋江市委全面依法治市委员会办公室工作细则》等文件，确立了由市委全面依法治市委员会统筹协调全面依法治市工作，办公室负责处理委员会日常事务工作，立法、执法、司法、守法普法四个协调小组协调推动委员会决定事项、部署工作并分别落实的工作格局，开启了晋江市全面依法治市的新篇章。

晋江市坚持以习近平新时代中国特色社会主义思想为指导，深入学习贯彻习近平法治思想，全面贯彻党的十九大、十九届历次全会和二十大精神，深刻领悟"两个确立"的决定性意义，增强"四个意识"、坚定"四个自信"、做到"两个维护"，坚持党的领导、人民当家作主、依法治国有机统一，立足新发展阶段、贯彻新发展理念、服务和融入新发展格局，深入推进全面依法治市工作，充分发挥法治固根本、稳预期、利长远的保障作用，为谱写新时期"晋江经验"更加出彩的绚丽篇章提供有力法治保障。特别是2021年以来，晋江市以法治政府建设示范创建为主抓手，将法治政府建设作为全面依法治市的重点任务和主体工程，以创建促提升、以示范带发展、大胆探索、先行先试，加快构建职责明确、依法行政的政府治理体系，全面建设职能科学、权责法定、执法严明、公开公正、智能高效、廉洁诚信、人民满意的法治政府，为到2035年基本建成法治晋江、法治政府、法治社会奠定坚实基础。2021年11月，晋江市获评首批"福建省法治政府建设示范市"；2022年11月，晋江市获评"全国法治政府建设示范市"。

二　晋江市全面依法治市工作亮点

2023年，晋江市坚持以习近平新时代中国特色社会主义思想为指导，

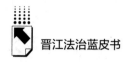

全面学习贯彻党的二十大精神，以深入学习贯彻习近平法治思想为主题，以贯彻落实晋江市法治建设"一规划两方案"为抓手，以深化法治领域改革为动力，持续擦亮"全国法治政府建设示范市"金字招牌，深入践行法治为民，全面推进全市各方面工作法治化，为晋江市加快构建"一三一三七"发展格局、奋力推进中国式现代化晋江实践、谱写"晋江经验"新篇章提供有力的法治保障。2023 年 7 月，"晋江经验"被写入《中共中央　国务院关于促进民营经济发展壮大的意见》，成为引领全国民营经济发展的先进经验。

（一）深入学习贯彻党的二十大精神，切实把习近平法治思想贯彻到全面依法治市的全过程

一是深化学习培训。把学习贯彻党的二十大精神作为首要政治任务，印发《〈关于学习宣传贯彻党的二十大精神全面推进依法治市的实施方案〉重要举措分工方案》，推动各单位把学习贯彻党的二十大精神和学习贯彻习近平法治思想紧密结合起来，与开展学习贯彻习近平新时代中国特色社会主义思想主题教育紧密结合起来，做到一体学习领会、一体指导实践、一体推动落实。推动习近平法治思想纳入各级党委（党组）理论学习中心组学习，推动领导班子、领导干部带头学习习近平法治思想。建立法治工作部门全战线、全覆盖培训轮训制度，建立领导干部法律知识考试制度。

二是深化研究阐释。与中国社会科学院、厦门大学、华侨大学等高等院校开展合作，进一步推动法学理论与法治建设实践紧密结合、法学教育与法治工作深度衔接，推动法律工作、依法行政和法学实践科学发展，深入研究阐释习近平总书记在福建工作期间开展的重要法治理念和重大法治实践，传承弘扬创新发展"晋江经验"，开展"'晋江经验'的法治意涵"课题调研。探索建立全面依法治市专家库，完善全面依法治市专家决策咨询机制，充分发挥专家学者参谋智囊作用。

三是深化宣传引导。把习近平法治思想学习宣传作为"八五"普法首要内容，利用国家宪法日、宪法宣传周、民法典宣传月等重要时间节点，组织"八五"普法讲师团、"蒲公英"普法志愿者深入农村、社区、机关、学校、企业、军营、网络、宗教场所等，开展习近平法治思想主题宣传，推动习近平法治思想入脑入心。

（二）加强党对全面依法治市的集中统一领导

一是发挥领导干部带头示范作用。制定并落实党政主要负责人履行推进法治建设第一责任人职责清单，持续推进党政主要负责人年终述法全覆盖，探索开展专题述法。

二是健全法治建设制度机制。贯彻落实中央全面依法治国委员会《关于进一步加强市县法治建设的意见》和晋江市重要举措分工方案，推动党委法治建设议事协调机构办事机构实质化运作，在2021年单独设立依法治市办秘书科，2022年将市委办、政府办分管领导及政法委常务副书记调整充实为依法治市办成员的基础上，结合晋江实际，修改《中共晋江市委全面依法治市委员会工作规则》等工作制度，将立法协调小组变更为立法和依法决策协调小组，增设各协调小组办公室，由协调小组组长所在单位承担协调小组办公室职能，负责协调小组日常工作运行，加强全面依法治市委员会各成员单位间的信息沟通、工作联动、协调会商，形成工作合力。健全镇（街道）法治建设领导体制和工作机制，依托司法所协调推进、督促检查镇（街道）法治建设工作，确保全面依法治市的决策部署落实到"最后一公里"。健全完善法治建设考核评价督察制度机制，科学合理设置绩效考评中法治建设的考核方式和权重，在年度绩效考核中增加对党政主要负责人履行推进法治建设第一责任人职责情况的考核项目。探索组织开展对镇（街道）法治督察工作，夯实法治建设基础；强化对重大法治事件的督察，组织开展道路交通安全和运输执法领域突出问题专项整治。

（三）积极服务和融入新发展格局，不断优化法治化营商环境

一是大力推进审批服务再提速。行政许可事项承诺时限在法定时限基础

上平均压缩 91.89%，"一趟不用跑"事项占比 90.47%，网上可办率 99.21%，全流程网办率 85.07%。深化政务服务事项"五级十五同"，全市共绑定发布"五级十五同"事项 5661 个，形成标准化事项清单。深化工程建设项目审批制度改革，实现"交地即交证""拿地即开工"，"多评合一模拟审批"①，简化提容增效规划审批经验获全省推广。落地省级试点项目"一业一证"，实现"一码亮证"。深化"一件事"改革，梳理企业和群众高频办理的 40 个"一件事"跨部门流程，实现集成套餐式服务。在闽政通 App"i 晋江"入驻"晋江人社""晋江民政""医疗卫生""城市管理""不动产查询""公积金查询"等专题，涵盖事项 155 个，入驻事项总量居泉州各县（市、区）首位。率先在省内推行"免证办"服务，入选首批省、泉州优化营商环境典型案例。推行"跨域通办"，新增"省内通办"事项 37 个、"跨省通办"事项 4 个，与全国 8 个省份 17 个县（市、区）达成"跨省通办"伙伴关系，共同梳理打造了"异地受理、属地审批、就近取证"的全新服务模式。

二是助力经济做大做强。聚焦高质量发展亟须突破的难点问题，推进重点领域改革，部署 12 个领域 41 项年度重点改革任务，16 项"国字号"试点有序推进。统筹推进国家盘活利用低效用地试点工作，推进综合产业园区建设，持续优化产业空间。设立"晋江人才日"，发布卫生、高等教育专项人才政策及现代产业体系人才中期评估积分评价办法，完善企业人才自主认定政策。经济开发区设立泉州首个省级职业技能提升中心。深化"就业稳岗提升工程"，全省率先出台鼓励留晋 12 条措施，累计减免社保费、兑现就业补助和失业保险稳岗资金 1.17 亿元，惠及市场主体 2 万家，城镇新增就业 1.8 万人。

三是实施知识产权全链条保护。深化知识产权综合保护，完善执法司法

---

① 2023 年 1 月 5 日，在晋江市行政服务中心，晋江某企业两宗工业用地完成交地，一次性取得土地出让合同、建设用地规划许可证、不动产权证书、建设工程规划许可证、建筑工程施工许可证等，打造了工业项目"五证同发"新模式，实现"交地即交证，拿地即开工"，为企业发展赢得了宝贵的时间。

协同保护体系，着力提升县域知识产权保护水平，更好地服务创新驱动发展战略。依托国家级知识产权快速维权中心——中国晋江（鞋服和食品）知识产权快速维权中心，推进知识产权集聚区建设，构建知识产权大保护大服务格局。将符合条件的外观专利申请获得的时间，从原来的6~8个月缩短至10个工作日，大大提高外观设计专利的申请效率。2022年，晋江市万人有效发明专利拥有量达15.34件，通过首批国家创新型（县）市验收，获评首批"国家知识产权强县建设示范县"、全国"工业互联网推动数字化创新领先县（市）"，入选国家第一批知识产权纠纷快速处理试点地区。三创园获评"国家级科技企业孵化器"。

四是大力构建新型政商关系。定期梳理修订惠企政策，召开企业创新发展大会，发布"创新驱动、资本赋能"15项产业扶持政策，全力支持企业科技创新、空间拓展、人才引育。召开优化营商环境大会，发布法治护航民营企业健康发展10条措施，出台帮扶中小企业纾困解难38项针对性举措。建立政企"早午晚餐会"制度，深入开展"千名干部进千企，一企一策促发展"、行政审批服务"局长走流程"等活动，清单式精准帮扶企业解决问题383个。创新推出企业服务"三专"模式、营商环境"体验官"制度，获评"泉州市优化营商环境标杆县（市）"。

五是严格落实公平竞争审查制度。建立完善公平竞争审查举报处理和回应等机制，依法纠正滥用行政权力排除、限制竞争行为，破除妨碍生产要素市场化配置和商品服务流通的体制机制障碍，全面清理、废止对非公有制经济各种形式的不合理规定。

六是提高涉外法治服务保障水平。积极参与海丝中央法务区建设，鼓励法务机构赴海丝共建国家和地区设立分支机构，促进法务资源互联互通。积极开展研讨、交流、培训等涉外法律服务系列活动，完善线上线下涉外法律咨询服务，加大涉外法律服务宣传力度，组织律师团队深入企业调研，推动涉外律师与涉外经贸企业开展交流合作，强化贸易风险防范，支持、帮助、指导企业开展涉外商事纠纷预防，满足企业涉外法律需求，为企业开展经贸合作保驾护航。

（四）持续提升法治政府建设水平

一是依法规范行政决策程序。晋江修订市政府工作规则，出台《晋江市人民政府重大行政决策若干规定》（晋政文〔2022〕100号），进一步规范重大行政决策程序，严格履行公众参与、专家论证、风险评估、合法性审查、集体讨论决定、公开发布等程序，切实增强行政决策的科学性、民主性、合法性。落实重大决策合法性审查制度，市司法局会同政府法律顾问主动靠前，推行决策合法性前置审查，公开年度重大行政决策事项目录，不断提升政府科学、民主、依法决策能力。进一步完善行政规范性文件监督管理制度，率先试行政府规范性文件项目化运作模式，制定《行政合法性审查工作指引》，开展全流程审查的内部监督活动，推进行政合法性审查全覆盖，落实合法性审查季度通报和行政规范性文件制定后评估制度。推进规范性文件"统一登记、统一编号、统一印发"工作落实。强化规范性文件备案审查工作，做到有件必备、有备必审、有错必纠。根据法律、法规、规章和上级文件的调整情况以及上级要求，全面梳理现行有效规范性文件，适时开展行政规范性文件清理工作，确保规范性文件合法有效。公布市级行政规范性文件制定主体清单和管理事项类别清单。2023年1~6月，累计开展对提交市政府常务会议或上报市政府常务会议审议后提交市委研究的议题事项，以市委办、市政府办名义或市委、市政府名义联合制发文件以及市政府行政合同文本的合法性审查共145件，其中行政规范性文件21件。

二是深化行政执法体制改革。晋江作为省级联系点，配合做好福建省一体化大融合行政执法平台建设，加强行政执法智能辅助、全流程管理、数据归集统计、分析预警研判、联动指挥、监督评议。推进跨领域跨部门综合执法和基层"一支队伍管执法"的改革任务，整合现有派驻的站、所、分局力量和资源，实现执法联动响应和协作，提高基层执法效率。推动执法重心向基层下移，加大执法人员、经费、资源、装备等向基层倾斜力度，依法稳妥下放基层管理迫切需要且能有效承接的行政执法事项。加强对镇（街道）综合行政执法工作的指导和监督。

三是全面推进严格规范公正文明执法。实施提升行政执法质量三年行动计划。全面推行行政执法"三项制度"，提高执法人员业务能力。深入推行包容审慎监管执法"四张清单"制度，严格落实 2022 年已公布的 950 项"四张清单"，切实减轻企业经济负担。加大对关系群众切身利益的重点领域执法力度，分领域梳理群众反映强烈的突出问题，开展集中专项整治。推动行政执法案卷评查常态化，健全行政执法和刑事司法双向衔接机制。

四是做优做实行政复议应诉工作。巩固提升行政复议体制改革成果，加强行政复议应诉业务培训，强化行政复议队伍业务素质能力建设。开展行政复议案卷评查工作，提升行政复议办案质效。重视行政复议调解和解工作，提高行政复议调解率，促进行政争议实质化解。推广应用全国行政复议行政应诉工作平台，提高行政复议行政应诉信息化水平。严格执行《晋江市行政机关行政应诉工作规则》等相关规定，定期通报晋江市行政诉讼败诉情况及行政机关负责人出庭应诉情况，建立备案提醒、信息共享、约谈等工作机制，深化府院联动，实现全市行政机关负责人出庭应诉常态化、制度化。

五是提高政务公开能力和水平。坚持以公开为常态、不公开为例外，用政府更加公开透明赢得人民群众更多理解、信任和支持。大力推进决策、执行、管理、服务和结果公开，做到法定主动公开内容全部公开到位。规范年度报告内容形式和公开途径，要求各镇人民政府、街道办事处、经济开发区管委会和市直各有关单位于每年 3 月 1 日前主动报告上一年度法治政府建设情况，并于 4 月 1 日前将报告通过市政府网站"法治政府年度报告"专栏向社会公开，主动接受社会评议监督。

（五）全面推进公正司法

组织实施《全面深化政法改革实施纲要（2023—2027 年）》，深化司法体制改革。推进司法人员分类管理制度改革，完善并执行符合职业特点和司法规律的管理制度。优化法官、检察官逐级遴选制度，完善员额动态管理机制。深化以审判为中心的刑事诉讼制度改革，推动审查起诉阶段律师辩护全覆盖试点工作。深化行政案件管辖改革，健全行政审判工作机

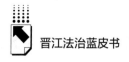

制。深化跨域立案等诉讼服务改革，持续推进诉非联动中心建设，推动实现"一门进、一网通、一码清、一次办、一地结"。全面准确落实司法责任制，持续提升执法司法质效和公信力。健全公安机关、检察机关、审判机关、司法行政机关各司其职、相互配合、相互制约的体制机制。建立完善冤假错案纠正工作机制。严格落实防止干预司法"三个规定"，支持司法机关依法独立公正行使职权。加强检察机关法律监督工作，健全检察机关对决定不起诉的犯罪嫌疑人依法移送主管机关给予处罚的制度。完善公益诉讼制度，稳妥拓展公益诉讼范围领域。健全司法行政制度，完善法律援助制度，推进公证体制机制创新，深化律师行业评价体系改革。

（六）加快法治社会建设

一是大力推进全民普法工作。认真实施"八五"普法规划，组织实施中期评估。有效推进公民法治素养提升行动，健全完善国家工作人员学法用法制度，建立领导干部应知应会法律法规清单制度，开展全市领导干部法治专题培训、"八五"普法骨干培训，不断提高领导干部运用法治思维和法治方式深化改革、推动发展、化解矛盾、维护稳定的能力。2023年3月，晋江市人力资源和社会保障局获评全国"法治人社建设优秀单位"。充分发挥全省首个非公企业犯罪预防警示教育基地——泉州（晋江）非公企业法治教育基地的作用，组织非公企业经营管理人员和职工开展警示教育和学法活动，成立利郎集团法治服务中心、"亲清护企"政法服务站，为企业发展提供及时、便捷、"定制式"的法律服务。健全学校、家庭、社会"三位一体"的青少年法治教育格局，全市中小学校法治副校长、法治辅导员100%覆盖，在全省率先试点设立校园"学生法治委员"。成立晋江市"蒲公英"普法志愿者队伍，汇聚社会法治宣传教育力量，推动全市普法志愿活动向规模化、规范化、品牌化发展。深入推进"百花齐放"普法品牌建设，截至目前，全市建有市级法治文化阵地14个，镇（街道）级法治文化阵地21个，村（社区）级法治文化阵地398个，镇（街道）级、村（社区）级覆盖率均达到100%。深化法治宣传

"百千万"计划、"社工+义工"普法项目，引导广大群众自觉尊法学法守法用法。充分发挥"法治晋江"微信公众号、楼宇梯视、车载电视等普法新媒体优势，在《晋江经济报》、晋江电视台等本地大众媒体开辟法治文化专栏，创新推出"法治晋江"云展厅，不断提高普法输出力、扩大普法受众面。

二是加强诚信晋江建设。加快推进"党政主导、社会主体，政企互动、政社联动"的社会信用体系建设，树立"诚信晋江"的良好形象。完善"守信激励、失信惩戒"长效机制，对守信主体加强鼓励扶持，对失信主体实施精准惩戒，实现纵横联动协同监管，完善信用修复机制，保护企业合法权益。充分发挥晋江市诚信促进会的作用，促进社会诚信建设。

三是加强乡村振兴法治保障。坚持把法治宣传教育与基层民主政治建设结合起来，开展乡村善治试验，实施"法律明白人"培养工程，培育"法律明白人"5063名，注重在人民调解、法律援助、法律服务过程中强化法治宣传教育，推动健全党组织领导的自治、法治、德治相结合的城乡基层社会治理体系。2021年1月，西滨镇跃进村被命名为第八批"全国民主法治示范村"。2021年10月，全国民主法治示范社区永福里社区的"三治融合"工作法获评福建省第三批"优秀社区工作法"。截至目前，全市398个村（社区）全部开展"民主法治村（社区）"创建活动，创建率达100%。

四是建设更高水平的现代公共法律服务体系。开展新时代福建"148"品牌创建"拓展深化年"活动，探索建设"村（社区）法律顾问+公共法律服务点"试点，积极打造"法律援助+劳动仲裁+调解"示范点，开辟低收入劳动者劳动维权一站式"绿色通道"，打造有"温度"的家事综合公证服务体系，推出"不动产继承+转移登记"一站式服务。加强公共法律服务实体平台建设，进一步打造共建共治共享的公共法律服务生态圈，整合律师、公证、调解、法律援助、基层法律服务等公共法律服务资源，形成覆盖城乡、便捷高效、普惠均等、智能精准的现代公共法律

服务体系。

五是加强和创新社会治理。纪念毛泽东同志批示学习推广"枫桥经验"60周年、习近平总书记指示坚持和发展"枫桥经验"20周年，扎实开展"枫桥经验"在晋江，提升矛盾纠纷排查化解质效活动。2023年1~6月，全市人民调解案件共计3045起，调解成功率达100%。打造灵源"角头调解"、西滨"厂区枫桥"、深沪"海上枫桥"等"枫桥经验"调解新模式。依托晋江市经济开发区设立职工法律服务一体化基地，被省总工会、省司法厅、省人社厅、省高院评为"园区枫桥"机制建设优秀单位。依托"智慧网格"平台系统开发建设"网格+"矛盾纠纷多元化解应用场景和手机App，市、镇（街道）、村（社区）三级矛盾纠纷多元化解中心建立双流向制度。完善信访工作机制建设，扎实推进"四门四访""四访四通""信访评理"，准确把握运用法治思维和法治方式依法按政策解决信访问题。推进扫黑除恶常态化，依法严惩电信网络诈骗、养老诈骗等违法犯罪活动。加强重点领域矛盾纠纷源头预防调处化解工作。

三　晋江市全面依法治市工作存在的不足

尽管近年来，晋江市全面依法治市工作取得了显著成效，法治逐渐成为晋江新一轮发展的核心竞争力，但当前的法治建设与人民群众的期待仍然存在差距。集中表现在以下五个方面。

（一）党委法治建设议事协调机构及其办事机构的工作机制尚不健全

目前只有市委依法治市办秘书科有专门科室、专职力量，负责全面依法治市委员会办公室日常运作。虽然《中共晋江市委全面依法治市委员会工作规则》等工作制度修改后，将立法协调小组变更为立法和依法决策协调小组，增设各协调小组办公室，但各协调小组办公室还未设立专门科室、配备专门力量。只有守法普法协调小组在组织开展"八五"普法时真正发挥协调推动作用，推动协调小组各成员单位落实委员会在全民守法和普法领域的工作部署，其他协调小组尚未形成工作合力。

（二）法治督察刚性作用发挥不足

落实《法治政府建设与责任落实督察工作规定》《党政主要负责人履行推进法治建设第一责任人职责规定》等党内法规普遍还不够有力，法治督察工作尚在起步阶段，法治督察职能作用发挥还不足够。

（三）依法科学民主决策机制有待加强

比如，未严格按照标准公布重大行政决策事项目录，未能充分发挥重大行政决策目录的作用。少数单位在落实重大行政决策程序时不严格、不到位，缺乏必要环节。在涉及社会公众利益的决策事项上，重大行政决策程序征求公众意见的方式较为单一，群众有序参与的数量、范围、代表性较为不足，公众参与的质效有待提高。

（四）综合行政执法体制改革配套措施亟待完善

虽组建了综合执法队伍，实现了人员整合，但人员身份复杂，有公务员、参公、事业编制多种形式，事业编制中还存在全额、差额、自收自支等多种类别，影响执法队伍稳定。少数单位"有人无权"、执法机构"有权无人"、法治岗位"无人可用"、镇（街道）"放得下、接不住"等问题依然存在，在一定程度上制约改革成效。

（五）全民学法守法用法氛围仍需打造

个别领导干部法律素养不强，缺乏用法治思维和法治方式解决问题的能力。行政机关负责人出庭应诉能力有待提高，存在"出庭不出声"的现象。普法宣传形式比较传统，运用互联网、自媒体等新型载体传播方式的能力有待提高，有影响力的普法节目不多，基层普法阵地需要进一步创新拓展。

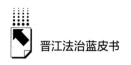

四 强化晋江市依法治市工作的对策建议

针对全面依法治市工作中存在的不足，下阶段晋江市将着重从以下五个方面强化工作。

（一）健全全面依法治市工作机制

进一步充实市委依法治市委员会办公室专职人员，明确各协调小组牵头单位责任科室和责任人员，确保由专人负责工作开展。市委依法治市办应充分发挥统筹协调职能，指导督促各协调小组落实《中共晋江市委全面依法治市委员会立法和依法决策协调小组工作细则》等工作规定，建立健全协调小组定期会议、审议文件、工作协调、信息通报、请示报告、联络员等工作制度，实现协调小组成员单位信息互通、工作联动、协调会商、形成合力。健全镇（街道）法治建设领导体制和工作机制，确保全面依法治市的决策部署落实到"最后一公里"。

（二）加强法治督察

积极探索县域法治督察工作，科学设定督察内容，以镇（街道）法治督察为开端，逐渐建立起一套完整的县域法治督察制度，采取专项督察和综合督察相结合的方式，以党领导法治建设制度、重大行政决策、行政规范性文件、行政执法、行政应诉等工作为督察主要内容，以开展季度专项法治督察和年底综合督察为抓手，强化督察结果运用。加大法治建设在政绩考核指标体系中的权重，将督察情况纳入党政领导班子和领导干部考核内容，作为干部奖惩、晋升、调整职务职级的重要依据，最终实现以督促进，推动全面依法治市各项工作落到实处。

（三）严格落实重大行政决策机制

决策机关应严格按照标准制定重大行政决策事项目录，经同级党委同意后向社会公开。决策机关、决策承办单位、决策执行单位应严格按照《晋江市人民政府重大行政决策若干规定》的要求，规范重大行政决策程序，司法行政部门应加强业务指导。市政府重大行政决策的实施和完成情况应纳入年度绩效考核内容，市政府督察室、效能办应加强督促检查，确保重大决策的贯彻落实。

（四）完善综合行政执法体制改革

积极稳妥、因地制宜、科学合理地推动综合行政执法改革。在编制、人员、资金、技术等方面同步予以配套保障。严格落实执法人员的教育培训制度，提升执法业务水平。进一步加强执法监督，规范镇（街道）行政执法行为。

（五）深化法治社会建设

狠抓领导干部这个"关键少数"，完善领导干部学法制度，定期举办领导干部旁听庭审活动、法治培训、法律知识考试，强化考试结果运用，带头尊崇法治、敬畏法律，了解法律、掌握法律，不断提高领导干部运用法治思维和法治方式深化改革、推动发展、化解矛盾、维护稳定、应对风险的能力，做尊法学法守法用法的模范。制定并严格落实行政机关负责人出庭应诉工作制度，定期通报行政诉讼败诉情况及行政机关负责人出庭应诉情况，建立备案提醒、信息共享、约谈等工作机制，深化府院联动，实现全市行政机关负责人出庭应诉常态化、制度化。严格落实"谁执法谁普法"责任制，建立完善普法责任清单、考核评价制度。积极开展法治事件、法治人物评选活动，塑造一批有影响力的身边模范。创新法治媒体传播体系，加大新媒体传播力度。结合传统文化、闽南文化、红色文化等资源，建设一批高质量法治宣传教育基地。

法治政府篇

B.2
公安规范执法的晋江实践

晋江市公安局课题组*

摘　要：　在打造法治公安的背景下，晋江市公安局结合实际、突出特点，主动适应法治中国建设带来的新变化，围绕建设法治公安的目标，将执法规范化建设作为一项统领公安工作的基础性、长期性和系统性工程，打造执法规范化升级版，公安法治化水平不断提升。但同时，由于公安执法的法律依据较为分散，执法环境错综复杂，民警队伍素质参差不齐，加上执法监督和执法保障不够完备，目前公安执法的规范性仍然存在进一步提升的空间。未来有必要健全完善执法权责清单，细化裁量基准，升级执法监督管理，全方位推进公安执法规范化。

关键词：　法治公安　执法规范化　晋江市公安局

＊　课题组负责人：赖晓山，晋江市公安局尚法工作室领衔人，晋江市公安局法制大队教导员、一级警长。报告执笔人：林宝娟，晋江市公安局刑侦大队案件审核中队副中队长、二级警长。

晋江市陆域面积 649 平方公里、海岸线长 121 公里，现辖 6 个街道、13 个镇、402 个行政村（社区），户籍人口 125 万，流动人口 130 万，华侨华人 300 万。晋江市公安局目前共有民警 1417 人、文职职工 138 人、辅警 2500 余人，下设 28 个派出所，是福建省内警力最多的县级公安机关，也是任务最为繁重的县级公安机关之一，每万人配置警力 6.2 人。近年来，晋江市公安局在市委、市政府和上级公安机关的坚强领导下，始终坚持以习近平新时代中国特色社会主义思想为指导，牢固树立以人民为中心的发展思想，忠实践行"对党忠诚、服务人民、执法公正、纪律严明"总要求，推进规范化执法体制机制制度建设，持续推进规范管理，全面规范行政执法自由裁量权，深入推进执法主体规范化建设，加强执法监督保障，不断规范执法行为。目前来看，执法制度体系基本健全，执法办案场所规范化改造全部完成，执法管理体系基本完善，公安队伍法治意识增强、执法能力显著提高，执法质量和执法公信力稳步提升。晋江市公安局蝉联泉州市县级公安机关综合考评"十四连冠"，两次获评"全国优秀公安局"荣誉称号；连续 17 年获评"福建省公安机关执法质量优秀单位"。

一 晋江市加速推进公安规范执法的背景

规范是行政执法的准则。习近平总书记强调："要规范行政许可、行政处罚、行政强制、行政征收、行政收费、行政检查、行政裁决等活动，提高依法行政能力和水平，依法严肃处理侵犯群众合法权益的行为和人员。"[①] 公安执法队伍必须牢固树立"执法质量是公安工作的生命线"的理念，坚持严格公正文明执法，坚决做到"法不给非法让步"，切实让人民群众在每一起案件办理中感受到公平正义。

（一）推进全面依法治市的必然要求

公安机关是国家重要的行政执法和刑事司法力量，其执法行为涉及人民

---

① 习近平：《论坚持全面依法治国》，中央文献出版社，2020，第 281 页。

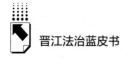

群众生活的方方面面，其执法水平的高低直接体现了国家法治水平。因此，只有不断规范执法行为，才能不断适应依法治市的需求。

（二）顺应高质量发展的现实需要

当前，省市县各级都处在经济社会发展的关键阶段，各种矛盾集中凸显，公安机关处在社会矛盾交锋的第一线，处于人民群众广泛的监督之下，公安执法工作长期处于舆论热点，"镜头下执法"成为常态，执法工作面临巨大的挑战，为维护社会治安和谐稳定，必须更好地规范执法行为。

（三）提升群众安全感和满意度的有效举措

一直以来，执法质量被称为"公安工作的生命线"，每一位基层民警执法质量的好坏，都会影响到人民群众的生命安全和切身利益。可以说，民警的执法水平如何、执法规不规范，不仅关系到各项工作能否贯彻落实到位，而且关系到公安机关及公安队伍在人民群众心中的整体形象，与群众的安全感、满意度息息相关。

（四）解决当前队伍存在突出问题的需要

近年来，个别民警、辅警随意执法现象偶有发生，造成警民关系紧张。这些问题与执法监督以及民警、辅警法律素质相关。因此，必须深刻认识加强规范执法的重要性和必要性，从源头上杜绝执法过程中的违法违纪行为，只有这样才能从根本上提高执法维稳能力，更好地服务群众、维护社会和谐稳定。

二　公安规范执法的晋江市实践

近年来，晋江市公安机关凝聚"抓执法就是抓全局、抓业务、抓根本"的发展共识，转变执法理念，做到破案打处和执法质量并重；坚持服务大局、融入大局，全面贯彻以人民为中心的执法思想，深入践行"宽严相济"

的执法理念；始终以执法为民为宗旨，以建设法治公安为目标，深入开展执法规范化建设，在公安执法规范化乃至行政执法规范化方面进行了有益的实践探索。

（一）统筹谋划建章立制，筑牢执法规范制度根基

作为规范执法活动的依据和准绳，执法制度在法治公安建设中具有前提性、保障性作用。近年来，晋江市公安局不断完善规则制度，为权力运行扎起了牢固的制度篱笆，也为规范执法行为打下了坚实基础。一是健全完善执法全流程记录机制。牢记"执法质量是公安工作的生命线"，建立健全以流程控制为主体的执法行为标准制度、以公开平等为核心的执法权益保障制度、以安全高效为目的的执法安全防范制度、以预防预警为重点的执法监督评估制度，为执法办案画上明晰界限、提供操作指引。建立全程全管的执法监督管理体系，将警情、案件、人员、财物、卷宗、场所六大执法要素全量全程纳入监管。出台《晋江市公安局行政问责暂行规定》《晋江市公安局执法责任终身制规定》《晋江市公安机关深入推进执法监督管理机制改革实施方案》，着力构建系统严密、运行高效的执法监督管理体系，切实提升严格规范公正文明执法能力水平，忠实履行新时代使命任务，为弘扬"晋江经验"、持续优化晋江市营商环境提供有力法治保障。二是统一裁量标准。按照《福建省公安机关行政处罚自由裁量权适用规则》，针对赌博、吸毒、卖淫嫖娼、无证驾驶、涉及烟花爆竹的案件等常见行政案件，制定关于办理利用赌博机赌博、为赌博提供条件、"六合彩"赌博、吸毒、卖淫嫖娼等类别案件共十多份规范的执法裁量指导文件，针对不同情形、不同情节制定不同罚则的裁量标准，杜绝同案不同罚的现象，充分体现执法的公平与公正。三是统一接处警动作。为规范接处警行为，及时、有效收集相关证据，保障群众的合法权益，维护好公安机关的执法形象，晋江市公安局出台了《警情处置工作规定》，流程式规定民警在接处警现场必须做到"到场报告、表明身份、询问证人、调取监控、使用记录仪、携带八大件"等"六个规范动作"，并制定警情考评细则进行接处警考评，规范接处警和先期处警取证工

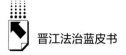

作，强化了源头执法管理。四是构建数智侦查新体系。针对违法犯罪从传统到新型、从线下到线上、从境内到境外、从显性到隐性、从陆地到海上的深刻变化，聚焦实战实力，聚焦高质量现代化，成立大数据工作委员会，下设"一办四专班、十个赋能应用组"，每个专班、每组聚焦一个方向开展大数据建模的场景化研究，推进智慧侦查，实现由"被动应对"转变为"主动研判打击"。聚焦"精准预警、精确打击、精细管控"，构建起以风险控制为目标的预警系统、以精确打击为目标的技战法运用和以动态管理为目标的智能管理系统。丰富应用场景，不断更新升级刑侦专业数据研判系统，自主建设基础信息应用平台、深海人像大数据系统等30余个实战模型，构建多维研判矩阵，丰富数据到人、数据到案的智慧侦查模式，实现海量数据的深度关联、融合分析和智能应用，推动刑事侦查从"信息驱动"向"智能驱动"转变、从"撒网出击"向"精准打击"转变、从"末端止发"向"止于未发"转变。晋江市公安局自主研发的系统平台，连续四届荣获全国公安基层技术革新三等奖。

（二）深化改革强化监督，约束执法权力规范运行

紧盯执法顽瘴痼疾，坚持问题导向、结果导向，持续深化执法责任体系改革和执法监督管理机制改革，实现全链条、闭环式、可查询、可追溯的监督管理，进一步提升执法质量和执法规范化水平。一是完善案件审核考评机制。积极探索，建立完善以动态考评、个案考评、实时晾晒等形式的"一案一评"考评机制，在公安网站开辟执法规范专栏，将考评案件、考评得分、发现问题、办案单位、办案人员、考评单位、考评人员及办案单位整改情况等内容全部进行公开。坚持每月一次个案考评情况通报，对每个单位、每位民警执法办案质量考评结果及时"晾晒"，以此推动执法质量进一步提升。同时，为确保"一案一评"考评机制落到实处，采取审核、考评、整改捆绑作业的工作机制，要求办案单位法制员严把案件出口关，对每一件案件的事实是否清楚、证据是否确实充分、定性是否准确、处理意见是否适当、适用法律是否正确、程序是否合法、法律文书是否完备等严格把关。对

案件审核中发现的问题，实时"晾晒"、及时整改，实现执法瑕疵第一时间被发现曝光、办案民警第一时间发现问题并进行整改的效果。二是强化内外执法监督。以构建协同高效上下贯通的公安特色大监督工作机制为契机，立足法制岗位职责，对各项执法活动通过法律审核、执法质量考评、执法检查、执法过错责任等有效措施，实施全流程全要素监督管理，并要求法制民警建立"错题集"，及时汇总审核把关、考评巡查中发现的问题，即时发布执法提示，对突出的执法问题开展专门检查、抽查、评查，及时向执法顽瘴痼疾"亮剑"，切实把执法监督的触角延伸到各执法办案环节。同时，建立公检法"小三长"联席会议，积极与检察院、法院等相关部门沟通，自觉接受监督，建立执法问题通报反馈机制，对检察院、法院在法律监督中发现的问题进行认真整改。三是引入执法绩效积分制。晋江市公安局在执法管理中引入绩效考核机制，对执法办案的数量、质量、效率实行积分制管理，激发民警多办案、快办案、办好案的工作热情，不断完善执法质量考评标准、范围，实行动态考评、阶段考评与年度考评相结合，将考评结果与民警经济利益、职务升降紧密挂钩，同时对执法不规范的，按照执法考评标准进行通报，存在不作为、慢作为、乱作为的，视情建议所在单位适用"四种形态"或将线索移交驻局纪检监察组，把监督、审核、考评、整改贯穿于执法办案全过程，确保各项执法活动合法规范。

（三）科学建设创新驱动，打造安全规范执法环境

"工欲善其事，必先利其器。"提升规范执法能力水平，基层基础建设的规范全面是关键一环。一是科学建设执法办案场所，打造执法规范化新生态。按照"独立封闭、专业安全、提升效能、实战实效、惠警便捷"的原则进行统一规划。2022年10月开始建设的晋江市公安局执法办案管理中心，于2023年11月正式投入使用。总投资约2000万元，建筑面积为4680平方米，拟配备民辅警46人，是以"一站式执法办案、专业性辅助保障、全流程监督管理"进行功能区域划分的执法综合体中心，具备人身检查、信息全项采集、涉案财物管理、随身物品暂存、远程提讯、合成作战、速裁

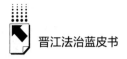
法庭、办案场所信息化管理等功能。二是加强执法信息化建设，创新驱动执法流程规范。运行政法跨部门大数据办案平台，建立健全执法全流程记录制度。一线民警配备执法记录仪，配备率达100%。三是配齐刑事侦查新设备，着力提升刑事侦查能力水平。围绕新时期刑侦"专业化、规范化、信息化、职业化和现代化"建设方向，建立起全国首批县级示范刑事科学技术室、全省首家县级DNA实验室、理化实验室，实现刑事案件"快勘查、快采集、快录入、快比对、快落地"。2022年，刑事案件勘查率达95%，利用技术破案558起，占破案总数的12.5%。刑事科学技术室获评"全国示范刑事科学技术室"荣誉称号，参与研发的"刑事技术实验室信息管理系统"获全国首届刑事技术"双十计划"攻关创新大赛银奖。

（四）强化培训战训结合，提升法治素养执法水平

紧紧抓住执法能力建设这一根本，紧密结合全警实战大练兵，大力推进公安队伍革命化正规化专业化职业化建设，严格落实"管思想、管工作、管作风、管纪律"的严管队伍体系，着力锻造"四个铁一般"的公安铁军。一是坚持政治建警，笃定铁一般的理想信念。坚持党建引领，树牢"党的一切工作到支部"理念，按照党支部建设规范化标准化星级化要求，列出任务清单，抓好规定动作，鼓励特色创新，加强定期评估，纳入绩效考核，着力做到"一队一品牌、一所一特色"。二是坚持绩效励警，铸就铁一般的责任担当。突出正向激励，建立起覆盖全局、指向全警的每月绩效考评机制，将考评结果与经济激励、立功受奖、提拔晋级等相挂钩，形成"争着干、抢着干、比着干"的浓厚氛围。推出先锋引领计划，建立"先锋人才库"，选准警务"领衔人"，打造"数智先锋""执法先锋""社区警务""情报研判""网络侦查"等系列"名警工作室"，目前已建立情报研判"李大园工作室"和数智先锋"高泽雄工作室"。根据发展规划和实战需求，组建系列先锋团队，做到平常时间能看得出来、关键时刻能冲得出来、危急时刻能豁得出来。三是坚持素质强警，磨砺铁一般的过硬本领。坚持"人才战略"思维，完善人才孵育机制，与中国人民公安大学、中国刑事警察

学院、西南政法大学等结对共建，与阿里、腾讯等互联网企业合作，培育一批高精尖人才。坚持每月举办"晋江公安讲堂"，围绕云计算、物联网、人工智能等前沿技术，定期邀请专家学者开设专题讲座，提高创造性执行能力。坚持"教学练战"一体化，常态化开展警务实战轮训，淬炼业务过硬警队。鼓励参加国家统一法律职业资格考试和公安部高级执法资格考试，全面提升执法主体依法履职能力。四是坚持从严治警，锻造铁一般的纪律作风。树立"严管就是厚爱、监督就是保护"的理念，搭建政工、机关纪委、督察、效能、法制、信访等部门联合工作平台，进一步完善部门警种管理监督、综合部门职能监督、督察审计专门监督、纪检机构专责监督的具体措施办法，构建协同高效、上下贯通的公安特色大监督格局。依托"智慧政工平台"，探索建立队伍管理数字全息档案，建设以"队伍全链条管理""民警职业生涯全周期管理"为应用场景的大数据模型，通过对海量数据的持续聚合、挖掘碰撞、关联分析，实现队伍问题精准预判、止于未发。坚持严优并举，每年举办警察文化节、警营运动会，用特色公安文化为公安工作和队伍建设注入活力；推出10项惠警措施，用好定向基金、爱警基金、补充医疗保险"三位一体"风险保障措施，解除民警后顾之忧，不断增强队伍凝聚力、向心力。

（五）升级服务举措，打造更优质营商环境

始终践行以人民为中心的发展思想，强化探索创新，不断提升办事效率，努力做到放得更活、管得更好、服务更优。一是优化便民利企举措。在市政务服务中心公安窗口设立"紧急商务专窗"，提供"即到即办"绿色通道服务，助力企业赴境外"抢订单、拓市场"。2023年以来，专窗共办理港澳商务备案36家89人，办理商务签注74人次。二是推行"公安政务进园区"服务。推出"微车管所进五里工业园区"项目，开设驾管业务便民服务站，派驻巾帼文明岗民辅警，为园区员工及附近群众开启"一站式"办理驾管业务。除此之外，不定时开展"流动车管所"进企业送服务上门活动，满足园区企业办理车管业务需求。2023年1月至2024年6月，共办理车驾管业务4381笔。三是精准服务企业交通安全。推行道路运输企业信息

查询提示服务，推动道路运输企业注册为互联网交通安全综合服务管理平台用户，方便企业查询相关信息，及时查收企业交通安全风险预警提示、通报抄告、通知公告等推送信息，便利企业加强内部交通安全管理。每月定期梳理高、中、低风险企业明细，对存在隐患企业逐一上门走访，重点检查企业名下机动车是否存在逾期未检验、未报废情况，超载、超员、超速、酒醉驾等交通违法是否及时处理，对存在风险隐患的企业开具《隐患整改通知书》，督促企业按期整改，避免企业隐患风险等级上升。2023 年，晋江市道路运输企业注册率达 100%，截至 2024 年 6 月，已完成 338 家道路运输企业互联网注册备案。四是强化涉企警源治理。制定出台了《全市公安机关"优化营商环境 服务经济发展"活动工作方案》，定期选派优秀经侦民警为企业高管、行业协会、工会商会等开展法律宣讲，联合福建天衡联合律师事务所共同制定《民营企业涉经济犯罪预防指引》，为民营企业出台涉经济犯罪预防指引，引导企业增强自我保护意识、依法经营意识和防骗意识，努力从源头阻断和减少经济犯罪的发生。还以"降警情、控发案、减损失"为目标，充分发挥"三级反诈讲师团"优势，将反诈宣传工作前移，走入工厂车间，利用工人工作间隙，召集车间工人开展防诈骗宣讲会，向工人讲解典型的诈骗案例以及防诈骗知识和技能。2023 年 1 月至 2024 年 6 月，全市共走入企业开展宣传活动 2200 余场。五是严打涉企、侵企违法犯罪。深入开展打击侵权假冒犯罪、虚开骗税犯罪等涉企侵企专项行动，2023 年以来，破获侵权假冒犯罪案件 90 起，破获职务侵占、挪用资金、非国家工作人员受贿案件 21 起，共抓获犯罪嫌疑人 111 名、起诉 79 名，发起集群战役6 起，成功收网涉案价值 6 亿元的何某东等人制售假酒案。同时，严厉打击"三假"（假企业、假出口、假申报）涉税犯罪，为国家纾困减负政策落地落稳保驾护航，2023 年 6 月初，收网"5·10"骗取出口退税专案，抓获涉嫌虚开、骗税犯罪嫌疑人 10 人并采取强制措施，该案涉案金额达 10 亿元。六是推行"柔性执法"。专门设立经济犯罪案件受理研究中心，有序统筹全市经济犯罪警情处置和案件受理，督导全市经济犯罪案件规范办理及对经济犯罪案件研判分析和提出打击防范对策举措，构建统一规范受案、全程跟踪督办的新模式。七是"警企调解",高效化解纠纷。加大涉企矛盾纠纷摸排化解和非诉调解、诉前调解力度,依托"智慧网格"建设矛盾纠纷模块,通过"网格摸排预警、镇级流转调度、村级为主调解、市级监督指导"的运行模式,运用人民调解、行政调解和司法调解等方式,最大限度将矛盾纠纷化解在基层。2023年1月至2024年6月,晋江全市共排查化解经济纠纷135起,为企业节约了解纷成本和时间。八是"十企联防",做好防范工作。整合企业内部保安力量,警网融合,以网格地块内邻近十家企业为一个防控单元,在员工上下班时间段,由民警或辅警带队巡逻,遇有突发警情即通知就近企业保安进行围堵增援。加强工业园区警务室公共路段视频监控设施建设,确保公司内部安全。

三 晋江公安规范执法建设存在的问题及其原因

在回顾晋江市公安执法规范化建设取得成效的同时,也必须清醒地看到,与全面依法治国、建设法治公安的要求相比,公安规范执法仍然任重道远。

(一)民警队伍素质参差不齐

有的民警疏于学习,知识陈旧,对新修订、新出台的法律法规不掌握、不了解;有的民警对法律精神理解得不深、不透,依然存在重实体、轻程序,重结果、轻过程,重口供、轻证据等问题;有的民警缺乏大局意识和政治敏锐性,在执法过程中不考虑社会背景,对待群众不太讲究方式方法,导致出现涉法涉诉信访问题;等等。

(二)执法监督仍需进一步加强

从监督方式上看,办案部门法制员和部门负责人没有切实担负起执法监督的职责,执法监督过度依赖法制部门的审核把关、执法质量考评等。虽然目前网上执法巡查发挥了很大的作用,但是办案部门对法制部门的通知不予

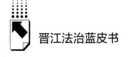

整改的现象时有出现。从责任追究上看，目前执法责任制在执行上要加大力度，执法过错追究要落实到具体责任人，避免检查发现后整改、整改后再犯的情况出现。

（三）执法保障尚不够完备

一是法治专业人才缺乏。派出所及办案部门法制员任职要求较高，不仅要具备法律专业知识，而且要讲究做事方式方法，以免工作陷于被动。但当前法制员主动担当、学法用法的氛围不够浓厚。二是装备建设相对滞后。近年来尽管晋江市公安机关基础建设方面有很大改观，但在装备建设与实际办案需要上，与江浙、广东等地相比仍然滞后。三是执法信息化建设进展要再加速。网上执法考评、动态巡查、实时研判等运作模式要同实战紧密结合。

（四）执法环境日益复杂

一是巨大的执法压力。公安机关工作任务繁重、压力巨大，民警连续奋战，容易积劳成疾、身体素质下降，或者心理上出现职业倦怠和厌战情绪，影响队伍战斗力。二是严峻的执法环境。当前，社会矛盾的特殊性和环境的复杂性并存，执法工作需要考虑多方面的因素，执法手段也受到制约；同时，暴力抗法时有发生，给民警执法心理和执法手段造成影响，在一定程度上影响了执法办案质量。三是群众法治权威需要进一步呵护和培养。公安机关和司法机关未得到充分的信任，法治权威的树立仍有待时日，"法闹""上访""滥诉""缠访"等现象时有发生。

（五）执法依据导致实践困惑

一是立法呈分散状态。公安行政执法具有广泛性、多样性的特点，许多法律法规涉及公安行政执法，但在执法实践中缺乏有效、准确和便于执行的法律法规。如《消防法》第53条规定，"公安派出所可以负责日常消防监督检查、开展消防宣传教育"，但各地公安机关实际负责范围差异较大，且仅能依据《治安管理处罚法》对谎报火警等5类涉及消防的案件进行执法。

消防救援机构和公安机关的执法主体、职责边界不够清晰。二是执法实体规范存在滞后和被动局面。相关法律法规滞后于社会发展速度，一些特定领域存在立法空白，客观上造成了执法工作无法可依。例如对于偷开电动车的行为、吸食含"依托咪酯"等未被列管的麻精类药品等行为，尚无明确的执法依据。三是少数法律法规与实践脱节。还有一些法律法规过于原则和笼统，欠缺可操作性。

四 对策建议

（一）细化制度标准，健全完善执法权责清单

依法准确界定法律赋予的刑事、行政案件和行政管理的职责权限，严格落实防止干预司法"三个规定"；健全完善执法运行机制，使用好、管理好一体化、规范化执法办案中心，全面落实讯问同步录音录像要求，加强执法全流程管理；依法严厉打击暴力袭警、妨害公务、诬告陷害等违法犯罪行为，该澄清的要坚决澄清，该正名的要公开正名，切实依法保障民警的执法权益和合法权益。

（二）强化执法监督，升级完善执法监督管理

加强对执法办案流程的智能化监管，实现办案规范留痕、监督即时精准。要全面加强执法监督考评，建立执法监督管理委员会，制定重大案件提前介入和听取检察意见工作规范，细化办案区使用管理服务流程，完善法制、政工、督察监督衔接机制，推动建立与检察、审判、司法行政机关的联合检查会商机制，形成"大监督"的工作合力和工作格局。要自觉接受社会监督，全面深化"阳光警务"运行机制，确保执法权力在公开透明环境下运行。

（三）加强调研，理清思路，在查找问题、落实整改上下功夫

要深入调研，对本单位执法工作全面把握、正确判断，制定切合实际的

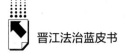

执法规划、措施，并一抓到底、长期坚持。要从解决突出问题入手，找准症结。认真分析研究本单位执法中的突出问题，围绕接处警、受立案、涉案财物管理等关键环节，有针对性地解决问题。要认真分析梳理涉警信访案件，将其作为判断掌握本部门执法维稳情况的"晴雨表"，在全力化解矛盾的同时，分析研究规范执法活动的对策，切实抓好整改，努力提高群众满意度。

（四）加强教育培训，培养执法人才

结合现实执法需要和民警执法水平，有针对性地开展提高执法能力的练兵活动，不断提高民警的实战水平。建立民警轮训制度，选派法制员、办案骨干到法制大队短期跟班培训，提高案件审核水平。组织执法办案民警到法院旁听庭审，通过观摩案件控、辩、审全过程，找出自身工作中存在的问题和不足，进一步强化证据、程序意识，提高办案水平。

B.3

晋江市镇（街道）"一支队伍管执法"
试点工作探索

晋江市城市管理和综合执法局课题组*

摘　要： 晋江市深入贯彻落实中央关于执法力量下沉和镇（街道）机构改革的文件精神和有关要求，积极开展试点工作，不断深化综合行政执法改革。近年来，以扎实推进镇（街道）"一支队伍管执法"为重心，率先实现机构设置、力量配备、职能划转、机制运行、执法保障"五到位"，有效化解"多头执法、重复执法"与"看得见但管不着、管得着却查不了"两大困境，助推基层治理体系和治理能力提质升级，取得了阶段性成效。同时面对综合执法体制改革普遍存在的制度规范建设滞后、执法职能配置欠妥、执法专业力量不足等问题，还应进一步完善顶层设计、理顺层级关系、加强部门协作。

关键词： 一支队伍管执法　综合行政执法改革　基层执法

一　"一支队伍管执法"的发展沿革

实行综合行政执法、构建新型综合行政执法体制是从体制上解决多头执法、重复执法、权责脱离等问题的重要举措。2004年，晋江市开展创建公共行政体制改革试点工作，着手探索推进综合执法改革，在市一级成立行政

---

* 课题组负责人：丁锦鸿，晋江市城市管理和综合执法局局长；吴长江，晋江市城市管理和综合执法局三级主任科员。报告执笔人：刘志辉，晋江市城市管理和综合执法局法制大队负责人。

执法局，作为主体法定、权责专属的市政府直属机构，集中行使城市管理领域的行政执法权，这是"一支队伍管执法"的前身。2008 年，福建省人民政府批复在晋江市开展相对集中行政处罚权工作，由晋江市行政执法局集中行使城乡规划、市容环境卫生、市政、绿化、环保、工商、卫生、文化和城建监察等九个方面的行政处罚工作，"一支队伍管执法"工作进一步延伸发展。2015 年晋江市行政执法局加挂城市管理局牌子。2019 年经过党政机构改革，晋江市设置城市管理局履行城市管理有关职责，行使的相对集中行政处罚权，在原有九个方面的基础上再增加住建方面的部分行政处罚权，下设事业单位——城市管理行政执法大队，并在 19 个镇（街道）设置派驻执法中队负责辖区相对集中行政处罚权事项的执法工作，"一支队伍管执法"工作逐渐成熟。

根据中共中央办公厅、国务院办公厅《关于推进基层整合审批服务执法力量的实施意见》（中办发〔2019〕5 号）文件精神，晋江市进一步探索推进镇（街道）"一支队伍管执法"改革工作，于 2020 年 9 月，以城市管理局派驻镇（街道）执法中队为基础，在全市 19 个镇（街道）成立综合执法队（加挂"综合执法协调中心"牌子），同步下沉执法编制 145 名〔城市管理局驻镇（街道）中队编制〕，补充镇（街道）行政执法力量，让镇（街道）权责更加一致，具备"一管到底"的条件。本次镇（街道）"一支队伍管执法"改革立足于解决长期以来镇（街道）执法权缺失，"看得见但管不着"难题以及各职能部门"多头管、重复管、无人管"的困境，将推进重心下移作为改革的核心内容，进一步完善基层治理体系，提升基层治理能力。

二　"一支队伍管执法"的晋江做法

（一）坚持主动作为，高位统筹，一张蓝图绘到底

强化"组织领导、沟通协调、跟踪问效"三大举措，保障各项改革任务落地落实。一是强化组织领导。注重上下一体推进改革，在市级层面，专

门成立由编办、司法局牵头的推进综合执法改革领导小组，下设综合协调、执法规范、业务指导等工作组，明确责任分工，强化对镇（街道）的针对性指导。在镇（街道）级层面，构建镇（街道）主要领导为第一责任人、分管副书记具体抓、综合执法队负责人抓落实的人员架构。二是强化沟通协调。注重凝聚市、镇改革合力，以改革领导小组名义组织召开多场综合执法改革推进会，全面摸查情况、找准问题，边改革边修正边总结，增强改革的整体性和协同性。同时，筛定各方面条件适中的安海镇作为改革示范创建点，集中乡镇、部门优势力量，高质量建"硬件"、高标准配"软件"、高频次指导服务，为其他镇（街道）打造可供参考的综合执法示范标杆。三是强化跟踪问效。注重改革举措落地，编办会同市司法局对各镇（街道）开展多轮改革"回头看"，制定《镇街综合执法改革基本要求指引表》，明确"硬件配备""队伍规范""执法运作"等三方面标准，对照指引表对标找差。同时，将镇（街道）"一支队伍管执法"工作纳入市绩效评估察访核验事项，借力效能办督促镇（街道）落实好各项改革任务。

（二）坚持资源下沉，高度整合，一支队伍管执法

抓好"机构组建、扩权赋能、能力提升"三大根本，保障基层综合执法有权、有责、有力量。一是抓好机构组建。在19镇（街道）统一设置综合执法队（加挂"综合执法协调中心"牌子），机构性质和规格为副科级事业单位。首创"编制保留、人员下沉"方式，推动城市管理中队下沉145名至各镇（街道）综合执法队，要求人员"专职专责、专编专用"，同时按照不低于1∶1的要求配备协管人员，并在全省率先为各综合执法队配齐一名具备国家法律职业资格的法制员。另外，由组织部、编办、司法局、人社局四家联合发文，要求镇（街道）符合执法证考取条件的人员应考尽考、能考尽考，储备综合执法接续力量。二是抓好扩权赋能。聚焦社会热点、百姓"痛点"、基层难点，充分考虑镇（街道）执法能力等情况，将直接面对市民、村（社区），发生在道路、街面等公共空间，违法行为易于确定，执法程序简便易行的11个领域共282项执法职权分两批赋予镇（街道）。要

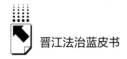

求赋权部门与镇（街道）依法依规签订赋权承接确认书，明确赋权事项运行程序、职责边界等内容，保证镇（街道）能够"接得住、管得好"。三是抓好能力提升。由司法局、城管局牵头，市直执法主管部门配合，采取线上线下集中培训、派员跟班学习、市直单位执法骨干派驻镇（街道）指导等方式，确保所有人员能够基本掌握执法程序、文书、设备的使用和执法规范要求。截至目前，已组织开展培训班4期，共培训100余人次。另外，组织对镇（街道）综合执法队法制员进行专门培训，确保其能承担起执法审核、行政复议、应诉等业务工作。

（三）坚持问题导向，高效协同，一套制度管运行

聚焦"过渡衔接、协调联动、规范标准"三大关键，确保基层综合执法工作按新体制顺利运行。一是聚焦过渡衔接。针对上级综合执法改革有关政策尚未明确等问题，设置改革过渡期，并出台《关于改革过渡期镇街综合行政执法工作事项的通知》，进一步明确改革过渡期间，市级各执法主管部门主要行使属于本部门的职责、各镇（街道）综合执法队主要负责日常巡查工作的权责关系，确保镇（街道）的各项工作"不因改革而受影响"。二是聚焦协调联动。针对市镇（街道）执法职责边界不清等问题，出台《晋江市市镇（街道）综合行政执法协调协作联动机制暂行规定》（晋政办〔2021〕35号），明确市镇（街道）执法部门依法落实本领域行业监管工作，镇（街道）依法履行赋权事项的行政处罚及相关职责；配套建立信息资源共享、举报投诉受理、案件移送协调、联席协调会商、两法衔接等5项机制，实现违法线索互认、监管标准互通。三是聚焦规范标准。针对镇（街道）综合执法要素尚未统一等问题，综合考虑条线11个部门执法文书的要求和镇（街道）综合执法实际操作的需要，借助律师等专业人员力量，率先在全省统一规范镇（街道）综合执法文书。进一步编制《晋江市镇街综合执法规范化实用手册》，从执法硬件、队伍建设、执法流程、执法制度、行政执法监督等5个部分进行规范，为镇（街道）综合执法队规范化建设提供有益借鉴和参考。

（四）坚持科技赋能，高频联动，一个平台管调度

建强"指挥中心、信息系统、综合网格"三大平台，打造多措并举的综合行政执法格局。一是建强指挥中心。在镇级层面，明确镇（街道）综合执法协调中心由镇（街道）副书记或兼任政法委员的常务副镇长（主任）具体分管，确保有能力统筹协调市场监管、自然资源、公安等派出机构联合执法。在市级层面，明确市城管局作为综合执法部门，牵头抓总协调指挥市镇（街道）横向之间及镇（街道）纵向之间的日常综合执法工作。二是建强信息系统。在全省率先开发建设综合执法办案系统，将执法文书、办案标准流程及法律依据全部纳入系统，提升执法效能，实现案件全程留痕可追溯。探索开发信息共享模块，畅通市镇（街道）共享审批监管信息、违法线索移送、执法协作计划等数据渠道。三是建强综合网格。依托村（社区）基本框架整合设置综合网格，构建起"镇（街道）—村（社区）—网格员"三级网格化综合治理体系，通过定人、定时、定岗、定责、定管理标准、定奖惩制度，统筹开展日常巡查、政策宣传、法律普及、矛盾化解等，推动各网格单元在综合行政执法实践中积极发挥作用，有效缓解综合执法队员单兵作战、疲于应付的局面，为实现"多网合一、一员多用、群防群治"提供有力抓手。

三 "一支队伍管执法"的工作成效

（一）由"以条为主"向"条块结合"转变

全域推进镇（街道）"一支队伍管执法"的改革路径，是落实中央关于"继续探索实行跨领域跨部门综合执法"要求的有益实践，打通了基层行政执法的"最后一公里"，实现了"既看得见又管得着"的属地化、扁平化执法，切实提升了基层治理能力。同时，为下一步市级层面实行"五大领域实行综合执法制度+一个综合行政执法局"的模式先行探路、奠定了坚实基础。

（二）由"九龙治水"向"攥指成拳"转变

紧扣改革方向，通过做优体制机制设计，推动行政执法权限、重心和资源下沉，实现了"一支队伍管执法""一个中心管指挥"，初步破解了以往镇（街道）辖区内存在的多头执法、多层执法等问题，有序推进执法成本最低化、执法效能最大化，在镇域范围内基本形成了"全域性综合、数字化集成"的行政执法格局。

（三）由"粗放无序"向"集约规范"转变

以"一套执法联动机制""一套执法信息系统"构建上下联通、协调一致、保障有力的市镇（街道）两级日常执法全闭环式运行机制，切实将综合执法改革成效转化为晋江法治政府建设更强、营商环境发展更优、社会共同治理更好的强大动力，有效实现改革效应、执法效应和社会效应的"三重叠加"。

（四）由"散兵作战"向"精兵聚合"转变

一般领域执法人员仅掌握从业领域相关法律法规，法律知识单一薄弱。综合执法改革后，"规范指引+理论培训+跟岗实践"三重发力，强化执法业务练兵，辅以两级法制保障，镇（街道）综合执法队伍实现了从"单一型"向"复合型"的有效转变，基层行政执法更加文明规范。

四　"一支队伍管执法"存在的问题

（一）法律法规体系滞后，执法主体地位有待明确

镇（街道）"一支队伍管执法"工作在我国现行法律依据中，除了《行政处罚法》第18条的原则性规定外，还没有一部法律对赋权镇（街道）执法事项涉及的行政处罚权、行政检查和行政强制如何授权以及如何行使予以明确规范，也没有一部法律专门对"一支队伍管执法"及所谓的综合执法

法律概念、法律关系、法律程序、法律责任等予以规范，镇（街道）行使的相关部门赋予的行政处罚、监督检查和行政强制权散见于相关部门的法律法规中，而相关部门法律法规规定的法定职权主体并未变更。同时，由于镇（街道）综合执法机构属于镇人民政府（街道办事处）下属事业单位，在县、市或省级并未有明确相应的综合执法的主管部门，该项工作的开展缺乏必要的指导和规范。

（二）行政职权之间有效衔接不够，管理执法存在脱节

镇（街道）"一支队伍管执法"改革后，对政府行政职能重新配置，理论上有利于形成行政许可、行政检查等事前权与行政处罚、行政强制执行等事后权之间相互分离、相互监督、相互制约的关系。然而行政处罚、行政强制只是政府管理事务的一个末端环节，它需要与行政许可、行政确认、行政检查、行政指导等其他行政权力密切配合方能有效实现。人为地将行政处罚权从环环相扣的行政管理链条中剥离，增加了管理环节之间的衔接过程，客观上要求镇（街道）在执法过程中必须与其他部门保持密切的沟通和有效的协调，实现行政管理信息资源实时共享，否则就无法保证执法的及时有效。

（三）执法专业力量不足，执法手段有限

由于缺乏科学有效的赋权程序，实践中大多数部门并非将本部门高频、显见且易判断的执法事项赋予镇（街道），而是将一些执法频次少、需要专业技术方能判断、调查取证或执行难的执法事项下放，而镇（街道）执法人员数量不仅未增加，还缺少相关专业知识，造成镇（街道）"看得见但管不着"或"管得着却查不了"的现象，降低执法效率，影响执法权威。同时，现行法律法规中赋予综合执法的执法手段十分有限，大多数只能采取取缔、处罚的方式，可采取查封、扣押的只占少数，实践中镇（街道）执法普遍采取"证据先行登记保存"的做法打"擦边球"，搞变相查扣物品。违法行为处罚难更是长期以来困扰综合执法的一大难题，违法行为人拒绝配合调查没有相应制约措施、调查取证难、行政强制执行难等问题，导致违法行为无法受到

有效惩处，执法人员更多采取劝导方式，实际收效甚微。同时，由于公民信用系统建设滞后，违法行为未纳入信用系统，缺乏有效制约措施。

五 推进"一支队伍管执法"的对策建议

针对上述问题，结合晋江市实际，提出如下三点建议以抛砖引玉。

（一）出台相关法规和文件

适时并出台一部专门规范"一支队伍管执法"即综合行政执法的法规或文件，对综合行政执法的概念、法律关系、程序、责任等予以规范，做到各项工作有法可依、有章可循。同时，在国家部委、省、市、县（区）逐级设立综合执法部门，统一法定职权、机构编制、行业标志、管理体制等，使之职权适当、上下衔接，体制顺畅。

（二）理顺层级关系

理顺镇（街道）与赋权部门间协同职责，实现常态化的信息共享和协同执法机制法定化，赋权部门如何加强指导、培训，综合执法信息和审批信息如何互联共享等都需要进行明确，推动镇（街道）"一支队伍管执法"工作顺利实施。

（三）加强"两法"衔接

加强执法工作与司法工作的衔接，形成行政权、警察权、司法权有效联结，管理先行、执法跟进、司法保障的执法模式。试点在基层人民法院设立综合执法法庭，一审采取独任制，按简易程序裁决，快审快执；如当事人不服一审判决，可提起上诉，二审实行合议制，二审终审，以实现违法裁决的司法化，最大限度地减少现场执法带来的矛盾冲突。同时加大行政处罚决定司法强制执行的力度，对拒不执行司法裁判的依法追究刑事责任，维护法律权威。

B.4

晋江"应急法治"建设[*]

晋江市应急管理局课题组[**]

摘　要：　晋江市历来重视安全生产工作，紧紧围绕全市经济社会发展大局，积极推进应急法治建设，在健全安全生产责任体系、深化重点行业领域整治、完善事故风险预防机制、夯实安全生产基层基础等多方面卓有成效，极大消除了安全生产隐患，有力推动了全市企业的安全生产与发展。但目前还面临应急工作基础不足、应急管理体系建设不均衡等问题，未来有必要通过进一步落实安全生产责任、完善应急救援体系、强化风险监测预警机制等途径，防范化解安全风险，提升晋江应急法治建设水平。

关键词：　安全生产　风险监管　应急法治

晋江是民营经济大县，全市制造业企业超过1.7万家，高危行业、工矿商贸企业众多，中小微企业量大面广。以中小微企业为主的民营经济既是晋江市经济的活力源泉和重要组成部分，也是安全生产工作的重点和难点。晋江市委、市政府历来高度重视安全生产工作，始终坚持安全发展理念，认真学习贯彻习近平总书记关于安全生产的重要论述和重要指示批示精神，严格落实各级关于安全生产工作的决策部署，深入推进安全生产治理各项目标任务。近年来，全市安全生产形势持续稳定向好，2022年事故起数、死亡人

---

　*　本文中未专门标明出处的数据，均出自课题组的一手调研。

　**　课题组负责人：柯荣锻，晋江市应急管理局党委书记、局长；施得志，晋江市应急管理局党委委员、副局长。报告执笔人：苏建坤，晋江市应急管理局安全生产协调科科长；吴捷克，晋江市应急管理局政策法规科科长；张秋婷，晋江市应急管理局政策法规科科员。

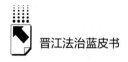

数、受伤人数保持"三下降",同比分别下降 21.9%、31.3%、60%,未发生较大以上生产安全事故,未发生生产经营性亡人火灾事故,自然灾害领域保持"零伤亡"。

一 晋江市应急法治建设现状

(一)安全生产责任制落实情况

一是严格领导干部责任。进一步完善落实安全生产"党政同责、一岗双责"和"三个必须"责任体系,出台《晋江市党政领导干部安全生产责任制实施细则》(晋委办发〔2019〕4号),定期调整更新安委会并实行书记、市长"双主任"制,组建 18 个安全生产专项委员会,成立消防安全委员会,在全省首创县级消防勤务中心和"两委两办"(安委会、消安委会、安办、消安委办)协调融合机制。建立市、镇(街道)两级政府领导干部年度安全生产重点工作责任清单,实行市领导挂钩联系和每月 26 日安全生产检查日制度,全面推行重点时段包片驻守、重要节假调度会商、重大问题挂钩整治、重大隐患督办跟踪等督促落实机制,制定安全生产和消防安全反向约束工作机制,将安全生产督察考核结果作为经济发展、社会治安综合治理、精神文明建设成效和绩效考评的重要指标以及领导干部政绩考核的重要内容。

二是严格属地管理责任。进一步完善落实"守土有责、守土负责"的基层安全生产监管体系,全面推进党建引领基层网格治理,建立落实安全生产网格化、信息化、社会化治理模式,出台镇(街道)、村(社区)两级安全生产工作机制,20 个镇(街道)、开发区全部组建运行安全生产委员会、消防安全委员会和安全生产专家工作站、消防安全工作站、专职消防队,村(社区)级全部成立落实微型消防站、安全生产巡逻队。全面推进综合执法改革工作,推动落实镇(街道)行政执法赋权工作,赋予基层安全生产 15项、消防安全 16 项行政处罚权限,建立实行"镇(街道)吹哨、部门报到"、夜间打更巡查、小火快处、停电约束、税赋共治等基层治理机制。

三是严格部门监管责任。进一步完善"齐抓共管、失职追责"的安全生产监管体系，全面梳理有关法律法规条款及机构改革后的部门"三定"职责，细化形成新的党委政府及部门安全生产权责清单。建立安全生产分级分类监管机制，制定落实安全生产提示告知警示通报和约谈机制，实行重点领域安全生产专项整治部门牵头负责制，研究制定 18 个安全生产专项委员会职责清单和工作机制。坚持严执法、强攻坚，建立部门联合执法、联动监管机制，持续开展安全生产行政执法年活动，扎实推进 3 个专题、12 个专项的安全生产专项整治三年行动，组织落实常态化的安全隐患大排查大检查大整治工作，推动各负有安全生产监督管理职责的部门依法落实监管责任。

四是严格企业主体责任。制定出台《晋江市生产经营单位安全生产主体责任重点清单》，强化企业法定代表人、实际控制人的第一责任人法定责任，推动落实全员安全生产责任制。建立完善隐患排查治理体系，推行"智慧安监"信息系统平台，规范分级分类排查治理标准，完善企业"一张网"信息化管理系统，督促企业做到自查自改自报。推广实施安全生产"保险+服务"模式，在危化品、烟花爆竹、交通运输、建筑施工、民用爆炸物品、金属冶炼、渔业生产等高危行业领域开展安全生产责任保险工作，建立专业技术服务机构等广泛参与的安全生产社会化服务体系。推动落实安全生产领域失信行为联合惩戒制度，大力开展"平安企业"创建活动，有效落实企业安全生产主体责任。

（二）安全生产制度机制和设施设备建设情况

一是健全安全生产制度机制。坚持安全生产系统治理，突出建立完善责任落实、隐患排查治理、风险管控、执法监管、督促检查、反向约束、社会共治等安全生产制度机制，重点建立完善两个方面：一方面，建立解决安全隐患"查不上来、整不下去"工作机制，坚持"隐患就是事故"的理念，建立落实"152030"隐患排查治理机制、重大安全生产问题领导挂钩整治

机制、重大危险源督长制、"属地+行业+专业"整治机制等制度，全面推行社会化服务工作，落实安全生产网格化监管；另一方面，建立安全隐患"一抓到底、见底清零"工作机制，严格落实"三个必须、三个责任"，落实安全隐患分级分类管理，建立和落实与纪检监察部门安全生产违法违纪问题线索移交查办工作机制，综合运用考核、约谈、通报、挂牌督办等方式，推动安全生产治理有效落实。

二是推进安全生产标准化建设。在全省率先实施"安全管家"托管服务，引导69家第三方安全专家团队入驻企业带动企业开展安全生产标准化提升，全面完成16962家企事业单位安全生产标准化创建，运用"三张清单"排查整改问题隐患71186项，实施"红橙黄蓝"安全风险动态监管（红色4家，橙色968家，黄色7033家，蓝色8957家），有效推动企业日常安全管理标准化、持续化和常态化开展；培植涉及危险化学品、工贸、建筑、交通、水利等重点行业标杆企业560家；试点开展22个安全生产标准化示范片区创建工作，出台《晋江市工业园区安全生产管理标准化建设实施意见》，加快建立完善以风险分级管控和隐患排查治理为重点的工业园区安全预防控制体系，整体推动各行业企业自主管理和本质安全水平持续提升。这些创建提升工作得到上级肯定，泉州、全省安全生产标准化提升现场推广会先后在晋江市召开。

三是配齐完善安全生产设施设备。全面推进"智慧用电、智慧消防"建设，突出解决消防安全设施缺失问题，全面评查整改1.1万栋自建房加工场所，累计安装电气火灾监控系统11727套、简易喷淋系统9326家、独立式烟感13156个、消防警铃6742个，建成5013家电动车智能充电场所，10632家工业企业、19385家沿街店铺完成电线穿管改造。重点督促涉及粉尘涉爆、涉氨制冷、有限空间等风险较高的工业企业加大安全生产设施配备，其中9家粉尘涉爆企业共新添置无烟泄爆装置20余套、火花探测器50余套，更换功率不足的电机等设备3套，更换灯具、开关等未防爆型电气设施300余套；21家涉氨制冷企业全部增设气体溶度报警仪、防爆风扇、氨罐区喷淋系统等设备100余套，2家完成制冷设备改造升级；282家涉及有限空间作业企业全面配备正压式空气呼气器、全身式安全绳、四合一气体检查仪等安全生产设备 1000 余套。

四是强化救灾救援物资建设。市级救灾物资储备库常年储备救灾物资 27 种、1.67 万件，建设完成自然灾害避灾点 455 个、应急避难场所 32 个，储备各类应急救灾物资 18 万余件，组织各镇（街道）根据本辖区内的避灾点建立健全防疫防汛物资应急采购、协议储备和紧急调拨机制。与人武部建立军民应急物资共用共享机制，逐年递增物资数量，救援物资应用覆盖多领域，预计 2023 年全市将新增救灾物资 100 万元。2021 年以来投入 450 余万元采购风力灭火机、无人机、消防泡沫、高压细水雾灭火机、高压水泵森林扑火等装备供给一线森林防灭火使用，在市区配备大功率龙吸水、防汛泵等防涝设备，并在全市储备救生衣、防汛冲锋舟以及砂石料等一线防汛物资。

（三）安全生产监督管理工作情况

一是扎实开展安全生产专项整治三年行动。围绕"除隐患、控风险、建机制、抓基础"总体目标，持续有力做好消防、道路交通、渔船、建筑施工、城镇燃气、景区非景区景点等各领域安全隐患问题集中攻坚，三年行动期间累计摸排整治各类安全隐患问题 26.4 万余项。出台《关于进一步强化安全生产责任落实坚决防范化解重大安全风险的通知》，严格对照国务院安委会 15 条硬措施、福建省 66 条具体措施、泉州市 75 条实施意见，结合晋江实际制定 73 条细化措施，健全安全生产责任落实、隐患治理、风险管控、监督执法、宣教培训、应急管理等各项监管机制。

二是铁腕开展消防安全综合整治"雷霆"行动。突出解决"一楼多企、一厂多租"等消防安全重难点问题，先后开展三轮次攻坚整治，狠抓"整顿提升一批、关停取缔一批、退城入园一批"——"三个一批"措施，建立完善出租分租厂房安全管理机制，组织 12663 家出租分租场所动态式申报、核验、备案，累计排查治理各类安全隐患问题 9.3 万余项，关闭取缔不符合安全条件生产经营场所 3300 余家，行政拘留 126 人，刑事拘留 3 人。针对工业厂房消防审验"承诺制"遗留问题，制定出台《晋江市解决已建

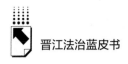

工业用房消防审验手续历史遗留问题的处理方案》，明确已建工业用房消防审验手续申报流程及技术标准。全面推进工业园区标准化建设，用好用足千万平方米产业空间，加快解决厂居混杂问题。

三是严格落实安全生产监督执法。坚持把严执法、严监管作为刚性手段和关键措施，实施分级分类监管、专项执法、综合执法等工作机制，建立落实安全生产"两法"衔接机制，以应急管理部门为安全生产监督执法"主力军"，推动各负有安全生产监督管理职责的部门和属地镇（街道）依照职权落实安全生产监督执法，2022年全市共立案2658起、罚款2504万元。同时，重视安全生产监督执法保障工作，市财政每年安排72万元专项经费，聘请多名安全专家，为执法过程提供重大安全隐患判定等技术支撑；应急管理部门从事执法工作人员44人，在公车改革中保留3辆安全生产执法用车，配备44台执法记录仪，240余套执法服装等执法装备，同时配备多台高清数码相机、摄像机等调查取证工具。

四是建立完善双重预防机制。在隐患排查治理机制方面，全面推行"四个清单"闭环销号管理制度，聚焦各行业领域重点隐患问题，建立实行"152030"机制，每月循环实施"排查、分解、整改、反馈"四项任务，机制建立以来共摸排整治各类重点隐患问题1150余项；聚焦安全生产"疑难杂症"问题，建立实行重大安全生产和消防安全问题市镇（街道）两级领导挂钩整治机制，2020年以来共摸排整治重大问题93个、38个区域性消防安全突出问题。在安全风险分级管控方面，重点实施城市安全风险评估项目，对全市城市公共区域、重点场所、重要部位进行全面的排查评估，按照"红、橙、黄、蓝"四色分布情况绘制安全风险电子地图，推动各单位实时管控各类安全风险，落实安全监管职责，实现安全风险"一张图"管控；全面完成鞋业产业消防安全风险评估，全要素、全流程摸清鞋材企业存在的致灾因素及薄弱环节，分析近年来鞋材行业火灾发生原因，研究制定并落实针对性防范整改措施。

五是强化安全生产教育培训演练。组织开展"生命重于泰山——学习习近平总书记关于安全生产重要论述"电视专题片集中学习教育和广泛宣传活动，常态化开展"安全生产月""安全生产宣教七进""企业复工复产安全生产第一课"等活动，大力实施安全生产教育培训系统工程，以行业化、区域化形式加强中小民营企业从业人员安全教育培训，深入学习贯彻习近平总书记关于安全生产重要论述。建设完成"一平台、一公园、三基地"宣教培训体系，全面高标准建成崎山安全文化公园，完成"五个一"安全应急保障提升工程建设。2022年围绕生产安全、防汛防台、火灾扑救、工程抢险等领域深入开展技能拉练与培训演练活动，组织应急宣传培训375场次，开展应急演练9972场次，参与演练人数超30万人次。

（四）生产安全事故救援、调查工作情况

其一，近三年本地区生产安全事故情况。2020~2022年，全市共统计直报生产安全事故134起，死亡66人。其中，道路运输行业116起，死亡40人；建筑施工领域10起，死亡19人；较大生产安全事故2起，均为建筑施工事故，死亡11人。2022年1月1日至12月31日，统计直报生产安全事故31起、死亡15人，与2021年相比，事故起数、死亡人数同比下降32.6%、37.5%。对涉及亡人的生产安全事故按照《生产安全事故报告和调查处理条例》组织开展调查，累计处罚1068.09万元，移送公安机关追究刑事责任28人。

其二，事故主要原因。一方面，道路运输行业和建筑施工领域事故风险系数较大。晋江市道路运输事故总量和死亡人数呈逐年下降趋势，但是占比仍然最大，事故起数、死亡人数分别占比86.56%、60.60%，原因是交通参与者道路交通安全意识和自觉守法意识淡薄，疲劳驾驶、酒驾、超速驾驶现象仍然存在。建筑施工领域事故位居第二，事故起数、死亡人数分别占比7.46%、28.78%，事故原因类型多样，包括高坠、机械伤害、中毒和窒息等，2020~2021年发生的2起较大事故均在建筑施工领域。另一方面，企业主体责任落实不到位。综合分析三年以来发生的事故，针对性、实效性安全生产宣传教育培训仍然开展不到位，尤其是小作坊、零星工程作业方面表现更为突出；违规使用不符合国家技术标准的相关设施设备、安全防护不到位、违规操作、违反劳动纪律现象仍然相当突出；专项主管部门和属地安全

监管不到位，相关单位思想认识不到位，未能及时分析辖区安全生产形势，总结原因，吸取教训，未能督促企业落实安全生产主体责任，一些规章制度在企业末端落实得还不够。

其三，开展救援情况。应急管理部门牵头消防、公安、住建、气象、供水、供电、燃气等7部门签订《晋江市灾害事故应急联动响应机制协议》，组建110、119、12345等多部门协调联动微信群及短信推送平台，突发事件第一时间参与处置。制定《关于做好事故现场救援工作的通知》，要求事故现场救援迅速、高效做到"七个到位"，一旦接报事故信息，立即核实并视情况启动应急响应，成立事故应急处置领导小组，各级指挥长立即赶赴现场，靠前指挥，相关部门各司其职、协调联动、科学处置，第一时间管控现场，第一时间摸清受困人员、事发建（构）筑内部和周边环境情况，第一时间做好网络和线下舆情应对处置工作，最大限度降低事故损失和事故影响。

（五）安全生产队伍建设情况

一是配齐配强行政执法队伍。应急管理部门共核定编制64名（含地震办、防汛办）、实际在编61人，其中行政编制15名、实际在编14人，事业参公编制15名、实际在编15人，事业编制34名、实际在编32人，编外辅助人员13人。应急管理部门执法机构为晋江市安全生产行政执法大队，核定事业参公编制10名，实际在编10人，无编外执法人员。20个镇（街道）、开发区配备安全生产专职人员81名、协管员68名。

二是强化应急救援队伍建设和预案管理。完善应急救援指挥部办公室工作制度建设，制定《晋江市事故灾难现场应急处置工作方案》《关于进一步健全现场应急协调备勤和改进应急值班值守工作的实施方案》等方案，定期组织全市43个应急联络会商成员单位、部门专业救援队伍、社会应急救援力量召开会商会议，通报应急救援工作开展情况，分析研判薄弱环节，深化应急联动和交流合作，提升部门应急协调联动水平。不断统筹整合应急救援力量，消防救援部门设立6个直属消防站，共有指战员195人，设立地方专职消防队伍 10 支并纳入 119 指挥中心统一调派，共有专职消防员 151 人，配备水罐、泡沫、举高等消防救援车辆 19 部。在森林消防方面，市级森林消防大队目前有队员 18 人，配备应急指挥车及高压水枪、风力灭火机、灭火弹、2 号扑火工具、水泵、无人机等救援装备。同时根据全市重要山体的分布实际，灵源、西园、罗山、内坑、紫帽、永和、金井等地建有 7 支镇级森林消防联动队，共有队员 98 人，配备水泵、风力灭火机、2 号工具、消防水车、高压水枪、水袋等应急装备器材。在抗洪抢险方面，各镇（街道）、村（社区）充分整合基层各领域救援队伍和民兵共建立兼职抢险救灾队伍 462 支，共有人员 7122 人。在电力燃气通信方面，建立供电保障抢修队 208 人，配备应急发电车 4 部、抢修车辆 31 部，配备发电机、照明灯具、检测仪 100 余套；燃气管道抢修队 20 人，配备天然气检测车 2 部、管道抢修设备 2 套；应急通信保障队（移动、联通、电信）200 余人、配备通信保障车 7 部、应急发电车 4 部。在工程机械保障方面，各镇（街道）依托工程建设单位建立大型工程机械保障队 20 支，配备吊装车、推土机、挖掘机、装载机、土方车等 236 部。将晋江市义务救援协会、晋江蓝天救援队、金刚应急救援中心、围头水上救护队等涉及水域、地震、山地救援等领域的 4 支社会应急救援队伍（1000 多名队员）纳入政府统一管理的应急救援体系范畴，同时将社会救援队伍应急救援经费列入应急管理部门年度经费预算。此外，根据"1+N+X"预案体系建设原则，组织市直有关部门及各镇（街道）、经济开发区进行预案修订、编制、报审、解读、培训和宣贯等工作，建立完成"1+16+71+160"应急预案体系，即 1 个总体预案、16 个专项预案、71 个部门预案和 160 个镇（街道）应急预案，形成《晋江市应急预案资源库》，健全应急预案体系，确保突发事件应对时有案可循。

三是依法保障从业人员安全生产权利义务。其一，督促生产经营单位严格落实安全生产三级培训教育。组织全市生产经营单位参加各级各部门召开的专题培训，出勤率达到 95% 以上，同时，要求各生产经营单位结合自身实际，全面开展新员工岗前、调岗等培训，特别是积极组织电焊、电工等特种作业人员培训取证，各生产经营单位特种作业未持证上岗的情形得到显著改善，持证率达 99%。其二，要求企事业单位配备安全管理员。全市所有生产经营单位的专兼职安全管理员配备率达 100%，管理员全部参加过各级各部门组织的安全管理、应急救援等培训工作，具备一定的安全管理能力和水平。其三，规范操作规程。所有企业大型机床、电梯、行吊等设备要在醒目位置张贴操作规程，同时操作人员开工前 10 秒要再看一遍操作规程，确保操作规程铭记于心。2022 年，全市共规范张贴操作规程 2 万余张，涉及相关重点岗位 2 万余个。其四，提升从业人员安全技能。从 2019 年起，在执法检查过程中植入"五分钟"规范开展有限空间作业行为现场培训工作，截至目前已经组织培训 846 场次，受训人员约 4230 人次，其中污水处理池等有限空间一线的管理员工 3764 人次，进一步规范有限空间作业行为。针对"氨机工"开车作业风险较大、容易引发事故的情况，每年组织开展"氨机工"开车作业专题培训。

二 晋江市应急法治建设成效

（一）安全生产责任体系进一步健全

一是压实安全责任。组织印发实施《党政领导干部安全生产责任重点清单》等四张责任清单，明确党政领导干部责任、属地管理责任、部门监管责任和企业主体责任，以清单化推动责任落实，做到知责于心、担责于身、履责于行。

二是强化督导推动。推动实施安全生产暗访督察、消防安全反向约束、每月 26 日安全生产检查等责任机制，强化重点时段、重点领域明察暗访和一线指导，推动落实安全监管横向到边、纵向到底。

三是提升安全监管效能。针对消防突出问题，全面推行"智慧用电"建设，创新推出"三合一"场所夜间打更巡查、出租分租厂房、出租房安全管理办法等长效机制，探索实施公安派出所传唤警示教育、成立房东协会促进行业自律、试点建设镇级消防工作站、安全管家等实用管用措施；针对渔船船东船长主体责任落实难问题，出台实施"渔船全链条管理""渔船长制""渔船重点整治对象"监管机制以及乡镇涉渔船舶监督管理规定；针对房屋安全监管缺位问题，出台《晋江市房屋建筑工程"网格化"管理暂行措施》，建立条块结合、以块为主的房屋建筑工程网格化巡查管理制度，明确工作标准和流程。

（二）重点行业领域整治进一步深化

统筹推进安全生产专项整治三年行动集中攻坚和各领域安全隐患大排查大整治工作。其中，在消防安全方面，组织推进消防安全整治2号攻坚令、3号攻坚令，推动完成9629幢（占泉州地区总量50%以上）自建房加工场所消防安全评查整改；持续推进消防安全综合整治"雷霆"行动，累计排查出租分租场所12610家，治理隐患风险问题70043项，取缔关闭不符合安全条件的生产经营场所1329家。在建筑施工方面，对全市所有在建房屋建筑工程的土地审批、规划许可、施工许可等情况进行全面排查，共摸排整改30宗违法违规项目，并对其中8宗应办未办施工许可的违法违规项目进行立案处罚。在道路运输方面，查处严重交通安全违法行为96180起，完成54处农村道路"三小工程"隐患点以及239处道路、桥梁、隧道、涵洞安全隐患整改。在渔业船舶方面，摸清1919艘乡镇船舶底数，进行分类处理、集中整治；在沿海7个渔业镇分别设立海上海岸安全综合服务中心和渔船点验中心，25个沿海岙口各设立1个管控点；对全市大中型渔船开展全面的隐患排查建档，并制定整改措施分批分期分类施策。同时，全面部署推进危化品、城镇燃气、景区非景区景点、高铁沿线、大型综合体、有限空间、粉尘涉爆、涉氨制冷、校园安全、自然灾害等重点行业领域隐患治理和风险防控，有效遏制事故发生。

（三）事故风险预防机制进一步完善

一是完善隐患排查治理。聚焦重大风险点和重大事故隐患，摸排23个重大安全生产问题，实行市镇（街道）两级领导挂钩整治；梳理20个区域性消防安全突出问题,实施"开小灶"攻坚整治;持续推行"152030"隐患排查治理机制,每月循环实施"排查、分解、整改、反馈"4项任务,有效闭环销号各类"老大难"隐患问题46项;督促完善市、镇(街道)、部门、村(社区)、生产经营单位五级安全隐患排查治理台账,规范"六个清单"和"一单位一册"、"一企一档"。

二是健全安全风险管控。梳理20个重点行业领域重点时段的安全生产风险,制定44项防范化解措施,明确15个牵头责任单位,定期研判、全力防控重大安全风险;健全隐患排查治理和风险分级管控双重预防机制,实施城市安全风险评估项目,形成全市安全风险"一张图"管控。

三是严格执法监管办案。从严从实推进重点领域执法检查和事故调查,全市三年行动累计行政处罚2240次、责令停产整顿2649家、罚款1941.3万元、约谈警示492人;在泉州率先实行授权镇(街道)推行消防执法机制,着力解决镇(街道)消防安全监管权责不一致、执法缺位等问题。

(四)安全生产基层基础进一步夯实

一是加强宣传教育。全面宣传贯彻《刑法修正案(十一)》、新《安全生产法》,持续运作"晋江应急管理"和安全生产宣教培训基地2个线上、线下宣教平台,常态化开展"安全生产月""安全生产宣教七进"等活动,企业负责人及安全管理人员培训、入企宣讲、专题讲座和特种作业从业人员集中警示教育培训,覆盖人数累计13.5万人。

二是提升专业能力。全面推行安全生产社会化服务,引入多家第三方安全机构,每个镇(街道)至少聘请一家专业机构,采取"技术顾问、送教上门、专家驻点"等模式,推动提升基层安全监管专业水平。

三是严格规范标准。将安全生产标准化提升纳入全市"抓项目、促发展"专项行动,引入"安全管家"技术服务,推行规上企业安全专家入驻模式,全面开展78家标杆企业、22个示范片区安全生产标准化提升,发挥行业标杆企业龙头引领作用,精心打造一批可借鉴、可复制的典型示范标杆企业,整体推动各行业企业自主管理和本质安全水平持续提升。

四是完善应急体系。基本完成市级应急指挥中心建设，进一步加强市、镇（街道）、村（社区）三级联防联控救援队伍建设，率先与本辖区110、119建立联动协作工作机制，与61支专业社会救援队互联互助，指导9个镇（街道）建立基层综合应急救援队伍2万余人。

三 晋江市应急法治建设存在的主要问题

（一）安全生产工作基础还不够牢固

虽然晋江市生产安全事故和火警总量、死亡人数同比下降，但道路运输、建筑施工等重点行业领域的生产安全事故以及火灾相对多发。尤其是进入2023年第二季度以来，企业、群众的生产生活更加活跃，人流、物流、车流激增，交通运输、消防安全、渔业船舶、建筑施工、工贸等行业领域安全风险将逐步提升；加上夏季短时强降雨、持续高温天气等影响，生产安全事故数量明显有反弹、上升的趋势。

（二）应急管理体系和救援能力建设与经济社会建设现实情况还不相配套

市、镇（街道）、村（社区）三级应急管理体系和救援能力建设不够平衡，对基层应急处置能力水平提升的协调指导还不够，镇（街道）、村（社区）和企业应急队伍普遍存在缺乏相关培训、应急救援队伍装备和能力不足等问题，应急处置水平较低，对事故初期的处置不够到位。

四 推进晋江市应急法治建设的对策建议

（一）压实安全生产责任

持续发挥综合协调、综合监管作用，强化会商研究和明察暗访，督促指

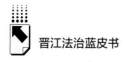
导各镇（街道）、各部门、各生产经营单位落实安全生产四张责任清单，对存在多头缺位、盲点漏洞、弱化缺失等监管问题领域进行梳理研究，完善安全生产权力和责任清单，健全分级响应机制，建立健全企业安全生产主体责任体系，推动监管无死角、无缝隙。

（二）推进专项整治行动

紧盯重点领域、重点环节，持续推进安全生产专项整治三年行动，完善专项整治工作联席会议制度，加强人防、物防、技防、机制防管理，畅通会商联络、清单推进、执法服务、督察通报、信息报送五大机制；规范安全生产隐患分级分类排查治理标准，不断强化消防、道路运输、建筑施工、危险化学品、城镇燃气等重点行业领域隐患排查治理，对排查出的隐患严格落实"四个清单"闭环管理，筑牢安全生产防线。

（三）加强中介服务监管

按照综合考评工作制度的要求，重点加强对中介机构日常服务质量的动态跟踪管理，通过督察检查、实地走访、问卷调查、研讨分析、约谈警示等方式，加强对各相关单位工作开展情况的全程跟踪督促和指导协调，严肃查处安全中介机构或相关企业违法违规行为，确保安全生产社会化服务工作有序推进，取得实效。

（四）完善应急救援体系

继续指导督促各地各部门修订完善应急预案，加强主要应急部门工作沟通和信息互通，定期开展联合演练，提高各部门专业队伍间的协同作战能力。探索建立以综合性救援队伍为主力、以专业救援队伍为协同、以军队应急力量为突击、以社会救援力量为辅助的应急救援体系，坚决守住群众生命红线。

（五）强化防灾减灾工作

持续抓好防汛防台和森林防灭火工作，强化会商研判，突出预测预报预警，加强宣传教育、应急备勤和物资储备，落细落实各项措施，切实加强防范台风暴雨、晴热高温等可能带来的衍生、次生灾害。同时立足综合协调职能，协调做好灾害隐患报送和风险监测预警，牵头各灾害调查相关单位持续开展数据整改和全省单灾种评估与区划、综合风险评估与区划工作，进一步提升防灾减灾救灾能力。

（六）全力推进乡镇标准化应急管理站建设

全面落实"整合、利旧、充实、完善"工作要求，成立领导小组，组建工作专班，申请专项资金，对照"八个有"建设标准，拟定应急管理站相关工作职责、救灾物资储备管理实施细则、安全生产行政处罚流程图、安全生产检查流程图和带班值班等工作制度，全力推进两个试点镇（东石镇、安海镇）机构设置、队伍设立、库室整合等建设工作。

B.5

"云上晋江"

——县域政务云创新实践

晋江市工业和信息化局课题组*

摘　要： 全面建设数字法治政府，提升法治政府建设数字化水平，是新时代法治政府建设的要求与目标。晋江市积极探索推进新型智慧城市建设的"晋江路径"，以"政务云"建设为抓手，打造了福建省内首个区县政务云平台——"云上晋江"，引领部门业务系统有序迁移上云，并推出"前店后厂"区县政务云应用新模式。与传统政务处理系统相比，"云上晋江"具有开放共享、运营智能、使用便捷、集约高效、安全可靠的优势，极大地提高了政府资金使用效益，有效提升了法治政府治理能力水平。但在实践中，政务云依然面临安全运维及管理的风险和问题，未来将通过健全资源安全监测体系，强化服务支撑能力，持续为数字法治政府建设贡献更强大的数字力量。

关键词： 政务云　"云上晋江"　数字法治政府　电子政务

加强数字政府建设是创新政府治理理念和方式、形成数字治理新格局、推进国家治理体系和治理能力现代化的重要举措。政务云平台建设作为数字政府建设中的重要一环，对加快转变政府职能，建设法治政府、廉洁政府和服务型政府有着重要的支撑作用。如何为政务部门提供有效、可靠、安全的政务云服务，同时将政务云服务与数字法治政府建设有机结合起来，是一个

---

* 课题组负责人：林永红，晋江市工信局局长。报告执笔人：陈逸煌，晋江市工信局大数据中心科员。

重大的理论和实践课题。近年来，晋江市积极打造"以云聚数""以数治城"的数字法治政府建设服务体系，建设的"云上晋江"电子政务云平台颇具成效，获评 2023 年度"政务云创新实践优秀案例"，成为全国唯一县级获评案例。

一　政务云与"云上晋江"的概念

（一）政务云

政务云是指使用云计算技术，综合运用已有的计算、存储以及网络信息等资源，充分利用云计算虚拟化、超大规模、按需分配服务、高可靠性、可动态伸缩等特点，为政府行业提供基础设施、支撑软件、应用系统、信息资源、运行保障和信息安全等综合服务平台。建设政务云平台有助于强化电子政务网络统筹建设管理，降低建设运维成本，消除信息孤岛，推进政务数据资源开放共享，从而提升政府治理能力，助力经济社会数字化发展。

（二）"云上晋江"

"云上晋江"作为晋江市电子政务云平台，由晋江市工业和信息化局进行总体规划，是福建省打造的首个区县政务云平台。根据"数字福建"战略部署、"晋江经验"等指导精神，"云上晋江"在建设过程中，充分考虑了区县政务信息化面临的困境与问题，并结合晋江实际，率先推出"前店后厂"的区县政务云模式，实现"运、管、用"分离，助力政务部门专注电子政务应用，聚焦政务业务系统与数据价值，有效推动了晋江市数字化转型与数字法治政府建设。

二　"云上晋江"电子政务云平台建设情况

（一）"云上晋江"电子政务云平台建设背景

在建设"云上晋江"电子政务云平台之前，晋江市各政务部门业务系统相对分散，普遍按照旧有政务系统建设模式，将本单位的业务系统部署至单位机房，涉及的服务器、存储设备、网络设备、安全设备利用参差不齐，工作效率大多在 20% 以下，也有部分政务部门计算硬件资源极端匮乏。这样不仅闲置了宝贵的计算硬件资源，浪费了人力物力等资源，也不能有效解决资源匮乏部门的实际问题。但如果将这些设备整合建设为云计算平台，服务器的利用效率将得到极大提升，资源匮乏的问题将迎刃而解，"云上晋江"电子政务云平台应运而生。该平台能够动态、弹性、可回收地为晋江各政务部门提供服务，有助于强化电子政务网络统筹建设管理，促进高效共建共享，助力经济社会数字化发展。

（二）"云上晋江"电子政务云平台建设现状

"云上晋江"电子政务云平台自建设运营以来，持续稳定、安全、高效运行，截至 2023 年 8 月，已为全市各市直单位提供 301 台虚拟服务器，其中政务外网 207 台、政务信息网 94 台，累计部署约 158 个业务系统，基本实现政务信息系统全部上云运行。同时，晋江市依托"云上晋江"电子政务云平台，已累计完成全市 57 个业务系统、354 张表、4.5 亿条数据汇聚工作，为跨系统跨部门的信息共享与业务协同提供了重要支撑，也为推进政务应用创新和政务业务变革点燃强劲引擎。

（三）"云上晋江"电子政务云平台建设模式

一是完善全流程统一的政务云服务实施体系（见图 1）。"云上晋江"电子政务云平台以晋江市大数据中心云平台为基础，依托泉州市数字云谷建设的数字福建（安溪）产业园泉州市级政务云平台，以购买服务的方式采购云资源服务，为两地平台建立统一组织领导、统一管理和统一服务实施体系，确保重要数据由政府主导及把控，便于政务数据的进一步挖掘和调度；要求云平台从设计、建设到管理、维护形成全过程闭环管理体系；建立云平台运行服务资金保障制度，把购买政务云平台基础资源、软件技术、运维等服务经费纳入统一保障。

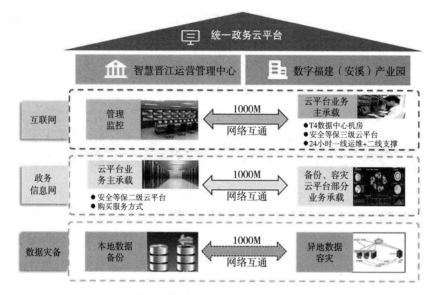

图1 晋江市政务云安全保障模式

二是构建稳固安全的云平台专有云框架。云平台网络设计的基本原则是云网融合、统筹规划、分步建设、统一管理、全面支撑。依托数字福建（安溪）产业园数据中心，独立划分出专用网络分区以承载各部门迁移上云业务，构建统一标准的网络、主机、信息资源、存储备份、安全设施、云管理平台等基础资源，形成独立专有的云平台基础设施。结合各部门政务外网、政务信息网业务系统需求，搭建专有云平台的总体框架，并根据电子政务建设相关规范进行业务分区、安全系统建设，开展安全测评工作，部署云管平台统一纳管云资源，进行政务业务应用可视化展现。

三是推出"前店后厂"的区县政务云技术运营模式。"云上晋江"电子政务云平台结合国家、省、市政务云规范与区县政务云的实际需求，响应相关文件精神，在福建省内率先推出"前店后厂"的区县政务云模式，即前端依托智慧晋江运营管理中心实现政务云平台的统一管理及业务展示，后端依托数字福建（安溪）产业园高标准硬件基础设施提供硬件资源服务、安全保障服务和运维服务，促进政务云一体化、规范化。通俗来讲，"前店"就是晋江智慧城市运营管理中心集中展示的各类云资源。对于部门来说，可

随时根据实际需求，到"前店"申请和使用适合自己的云服务，就像到超市选取适合自己的产品一样方便。同时云平台以私有云模式进行建设运营，晋江市各级党政机关通过电子政务网接入政务云平台，开展非涉密业务应用。两个政务中心［智慧晋江运营管理中心和数字福建（安溪）产业园数据中心］通过裸光纤互联，形成分布式双中心架构，采用两个云平台架构统一、业务分域、网络互通、互为主备的模式，并与泉州市级政务云平台互联互通，形成两地三中心架构，增强晋江市政务云平台安全性、可靠性和数据共享性。

四是政策引领部门业务系统有序迁移上云。晋江市级政务云平台项目的规划建设要追溯到 2017 年底，整个项目于 2018 年 11 月完成验收，在全省率先推出"前店后厂"区县政务云晋江新模式。2019 年 7 月，出台《晋江市推进政务数据中心整合实施方案》，明确本级各党政机关、一类公益事业单位（除卫健、教育系统外）均应整合迁移上政务云，同时除政务 OA、网站以外的业务系统应主动与上级政务数据资源共享平台对接。2019 年 8 月，晋江市正式启动政务数据中心整合暨数据资源共享工作，通过对各部门已建、待建业务系统的梳理，分析各级各部门业务系统对政务云平台提供服务的不同需求，优化业务流程，按先易后难、先简后繁的方式，分期分批逐步引导各部门将现有业务系统迁移至"云上晋江"电子政务云平台，至 2020 年底，初步完成各部门业务系统迁移上云。2020~2023 年，晋江市人民政府办公室多次修订印发《晋江市市级财政性投资信息化项目管理规定》，进一步明确新建信息系统项目应统一部署于"云上晋江"电子政务云平台，不得单独采购硬件服务器，无法整合到政务云平台的，原则上应整合到市智慧晋江运营管理中心。至此，晋江市电子政务云平台框架服务体系建设趋于完善和成熟。

三 "云上晋江"电子政务云平台建设特色

（一）"云上晋江"夯实"五项服务"，树立高品质政务服务品牌

一是云计算服务。"云上晋江"电子政务云平台为各级部门、单位提供

弹性云主机，可根据业务需求，进行扩容或减配，避免传统政务数据中心建设中可能出现的冗余与资源浪费现象。

二是云存储服务。"云上晋江"电子政务云平台基于高可用架构设计，利用高性能硬盘资源平台为存在大数据存储需求的业务部门提供海量、安全、可靠的云存储服务。

三是云安全服务。根据《网络安全法》的要求，信息系统需要根据定级进行相应信息系统加固，"云上晋江"电子政务云平台本身具备三级等保资质，云平台服务提供商数字云谷在为云平台配备多种安全防护能力之余，搭建安全能力资源池，各级部门可再自行选择对应的安全服务为应用系统实现安全加固。

四是国产密码安全服务。"云上晋江"电子政务云平台构建了安全可信的商用密码资源池，为晋江市各部门、单位提供国产密码改造方案，使用安全合规的国产密码算法，利用密码机、验签服务器等专业密码设备，保障数据更加安全，兼顾了系统高并发、低延时的诉求，实现业务、安全的平衡。

五是信创云服务。"云上晋江"电子政务云平台面向多个场景提供"一云多芯"服务，满足政府和企事业单位的不同国产化需求。支撑更多政府和企事业单位在国产化基础设施之上平稳运行，渐进式实现国产化的真替真用，保障业务连续性与安全性。

（二）"云上晋江"构建"五个体系"，打造高效、安全、便捷的服务模式

一是开放共享的政务云应用体系。"云上晋江"电子政务云平台统筹整合现有政务云资源，构建一体化政务云平台体系，实现政务云资源统筹建设、互联互通、集约共享。同时，强化电子政务网络统筹建设管理，促进高效共建共享，降低建设运维成本。

二是创新智能的政务云运营体系。晋江市在福建省内首先推出"前店后厂"的区县政务云模式，同时结合了国家、省、市政务云规范与区县政务云的实际需求，实现晋江电子政务云平台"运、管、用"分离的高效稳定运行，由信息化主管部门承担政务云的统筹、规划和管理，各业务使用部

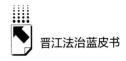

门根据业务需求申请和使用政务云资源，政务云平台服务方负责政务云的建设、资源提供和运维服务，为"晋江经验"增添了数字化、信息化新内涵。

三是灵活便捷的政务云使用体系。基于虚拟化技术的政务云平台具有快速灵活部署、资源弹性伸缩等特点，解决了电子政务项目建设采购周期长、部署上线慢等问题，业务部门仅需提出硬件性能指标和技术参数，云平台进行资源划拨后即可使用，业务部门可集中精力把业务系统软件开发好，硬件系统部署所需时间从传统方式的2~3个月缩短到上云部署的2~3周。同时，相关维护保障工作统一由平台负责，硬件系统故障直接在平台上处置，软件系统故障处置效率也进一步提升。

四是集约高效的政务云资源体系。政务云平台对现有硬件资源进行充分整合，通过虚拟化架构，物理服务器和数据中心在空间、能源等方面的成本得到有效降低，并最大化利用现有设备的计算资源，极大改善以往设备资源使用率低的情况。根据当前"云上晋江"电子政务云平台规模测算，如晋江各单位建设本地机房数据中心，在硬件资源、机房安全防护、国产密码应用等方面必要建设费用的支出为2000万~2500万元，且不包括本地部署所涉及的机房物理环境建设、运维用电、人员成本、设备维护扩容成本等；而按政务云平台标准服务器租用计算同等资源，3年约为1100万元，成本优势极为明显。

五是安全可靠的政务云保障体系。数据的集中管理有利于安全的集中管控，晋江市严格按照上级网安部门的要求，切实抓好在政务云平台上业务系统的网络安全和数据安全工作。特别是近几年以来，根据上级部署，通过采购第三方专业安全机构的网络安全保障及应急响应处置服务，极大增强政务云平台和业务系统的安全防范能力，部门申请使用政务云平台的安全保障更加可靠。

四 "云上晋江"电子政务云平台建设成效

（一）"云上晋江"提高政府资金使用效益

一是丰富"晋江经验"，赋能数字化建设。根据《关于加强数字政府建设的指导意见》、"数字福建"战略、"晋江经验"等精神指导，运用前沿的信息化技术，以服务为导向，建设"集约高效、共享开放、安全可靠、按需服务"的政务云平台，为众多政务部门提供信息化共享基础建设，有力推动晋江数字政府、智慧城市建设，加快政务系统数智化转型。

二是提高资源使用率，降低采购费用。过去，为了推广电子政务，各部门往往单打独斗，动辄投资 200 万~300 万元建设本地机房、购买硬件和软件服务，打造本部门的政务云平台，不仅投资巨大，而且容易形成各自的信息"孤岛"。"云上晋江"政务云平台的推出，使得区县、部门不需要再独立建设各自的数据中心，而是交给云平台统一运行、管理，充分发挥财政资金规模效应，解决分散建设、闲置浪费问题。除此之外，在资源的使用上，依照按需付费的原则，各部门申请开通云资源，经批复后投入使用，从开通日起计费的方式，大大降低了传统平台预先采购、预留冗余、资源闲置的浪费情况，显著提升了资金投入使用率。

三是降低资源消耗，促进节能减排。在节能减排与能耗方面，采取集中上云的形式也能有很好的效果，通过云端供应商优选数据中心地址，选用廉价的电力供应，或通过优惠政策进一步降低能源成本。假设每台物理服务器功率为 250 瓦，每台物理服务器 1 年耗电约 2190 度。信息系统总体迁移至政务云平台后 1 年可省 15.52 万度电，同时，可让机房占地面积缩减 70%，降低空调耗电 50% 以上。

四是降低管理、运维成本，减少人工成本支出。依托"云上晋江"政务云平台，各业务部门只要通过在线提交申请、完成审批后，政务云就可配置所需的虚拟机和网络，整个配备过程可缩短至几天甚至几分钟，实现电子政务实施的集约化管理和运维，规避政务资源投入的无序化，节约管理成本。原有硬件建设模式涉及厂商众多，品牌、型号及规格多种多样，对管理人员的技术水平及在岗时间提出更高的要求，而云计算数据中心建设采用统一的标准，并通过虚拟化技术整合现在的服务器资源，任何一台服务器或存储故障都不会影响应用系统的正常使用，另外采用云计算模式也使系统部署和维护自动化的程度大大提高，降低人工和运维的成本。

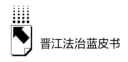
五是降低安全建设成本，提高安全防护能力。原有将电子政务系统部署在本地机房的模式，需要在不同单位进行重复的等保安全建设，不仅造成了财政费用的浪费，自建机房也往往很难达到高标准的安全防护水平，而"云上晋江"政务云平台在硬件防护层面采取集中化的安全防护措施，有效减少了费用支出，同时整个平台部署在数字福建（安溪）产业园数据中心机房，已通过网络安全等保三级测评，具有极高的安全防护性能。此外，"云上晋江"政务云平台还在软件防护层面采取统一的资源池模式，按需分配安全防护组件，避免安全防护资源闲置导致的资源浪费。

（二）"云上晋江"有效提升法治政府治理能力水平

目前，"云上晋江"政务云平台为市级多个重要业务系统提供了稳定的基础环境支持，应用更为深入广泛，如政务 OA 为各政务部门提供了统一的协作办公平台，国土数字晋江地理框架为全市 GIS 系统提供了动态调用的数据底图，多规合一信息共享平台汇聚了多部门规划数据并在此基础上开展规划修编，行政审批系统打造了全市一体化的审批服务信息化体系。随着政务云应用的不断推进，全市政务、民生、城建、科创、社区、园区各领域信息不断向政务云平台汇聚，医疗云、教育云等民生领域专业云平台也持续推进加快建设，逐步形成"云和政通"的格局，引领数字城市迈向"智理"新时代。

一是"云上办公"，电子政务更有速度。晋江市的 OA 电子政务系统充分依托"云上晋江"电子政务云平台资源，充分贯彻"一网协同"的理念，积极打通市、县二级文件流转渠道，不断完善优化本级政务 OA 服务功能。截至 2023 年 8 月，本级政务 OA 平台共有 412 个单位启用内部无纸化办公应用，累计流转各类公文约 45 万条，基本实现政府部门无纸化办公全覆盖，有效提高行政办公效率。

二是"云上服务"，政务服务更有广度。"云上晋江"政务云平台投入应用以后，晋江市政务服务能力加速提升。率先在省内推行政务大厅"免证办"服务，通过利用省市电子证照库和闽政通 App 电子证照建设成果，全面推动电子证照在审批环节中落地应用，实现包括身份证、结婚证、不动产权证、行驶证和驾驶证等高频使用的电子证照替代实体证照，让群众通过手机"扫码亮证"即可办事，一举解决以往办事需要携带大量证照、漏带个别证照就办不成事的问题，进一步推动"最多跑一趟"落深落实。优化完善闽政通i晋江小程序，整合便民服务事项180项，实现群众关心的医疗、教育、社保、就业等重点领域政务、便民服务事项全覆盖。打造"千人千面"群众个人政务服务空间，主动、精准地推送用户所需的政务服务事项，打造个人专属的政务服务"千人千面"，推动掌上政务服务从"端菜点菜"向"智能推送"转变，满足群众对办事服务便捷、高效的需求。

三是"云上管理"，城市治理更有力度。2022年，由晋江市城市管理局开发的小程序"晋情拍"正式上线。"晋情拍"充分发挥"云上晋江"政务云平台资源优势，为群众全面参与城市管理提供了强力支撑。群众可通过小程序上报市容问题获得积分兑换奖品，利用随手拍的方式发现问题并立即发布，管理员在第一时间转交各承办单位办理，并监督整改到位，市民可在"晋情拍"上看到自己上报问题的处理进度和处理情况。截至2023年7月，"晋情拍"注册用户5万余人，接收上报案件超1.5万件、处置结案1.43万件，办结率超95%，切实提升了晋江市城市治理科学化、精细化、智能化水平。此外，以"云上晋江"政务云为依托，晋江市还着力建设统一服务管理平台与移动网格信息管理App，推动便捷采集实有人口、实有房屋和实有单位信息等各类基层信息，实时掌握基础信息分布情况、分色预警、人户关系、房屋档案等信息，实现"以房管人、人户一致"的精准化基层治理。

四是"云上医疗"，医疗服务更有温度。"云上晋江"政务云平台互联、开放、共享、安全的优势，为建设智慧卫生信息平台奠定了基础。晋江市着力打造的智慧卫生信息平台为全市居民建立健康档案超215万份，支撑医生调阅患者健康信息204万余次，为决策者提供超过450项指标进行综合监管和分析，实现区域医疗机构之间的互联互通和诊疗协作，推动就医服务和支付方式从单一线下服务向线上线下一体化服务转变，患者到院就诊后仅凭一

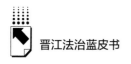

部手机就能享受预约、就诊、结算等诊疗服务。同时，该平台获评福建省2022年度地市公共数据应用十佳优秀案例，充分印证了政务云支撑业务开展的强大服务能力。

五 "云上晋江"电子政务云平台建设问题分析及努力方向

（一）"云上晋江"电子政务云平台建设问题分析

近几年，政务云平台蓬勃发展，为法治政府建设提供了高效的基础平台支撑与服务保障。根据《数字政府行业趋势洞察报告（2022年）》的预测，2023年我国政务云市场规模将达到1203.9亿元，可见政务云平台依旧保持较好的发展态势。但随着政务系统上云、用云持续深入，越来越多的政务数据汇聚存储在政务云平台，政务云平台数据安全问题也逐渐显露出来，保障政务云安全的重要性日渐提升。与传统数据安全防护相比，政务云平台数据的信息流动性更大、发生信息安全事件后的影响更大、信息安全监管与隐私保护等方面存在的风险更高，政务云平台的数据资源一旦遭受攻击，将造成非常严重的后果。如何充分构建可靠、稳固、持续的安全保障机制至关重要，应从运维服务、资源管理、平台使用等角度对政务云数据进行安全防护，全面筑牢政务云数据安全防线。

从运维服务角度而言，运维服务不仅是传统意义上的保障软件运行与维护工作，还包括资源提供、云化测试、运维管理、安全管理等全方位的资源与安全保障。一旦政务云平台出现安全漏洞，不法分子就有可能乘虚而入，以非法的手段窃取平台数据，从而导致信息泄露问题。除此之外，政务云硬件设备也可能存在安全隐患，如设备老旧、缺乏维修，未采用密码保护措施等，这些隐患如同不定时炸弹，随时有可能被引爆并导致严重的安全问题。同时部分政务云服务商的云计算平台底层严重依赖开源软件，甚至全部使用国外CPU和GPU产品，存在堡垒机、综合审计平台、态势感知系统等安全产品配而不用的现象，致使政务云平台隐患重重。因此，加强对政务云平台软、硬件的监控与测试，定期组织开展漏洞扫描和攻防演练，同时针对重要的数据进行备份管理就显得尤为重要，只有这样才能有效降低安全漏洞和网络攻击威胁带来的风险。

从资源管理角度而言，政务云资源是有限的，如果不对政务云资源进行统筹规划、统一管理，就有可能出现政务云资源使用混乱的现象，这就意味着上云的业务系统越多，平台承载的数据量越大，面临的安全风险也就越大。此外，还可能存在业务部门超额超配申请云资源，造成云资源使用超过需求配置、超过使用时间的情况，导致资源浪费，数据的访问权限管理不当以及单一因素的认证登录也不足以确保身份的安全性。这就需要一个清晰明确的政务云管理机制，通过对政务云资源的统一规划、统一管理、统一调配、统一结算，减少云资源的浪费，实现政务云资源安全可控。

从平台使用角度而言，不少业务部门对政务云平台应用的认识存在不足，简单地把政务云平台应用等同于申请开通业务系统政务云资源，对自建业务系统运营情况一概不知，甚至出现了业务系统已停止服务，相关部门却未申请关停政务云资源，相关云资源及业务数据无法得到及时清理，致使大量陈旧数据占用政务云资源的情况。业务数据在云平台长期搁置，一旦政务云平台出现安全问题，这部分数据就会面临相应的泄露及丢失风险，将导致原本可以避免的安全问题。

（二）"云上晋江"电子政务云平台建设努力方向

"基础不牢，地动山摇；基础扎实，坚如磐石。"政务云安全是电子政务系统安全的稳固基石，也是数字法治政府建设的有力支撑，更是社会高效治理的强劲动力，如果政务云服务平台的安全防护措施做得不全面、不到位，致使政务云平台漏洞频出，存储的数据被不法分子获取、修改、删除，或是在数据存储过程中隐私数据泄露丢失，将会对存储在云端的政务数据造成严重的损失，政务云支撑电子政务的效用也会大打折扣。因此，政务云平

台的安全问题应当引起高度重视，应进一步筑牢网络安全防线，防患于未然。

一是明确职责，强化"运、管、用"分离。安全问题无小事，政务云平台的安全问题容不得半点松懈与推脱。建立政务云安全运维体系，要求基于信息安全责任共担机制，依据政务云服务责任边界划分的原则，厘清政务云服务商、管理部门、应用部门等多个主体之间的关系，明确并细化各方职责分工。政务云服务商应当加强政务云安全评估，全面识别云平台安全风险，及时堵塞或消除各类安全漏洞，提供一个安全、稳定、高效的政务云平台，为数字法治政府建设保驾护航。管理部门应当建立监督检查机制，严格把关政务云资源的审批与管理，在安全上云、云上应用及云安全服务等方面进行定期交流反馈，并通过运行监控、日志审计、漏洞扫描等方式监督各类安全措施是否有效执行，对存在问题的应用部门督促整改，从而保障各类安全措施有效落实。应用部门应当及时评估自建业务系统运营情况，依法依规使用政务云资源，及时修复业务系统的安全漏洞，将政务云安全应用职责落实到位。

二是增强意识，筑牢安全防护屏障。从影响政务云平台安全的因素来看，人的主观能动性的影响始终贯穿于政务云平台运维、服务、管理、应用的全过程，如果相关人员安全意识不牢固、不到位，意识上的疏忽终将酿成安全问题上的大错，同时，网络安全是整体的而不是割裂的，是动态的而不是静态的，所以，及时增强相关人员的安全意识至关重要。一方面，政务云服务商应当认真落实国家及地方的网络安全政策，及时学习前沿的网络安全技术知识，不断增强自身的网络安全防护意识；另一方面，政务云管理及应用部门应积极开展政务云安全培训，强化工作人员对政务云申请、应用等业务流程的教育学习，规范日常工作中的行为，提高工作人员的素质，降低口令泄露、误操作等信息泄露风险。

三是防患未然，做好日常安全监测。习近平总书记指出，网络安全具有很强的隐蔽性，一个技术漏洞、安全风险可能隐藏几年都发现不了，结果是"谁进来了不知道、是敌是友不知道、干了什么不知道"，长期"潜伏"在里面，一旦有事就发作了。① 这充分说明网络安全问题具有隐蔽性和突发性，应当防患于未然。以当地政务系统建设及政务云部署应用情况为依据，结合政务云平台数据安全相关业务应急体系建设现状及网络安全需求，完善政务云平台数据安全应急管理机制，制定包括预防与准备、监测与预警、处置与恢复等覆盖事前、事中、事后全链条的政务云安全应急响应预案，规范应急处置的流程以及步骤，实时对政务云平台软硬件设施进行监测，常态化开展安全攻防演练，及时发现存在的安全风险，预防并减少政务云平台数据安全事件所造成的损失和危害。

---

① 习近平：《在网络安全和信息化工作座谈会上的讲话》，人民出版社，2016，第 17 页。

公正司法篇

B.6
品牌司法保护的"晋江经验"创新实践

——以晋江法院"三端三联三高"机制为例

晋江市人民法院课题组[*]

摘 要： 随着大数据、物联网、区块链等相关技术的发展，品牌产业正处于技术积累的关键窗口期，品牌企业发展亦成为政府、企业、投资机构等各方关注的重点。为更好地应对晋江品牌发展转型，解决品牌创新活力不强、销售环境失衡、侵权成本降低等问题，晋江法院积极开展"三端三联三高"知识产权保护机制的探索实践，前端诉调、中端审判、末端服务共同发力，与部门联动、行业联接、专家联通，推动高标准严格保护审判理念、高质量公平竞争环境、高水平严惩侵权态势落地，效果显著，得到了上级机关和全市企业的充分肯定。为进一步提升品牌司法保护水平，未来将进一步探索司法、品牌与党建、媒体、大数据融合的新模式，释放品牌潜力，服务品牌转型升级和高质量发展。

---

* 课题组负责人：吴景芳，晋江市人民法院审判委员会专职委员、四级高级法官。报告执笔人：李汝乔，晋江市人民法院法官助理。

关键词： 品牌司法保护　知识产权保护机制　品牌维权

自中共中央、国务院印发《知识产权强国建设纲要（2021—2035年）》（以下简称《纲要》）和国务院印发《"十四五"国家知识产权保护和运用规划》（以下简称《规划》）以来，国家知识产权局逐年发布知识产权强国建设纲要和"十四五"规划实施推进计划，从完善知识产权制度、强化知识产权保护、完善知识产权市场运行机制、提高知识产权公共服务水平等角度，深入实施知识产权强国战略，加快建设知识产权强国。2022年，福建省明确加快建设知识产权强省目标，晋江市委、市政府以知识产权强国建设纲要为引领，落实福建省委、泉州市委行动部署，加快知识产权多维立体体系全面发展、推动知识产权带动产业和区域发展，践行知识产权强市建设。在"晋江经验"指引下，晋江县域经济基本竞争力连续5年居全国前四，综合经济实力连续29年居福建省县域首位，2022年GDP完成3207.43亿元，培育超9万家民营企业，拥有1个超3000亿（鞋服）、1个超1000亿（纺织）、2个超500亿（食品、建材）和2个超300亿（智能装备、医疗健康）等产业集群，累计培育上市公司51家，上市企业数居全国县域前列，有着"全国县域经济发展典范、中小城市建设样板"之称。

晋江法院自2009年8月31日经最高人民法院批复可受理有管辖权的知识产权纠纷案件，2013年4月8日正式成立知识产权庭，2019年7月推行民事、刑事、行政"三合一"审判工作机制。晋江法院在知识产权司法审判实践过程中，切实履行知识产权审判职责，依法公正高效审理各类知识产权案件，充分发挥知识产权审判激励和保护创新、促进社会发展的职能作用，提高纠纷解决效率和提升矛盾化解效果，不断完善知识产权司法保护机制，营造有利于企业创业、产业创新、品牌升级的发展环境。晋江法院主动探索总结"三端三联三高"知识产权保护机制，通过"党建+司法+品牌"服务掣动企业品牌保护，全面提升知识产权高质量创造、高效益运用、高标准保护、高水平服务的能力，持续探索走好县域高质量发展的典范之路。如何"晋心晋力"护航"品牌之都"，打造具有强大影响力和竞争力的企业品牌，深入探索并创新知识产权保护举措，为晋江市建设社会主义现代化城市、营造护航企业创新发展的法治化营商环境贡献更多司法智慧和力量，是晋江法院高质量推进品牌保护的紧迫命题。

一 探索品牌司法保护机制的背景

晋江有"中国鞋都""国家体育产业基地"等14个"国字号"区域产品品牌，民营经济在实体经济发展道路上，从"产品经营"到"品牌经营"持续深耕拓展，引领晋江"品牌之都"的多元化转型。随着晋江本土品牌日趋高涨的影响力，品牌发展从单纯的产品生产、销售转为以物联网技术为底层逻辑，与大数据、区块链、高科技设备等紧密融合。这对品牌发展和品牌保护工作提出了与时俱进的新要求，也对法院做好知识产权新业态审判工作提出更高要求，亟须建立一套科学的方法论体系。

（一）品牌创新活力不强

对于品牌而言，如何打造并持续输出爆款内容仍在艰难摸索中，尤其面对电商平台快速变化的热点和消费需求，品牌企业的支撑力明显薄弱。究其原因：一是创新意识不强制约优质产品产出，生产产品未能跟上消费需求变化；二是品牌特色不突出，影响品牌企业脱颖而出，未能结合自身品牌风格，使产品陷入同质化困境。当前，市面上的产品形式、功能不断创新，消费者的使用体验不断升级。但产品更新赶不上消费者的使用体验变化，难免会使品牌发展略显动力不足。另外，将产品与技术深度融合的经典产品较少，"炫技"大于"共生"，因此，品牌未来还需持续探索产品与技术的共生路径，真正实现"1+1>2"的消费者使用效果最大化。另外，消费者购买渠道的数字化转型已经成为当前品牌发展的主要趋势，如2021年河南省郑州市发生"7·20"特大暴雨灾害,鸿星尔克公司捐赠 5000 万元物资,引发市场购买鸿星尔克品牌产品的热潮,一度让鸿星尔克公司的产品供不应求。"鸿星尔克"品牌在网络平台持续走红,折射出当前消费者消费选择的多样性,他们不仅考虑产品美观性、实用性,还有"情怀"等因素。在数字经济与实体经济转型过程中,要求品牌企业在发展内容、技术、渠道、形式、营销、服务、产品等产业要素上有机链接、高效联动。

(二)品牌销售环境失衡

近年来,电商的发展带动了品牌产品销量大幅增长,中国互联网络信息中心第 50 次《中国互联网络发展状况统计报告》显示,截至 2022 年 6 月,我国网民规模为 10.51 亿,较 2021 年 12 月新增网民 1919 万,网络直播用户规模达 7.16 亿,较 2021 年 12 月增长 1290 万,占网民整体的 68.1%。2022 年上半年,农村网络零售和农产品网络零售分别增长 2.5%和 11.2%,网络购物成为新冠疫情下驱动消费的重要支撑,网络支付持续向乡村下沉,推动普惠金融进一步发展,网民使用率分别达 80.0%和 86.0%。电商平台作为流量高地,在经历用户规模化积累和快速化扩张之后仍在不断扩容,其优势在于方便、直观且折扣力度比实体店铺大。短视频、直播平台、实体店、传统电商、垂直电商是品牌产品的重要销售渠道,其中短视频、直播平台提供的折扣力度最大,传统电商次之。对于消费者而言,他们更青睐价格最低的网购平台。但平台销售产品鱼龙混杂,难以分辨"真假李鬼",网络购物平台虽凭借价格优势突出重围,但只能换取短暂的销量回暖,品牌正品随后被铺天盖地的仿冒产品打倒,品牌产品销量难以长期平稳发展。经统计,2020 年以来,晋江法院审结知识产权案件 4467 件,涉及电商平台的商标侵权、著作权侵权等案件近 2000 件。全媒体时代到来,无论品牌企业还是法院,都应致力于打造知识产权的保护矩阵,提升品牌自身传动力。若品牌产品过于依赖电商平台,必然会造成用户触达面过于窄化、低制作成本作品充斥市场、高质量品牌产品稀缺等问题,造成品牌企业难以健康发展。

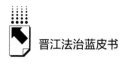

（三）品牌侵权成本降低

随着智能传播时代的到来，品牌产品正在进行全方位融合创新，利用数字技术将产品实物转化为视频、直播等多种形态，通过互联网发布后迅速传播，因此一些厂家能够轻易获取内容，且生产厂家生产后立即分销，再通过"一件代发"的形式迅速销售。经统计，该销售模式约占网店商标侵权案件的60%。在该销售模式下，一件代发卖家（网店销售者）在产品销售过程中不需要库存商品，而是将买家的订单和物流信息传给供应商，由供应商将商品直接通过快递寄给客户。网店销售者的利润主要来源于零售价和采购价之间的差额，网店销售者甚至与其销售的商品实物本身、上游供应商等都没有直接接触过，只是纯粹通过电子商务平台代销商品。在"一件代发"的销售模式下，网店经营者容易忽略对产品来源合法性的审查，产品难以追踪溯源，为品牌保护工作带来极大困难，同时也加剧了知识产权侵权问题的严重性。另外，当前很多销售以直播、拼团为主要渠道，这些新型的销售方式传播面广、转化率高、购买流程短、销售链接难以查找，难以锁定为侵权行为，品牌企业难以取证维权。以晋江鞋业发展为例，仿冒鞋肆虐网络屡禁不止，品牌鞋企深陷仿冒侵权泥淖。原创品牌是品牌产品的核心竞争力，在精品意识的驱使下，品牌企业遵循高标准、高质量要求，然而技术应用低成本渗透至生产环节后，难以避免出现产品原料不合格、成品质量差等问题，这不仅侵犯了品牌企业的合法利益，扰乱了行业市场环境，还影响了消费者使用体验。此外，分销商使用"一件代发"等噱头诱导创业者进行网点经营，消费者仍秉持免费使用网络资源的惯性思维，两者主体均是知识产权保护意识薄弱群体，容易在诱导下销售、购买仿冒产品，无疑进一步加剧了知识产权侵权现象。即使企业诉至法院，从立案到审理、判决，企业仍面临维权周期长、成本高、取证困难、难以溯源等问题，这将造成企业巨额经济损失。对于品牌企业而言，知识产权保护道路依然艰难。

二 "三端三联三高"知识产权保护机制的实践与探索

2022年，围绕知识产权保护的应用试点、专项行动、指导意见等相继推出实施，多主体参与、多视角切入助力品牌保护机制，为品牌企业发展并壮大自身原创优势提供有力保障。晋江市积极推进知识产权强市战略，建立良好的知识产权生态，获评国家知识产权强县建设示范县，入选国家第一批知识产权纠纷快速处理试点地区。截至2023年5月，晋江市专利授权量达11271项，每万人有效发明专利拥有量15.57件，全市共有有效注册商标183457件，有中国驰名商标46件，马德里国际注册商标404件、地理标志商标13件，累计培育认定国家知识产权示范（优势）企业14家，"企业知识产权管理规范"贯标认证企业128家。晋江法院探索总结"三端三联三高"知识产权保护机制，从倾听企声到与企倾谈，从审判延伸至诉前、诉中、诉后全链条参与，主动靠前服务暖企，以新的品牌保护机制发挥审判机关的职能和优势，引导品牌企业参与，要求相关领域专家调解员共同出谋划策，发挥群策群力，共同实践探索。

（一）晋江法院"三端三联三高"知识产权保护机制的探索实践

品牌的发展，一方面依托政策引领，另一方面也离不开市场驱动。知识产权保护上升到国家战略后，各地纷纷落实推进，关于品牌的发展路径、目标何去何从，晋江法院以"三端三联三高"知识产权保护机制为起点，以"倾听企声，回应关切，汇聚群智，建言献策"为定位，借助法院的传播力、公信力，传播品牌企业及知识产权保护，探索出清晰的路径，实现品牌企业可持续发展和社会效益最大化。

一是"三端"发力提质增效。其一，前端诉调增速解纷，打造知识产权维权"加速度"。积极融入晋江国家级知识产权快速维权中心建设，联合晋江市市场监督管理局出台《知识产权纠纷诉调对接工作实施办法》，提升

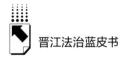

纠纷调解前置工作实效。在知识产权快速维权中心诉调对接工作室推行"1+1+N"模式，设对接法官1名、驻室调解员1名、专家调解员若干名。规范诉调对接工作流程，缩短调解期限为15日，完善工作机制，优化人财物保障机制。加强对调解工作的业务指导，在程序安排、效力确认、生效法律文书执行等方面加强对接，提升纠纷调解前置工作实效。其二，优化中端审判提速机制。加快知识产权纠纷案件"保、立、调、审、执"全面提速，优化诉讼程序，提高小额诉讼程序、速裁程序适用率，实现"繁案精审，简案快审"，始终保持高服判息诉率、高调解撤诉率、低发改率的良好审判质效，最大限度提升审判效率。2022年适用小额诉讼程序280件，适用率为100%，占一审民事案件的20.22%，案件平均审理天数同比减少9天。大力推进智慧法院应用研发，积极申报全链条要素式审判技术攻关和创新应用试点工作。2022年6月17日，晋江法院经最高院批复确定为福建三家要素式审判试点单位之一，试点案由为侵害商标权，该试点工作以特定案由实现裁判文书内容高准确率全自动生成为目标，旨在形成可全国共享的要素式审判知识库和系统能力。晋江法院作为试点法院，参考泉州中院民三庭的审判指引，结合审判工作实践，制定了《晋江市人民法院关于侵犯商标权纠纷要素式审判的裁判规则》，通过梳理审判要素表、裁判文书样式，提升庭审效率，实现简案快审、多案并审，2022年在小额诉讼程序中试行130余件，作出令状式裁判文书60余份。其三，延伸末端司法服务机制。联合晋江市市监局、工商联开展"品牌对话1+N"活动，先后为恒安、金冠、361°等多家公司提出意见建议78条，提高企业品牌保护意识和水平，建立健全知识产权管理体系和制度，助力提升企业创新发展。向涉知识产权纠纷较多的企业发出"知识产权保护提示函"，分析企业知识产权涉诉风险点，强化企业风险防范意识和品牌维权意识，助力企业创新发展。2022年9月2日，向中乔体育股份有限公司发出首份"知识产权保护提示函"，分析了该公司知识产权维权存在的薄弱环节，同时有针对性地从知识产权管理制度、侵权源头打击、证据固定和保全、构建企业商业秘密保护体系等方面提出建议，帮助企业完善知识产权管理方法和防范措施。

二是"三联"互通共搭平台，形成知识产权保护合力。其一，与部门联动，推动整合资源优势。推动知识产权司法保护协作机制建设，与检察、公安、市监等部门先后制定出台《消费者权益保护公益赔偿资金管理规定》《推进知识产权纠纷多元化解决机制建设实施意见》《建立知识产权司法保护联席会议制度意见》《知识产权纠纷诉调对接工作实施办法》，积极开展信息互通和办案协作，成立知识产权人民调解委员会，定期召开联席会议，为各部门办案提供具体的办案指引，打造晋江知识产权维权新格局。2022年以来与检察、公安、市监等部门召开联席会议3次，统一执法标准13个，常态化开展信息互通和办案协作，增强打击知识产权侵权合力，打造晋江知识产权大保护新格局。2023年4月，与工商联共同成立"晋江市品牌司法保护红色驿站"，"红色引擎"成为助推企业高质量发展的"新引擎"。其二，与行业联接，提升司法服务品质。立足服务晋江地方特色经济，为企业发展注入司法动能，司法服务下沉一线、落到重点，针对优化知识产权营商环境中的重点难点问题，先后召开品牌企业知识产权司法保护需求、品牌企业特许经营、超市合法规范经营、工艺美术等研讨会和座谈会，每年深入晋江鞋博会走访参展企业，在晋江国际鞋坊城和豪新食品市场设立知识产权司法保护工作室和工作站，发放宣传资料1万余份，巡回审判10余次，开展法律讲座5次，引导经营主体在法律框架下正确行使权利，激发企业内生动力和创新活力，服务产业和经济社会发展。2022年3月2日，参加晋江市城镇集体工业联合社在晋江市工艺美术馆内召开的晋江工艺美术大师座谈交流会，围绕当前传统工艺美术发展保护的现状以及涉及知识产权保护的难点问题，从加强原创作品创作、强化权利申请、避免侵权纠纷、侵权维权诉讼等方面，为工艺美术大师作了一场关于传统工艺美术知识产权保护的法律宣讲，详解传统工艺美术知识产权保护的重要性，强化和提升工艺美术大师们的知识产权保护意识和维权能力。2023年4月，与市监局、工商联及晋江20余个行业协会共同成立"晋江市行业知识产权发展保护联盟"，构筑司法行政部门与行业协会间的知识产权保护、维权合作的纽带和桥梁，推进晋江"品牌之都"全面升级。其三，与专家联通，助力专业水平升级。聚焦

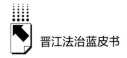

知识产权新领域，通过主动对接泉州中院民三庭，与厦门大学知识产权研究院共建等方式，将优质的教育资源、理论研究资源和丰富的案例资源、实践经验进行共享、优势互补，共同建立理论研究合作机制、学术交流机制、人才共育机制、企业助力机制和定期会商机制，全面提升知识产权理论研究和晋江市知识产权发展、保护水平。加强对知识产权侵权新形态、证据新形式的研究，确保法官知识储备及时更新，如对抖音、快手、区块链、可信时间戳等进行研究，掌握技术规则，确保精准裁判。组建专业化的调解队伍，对接行业协会，选聘 8 名专家调解员在诉调对接工作室协助知识产权纠纷调解工作，充分发挥行业协会的居中统筹作用，以第三方角度对涉案情况进行分析判断，减少当事人抵触情绪，提高调解效率，2022年成功调处纠纷 55 件。

三是"三高"标准落地见效，提升知识产权保护水平。其一，高标准秉持严格保护的审判理念。先后出台《关于"强化知识产权司法保护，服务晋江创新驱动发展"的实施意见》和《关于推进"司法护品牌"工作的实施意见》，围绕思想理念、执法办案、司法能力、司法服务等方面共提出34 条具体举措，充分发挥知识产权司法保护主导作用。严厉打击"假冒商标""商标攀附""傍名牌""蹭热点"等侵权行为，综合考虑行为危害性和主观恶意程度，依法从高确定赔偿数额，加大对源头侵权、恶意侵权、重复侵权的赔偿力度，提高侵权行为人的违法成本。2022 年审结侵害商标权纠纷 935 件，侵权领域涵盖鞋服、餐饮、家居等各行各业，涉及"鸿星尔克""361°""特步""李宁""回力""蓝月亮"等知名品牌，为企业挽回经济损失约 1600 万余元。其二，高质量营造公平竞争的市场环境。在 2022年第 22 个"世界知识产权日"来临之际，联合晋江市检察院、晋江市市场监督管理局召开"晋江市知识产权保护"新闻发布会。会上发布《晋江法院 2019—2021 年知识产权司法保护状况》白皮书及典型案例，发布"举案说法" 5 期，法治日报、人民网、福建法治报、泉州晚报、海峡都市报、晋江市经济报等媒体记者通过线上方式参加发布会，参与人员互动近 5000 人，多篇案例被法治日报报道，全方位展示知识产权司法保护的成果和特色，拓宽宣传普法覆盖面。其三，高水平保持严惩侵权的高压态势。依托知识产权"三合一"的审判模式，整合知识产权民事、刑事、行政审判，加强不同诉讼程序之间的有机衔接，2022 年审结知识产权刑事案件 77 件共 100 人，案件数同比增长 26.6%，判处实刑 24 人，宣告适用缓刑 76 人，缓刑考验期适用禁止令 7 人，判处缴纳罚金 2116.6 万元，已收缴罚金 1342 万元，认罪认罚适用人数占比达 98%。对恶意侵权、累犯、涉民生领域等犯罪行为予以严厉打击的同时，对一些从犯、初犯、自首、认罪认罚、悔罪表现好的犯罪分子，充分考虑其地位、作用、获利数额、认罪悔罪态度等因素，适用量刑情节作出相对较轻的刑罚，强化适用禁止令，提升知识产权犯罪治理社会效果，在加强知识产权保护的同时注重裁判的价值引领功能，充分彰显知识产权刑事保护的"利剑"高压态势。

（二）"三端三联三高"知识产权保护机制的影响及示范性

"三端三联三高"知识产权保护机制服务性强，企业参与度高，自知识产权快速维权中心设立以来得到企业热烈响应，诉调对接常态化推动解决企业"急难愁盼"侵权事项，多地均考察并推广应用，效果显著。通过诉前主动介入纠纷，充分发挥法院在纠纷解决中的独特功能和作用，2022 年诉前调解知识产权纠纷 165 件，通过司法确认效力 35 件。通过企业知识产权风险提示，实现"党建+司法+品牌"的充分应用，针对企业品牌发展过程中企业诉苦恼、提建议的情况，通过双方坦诚交流，疏通了政府"知企情、聚企意、解企忧"的梗阻，积极探索司法助力品牌发展的有效途径。通过凝练、总结，围绕品牌发展的重点、难点、堵点开展实地调研，依托智慧法院数据技术分析，实时掌握品牌司法保护新动态、新情况、新问题，营造了"共治，共赢"的知识产权保护新格局。2023 年 4 月建立晋江市行业知识产权保护联盟以及晋江市品牌司法保护红色驿站，各参会企业代表表达了自己的感受，他们既意外于政府如此重视品牌保护，让企业的需求变成现实，同时又倍感踏实，因为亲眼看见有关部门通过横向联动、纵向衔接，务实高效推进"司法护品牌"发展，这些都令他们备受鼓舞。

另外，晋江法院推出的"六个一"工作，即一个宣讲、一个座谈、一个庭审观摩、一个品牌企业大走访、一个知识产权司法保护提示、一个品牌保护司法服务站，也得到众多媒体和各界人士的关注，《人民法院报》《中华工商时报》《福建法制报》等媒体纷纷进行宣传，福建省高级人民法院也进行专刊报道。知识产权快速维权中心有很多地方都在探索，但能够将诉前调解、诉讼审判以及政务服务融为一体的创新平台并不多，从快速维权中心的调解率来看，大部分知识产权案件仍愿意通过调解的方式解决纠纷，足以说明诉前调解增速解纷是受到品牌企业欢迎的。同时，调解成功的案例也为后续案件提供更实际、更有效的调解基准。"三端三联三高"知识产权保护机制已经做到"审判+政务+服务"，主动介入社会治理，强化社会服务，发挥法院独特的功能，符合法院工作高质量发展的路线和方向。

三　深入探索品牌司法保护机制的对策与建议

晋江法院"三端三联三高"知识产权保护机制介入社会治理，在发挥"知企情、聚企意、解企忧"优势的同时，也在深入探索司法保护品牌的有效策略和长效机制，使法院与企业之间实现了更加充分的互动与合作。

（一）突破传统限制，探索品牌保护新模式

在全媒体时代环境下，舆论生态、媒体格局和传播方式都发生深刻变化，实体经济并不能模仿照搬网络经济的发展模式，而是要基于以下三个方面来建立比较优势，探索适合品牌发展的新模式。一是"+党建"模式。党建工作与审判工作一体推动、深度融合，通过开展"司法护品牌"专项活动，联合晋江市工商联设立晋江品牌司法保护"红色驿站"，打造知识产权司法保护特色党建项目，以保护品牌、服务创新为引擎，建立完善晋江品牌知识产权司法保护"司法+品牌+党建"融合新模式。二是"+媒体"模式。建立舆论引导优势，通过关注品牌企业急难愁盼问题，即时了解当下品牌发

展知识产权保护的焦点热点，联合主流媒体开展案例宣传，打造与晋江城市形象契合的品牌名片，助力城市法治化营商环境建设。三是"+大数据"模式。通过智慧法院系统，积累诉求热点、争议焦点等数据，把企业民意与品牌发展深度对接，实现审判数据与审判热点的有效研判与前置预警，为品牌发展提供决策参考。

（二）释放品牌潜力，构筑新型保护格局

在推进"三端三联三高"知识产权保护机制过程中，应从晋江县域的协同发展出发，串联各部门职责及优势，进行经验互补，在扎根本土经济的基础上，发挥审判机关带动作用，为品牌发展转型升级注入新动力，形成兼具地域特色与时代特色的晋江"司法护品牌"品牌发展新格局，服务品牌转型升级与高质量发展。持续关注并着力推动资源整合与优化配置，切实提升资源利用效率，建立健全更为高效的司法审判流程。基于对各部门资源的整合优化，"三端三联三高"知识产权保护机制在发展进程中发掘和摸索出更多有力抓手，边界得以延伸，质量得以提升，在一定程度上满足品牌转型发展的需求。

此外，电商平台的异军突起使其成为品牌产品销售的必争之地，在内容层面，应引导品牌企业在电商平台销售过程中，发布正向宣传，在潜移默化中传递知识产权保护的主流思想。敦促电商平台坚守内容池的"准入门槛"，鼓励企业利用人工智能对电商平台销售产品的宣传文字、图片及引流手段进行审核，一旦发现侵权行为立即通知平台下架。在社会治理主体多元发展的当下，为适应新的形势，审判机关要努力做到以下三点：一是思想领先、精品主导，以审判工作为根本，切实把握"司法护品牌"风向标；二是内容为王，渠道制胜，以"三端三联三高"知识产权保护机制为牵引，切实促进品牌发展升级；三是互相联通，创新宣传形式，不断升级调解、审判水平，将知识产权保护介入城市政务大数据资源中，充分融入晋江城市建设，拓展社会治理效能，推动品牌保护全面发展。

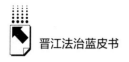

（三）智慧法院驱动，赋能品牌发展现代化

在 2022 年快速维权中心诉调对接机制试运行的基础上，致力于提质增效，通过规范化建设，类案批量式调解，真正实现快维中心诉调对接的设置初衷。通过智慧法院数据，逐步打造品牌保护数据库、案例库，预判潜在的风险，快速识别品牌保护的不同诉求，并在诉前调解阶段进行精准引导，同时要挖掘出影响品牌发展的不同影响因子之间的潜在逻辑关系，将数据充分转化为企业决策的技术工具，提高品牌企业的竞争优势，让"三端三联三高"知识产权保护机制更加高效、快捷地应对知识产权审判。同时深化各政府部门之间的数据合作，整合各方数据，充分实现城市品牌保护的共建共享共治。另外，针对司法实践中发现的平台存在的漏洞、弊端、缺陷等，向电商平台发送司法建议函，加强审查识别侵权商品的技术研发，加大对销量异常商品的审核力度，杜绝网店通过刷单的方式获取不正当利益，从源头上限制侵权商品在电商平台销售的行为。针对知识产权犯罪严查犯罪线索，比如对于网店销售侵权产品的发货地址等，及时提取固定原始数据和证据，深挖细查知识产权犯罪网络和利益链条，形成全链条、精准化打击知识产权犯罪的强大威慑力。

（四）强化部门合作，形成社会治理合力

习近平总书记强调，要加强政企合作、多方参与，加快公共服务领域数据集中和共享，推进同企业积累的社会数据进行平台对接，形成社会治理强大合力。[①] 深化政企数据合作，应突破现在各自为政的信息壁垒，整合政企各方的数据资源，建立健全城市信息共享平台，充分实现城市大数据的共建共治共享，提升城市治理能力。同时，各部门之间需要建立"一体化"模式下的品牌保护机制，突破体制藩篱，创新管理方式，探索品牌发展新思

---

① 中共中央党史和文献研究院编《习近平关于网络强国论述摘编》，中央文献出版社，2021，第 135 页。

路,汇聚形成协同合力。推进刑事审判与民事审判及行政执法相衔接,依托与检察、公安、市监等部门建立的联席互动机制,完善沟通联络机制,积极开展信息交流和办案协作,整合资源优势。积极推动建立由检察、公安、法院、市监等部门共同参与的知识产权刑事司法保护协调机制,统一司法、行政执法、仲裁、调解等不同渠道的证据标准,着重打击以侵犯知识产权为业、反复侵权、特殊领域侵权、特殊时期侵权等情形,坚定正向引领,构建品牌保护"舆论场",持续扩大与提升司法数据应用的覆盖面与垂直度,致力于品牌企业需求的精准匹配,有效提升品牌内容宣传力、商标影响力和价值穿透力。

B.7
"法治晋江"的检察智慧

晋江市人民检察院课题组*

摘　要： 晋江市人民检察院积极服务全市中心工作，将检察工作摆在全市经济社会发展大局中谋划和推进，不仅牢牢把握检察职能定位，深入推进刑事、民事、行政检察监督，贯彻落实公益诉讼检察的新时代检察职能，还注重实质性化解矛盾纠纷、未成年人保护等工作，持续为民谋福祉，同时坚持创新普法方式，强化普法工作，不断充实新时代检察工作的内涵，争创全国先进基层检察院。

关键词： 检察机关　检察监督　法治晋江

　　2022年以来，晋江市人民检察院坚持以习近平法治思想为指导，全面贯彻落实党的二十大精神，坚持稳中求进总基调，为建设更高水平的平安晋江、法治晋江贡献检察智慧，提供了坚实有力的司法保障。

一　围绕中心，主动服务大局

（一）全力防风险、保安全

　　晋江市人民检察院紧紧围绕党的二十大精神主线，聚焦晋江市委"一

---

*　课题组负责人：罗明芳，晋江市人民检察院检委会专职委员。报告执笔人：张康安，晋江市人民检察院综合业务部四级检察官助理；陈真女，晋江市人民检察院综合业务部副主任。

三一三七"发展格局、"五个年"建设，靠前服务，贯彻总体国家安全观，切实维护社会稳定、守护群众安宁，为经济社会健康发展提供法治保障，法治护航平安晋江建设。一是依法惩治犯罪。2022 年以来（本文所有数据均截至 2023 年 8 月），批捕各类犯罪 1869 人，起诉 5159 人。其中，批捕故意杀人、放火、强奸等八类严重犯罪 226 人，起诉 236 人，保障群众生命财产安全。二是常态化推进扫黑除恶斗争。提前介入涉黑恶案件 15 件，批捕 48 人，起诉 37 人，起诉"保护伞"1 人，涉黑恶案件办案数位居泉州市首位。三是主动融入反腐败工作大局。办理泉州市检察院交办司法工作人员职务犯罪线索 3 件，受理纪检监察机关移送审查起诉案件 10 件 23 人，起诉 28 人，已判决 27 人。四是依法惩治经济、金融、网络领域犯罪，防范金融风险。批捕非法集资、传销、洗钱等危害金融安全犯罪 6 人，起诉 34 人。严惩恶意欠薪犯罪，起诉 8 件 11 人。1 个案件获评最高检典型案例。五是全链条惩治网络犯罪。批捕网络"黄赌毒"犯罪 294 人，起诉 577 人，努力净化网络空间。六是深入推进"断卡行动"，打击电信网络诈骗及上下游犯罪，批捕 296 件 437 人，起诉 751 件 1147 人，有力促进晋江社会的稳定安全。

（二）全力化矛盾、促和谐

落实宽缓刑事政策，积极应对严重暴力犯罪持续下降带来的刑事案件结构变化问题，主动更新司法理念，用好宽缓刑事政策，促进社会和谐。践行少捕慎诉慎押政策，及时适用取保候审新规定，转变"构罪即捕""有罪必诉""一押到底"等落后办案理念，决定不捕 923 人，不捕率为 33.06%；不诉 1198 人，不诉率为 18.85%，不捕率、不诉率同比均明显上升。落实认罪认罚从宽制度，一审刑事案件认罪认罚适用率为 82.88%，精准量刑建议采纳率为 98.87%，服判率为 96.80%，切实提高诉讼效率、节约诉讼资源。不断推行认罪认罚社会服务机制，357 名轻微犯罪嫌疑人参与社会服务，对其中表现良好的 355 人适用不起诉，该项机制入选全省基层检察院建设典型事例。

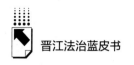

（三）全力防疫情、保平安

紧紧围绕晋江市委重大部署，积极参与疫情防控工作，统筹抓好疫情防控和检察业务，做到抗疫、办案两不误。一方面，全力出战同心抗疫。服从党委政府的统一安排和部署，由院领导带头积极参与"0313""0817""1124"三场较大规模的抗疫保卫战，全体干警发扬艰苦奋斗、吃苦耐劳、连续作战的优良作风，出色地完成党委政府交给的任务。另一方面，依法履职助力防控。联合市法院、公安局发布《关于严格履行法定义务　维护常态化疫情防控秩序的通告》，维护社会秩序；联合市公安局、应急局等单位深入企业排查安全生产隐患，服务复工复产；开展《检察官说防疫》专题普法，增强群众防疫守法意识，6名干警获市委嘉奖，12名干警获通报表扬。

二　亲清护企，保障企业发展

（一）以打击犯罪优化营商创业环境

严厉打击侵犯民营企业权益和民营企业人员人身财产安全的盗窃、敲诈勒索、强迫交易、合同诈骗等犯罪，加大对企业内部工作人员受贿、职务侵占、挪用资金等职务犯罪的惩治力度，维护企业正常经营管理秩序，净化营商环境。2022年以来，起诉职务侵占、挪用资金、商业贿赂等涉企犯罪34人。针对本市假冒注册商标等侵犯知识产权犯罪高发的特点，成立知识产权检察办公室，采用"三检合一"一体化办案模式，集中统一履职，对侵害知识产权犯罪提起公诉148件218人。

（二）以法律监督维护企业合法权益

密切关注民营企业反映在诉讼活动中受到不公平对待、损害其利益的案件，坚持早介入早纠正，及时提供法律帮助。例如，办理福旺（福建）食品科技有限公司的投诉案件时，查明企业曾因环保手续不完整被晋江市环保局处以责令限期改正和罚款，但已及时缴纳罚款及重新办好环评手续，而环保部门未及时向法院作结案说明，导致该企业仍被法院列入失信被执行人名单等事实后，立即督促环保局及时结案，并督促法院对该案进行执行结案处理，将该企业从失信被执行人名单中删除，帮助企业恢复正常经营。

（三）以法治宣传满足企业预防需求

在经济开发区五里园打造泉州（晋江）非公企业法治教育基地，并及时转变原有预约参观模式，设置常驻办公室，组建专业宣讲团，常态化对外开放，提供现场讲解服务。2022年以来，基地接待企业人员及社会各界学习培训278场24000余人次，先后获评"首批省级法治文化建设示范基地""福建省防范经济犯罪宣传基地""福建十大信用典型案例"等荣誉，被省检察院确定为全省特色检察展示平台，被最高检和国家检察官学院评为教学示范基地。针对企业内部职务犯罪多发问题，与市委政法委、市公安局合作拍摄《民营企业职务犯罪忏悔录》，提供给企业循环播放；精心制作《民营企业职务犯罪预防手册》，提出双"十条"建议，为企业和员工提供防控建议和行为规范。

（四）以平安共建强化企业风险防范

联合市委政法委、工商联举办首个"平安晋江共建日"暨平安示范企业启动仪式，为安踏、恒安等13家共建平安晋江示范企业代表授牌。建立健全同工商联沟通联系协作机制，推动打造充满活力的营商环境。举办"检察护航民企发展"等主题共建活动，深入了解企业在产权保护、法治化经营、防范金融风险方面的反映和诉求，共同帮助解决企业发展中遇到的政策、法律问题，助力企业提升法律风险防范能力。

三 守正创新，推进公益诉讼

晋江市人民检察院不断探索公益诉讼新领域，优化办案模式，提升办案水平，2022年以来，共办理公益诉讼类案件93件，排查公益诉讼案件线索

41 件，立案 40 件，提出行政公益诉讼检察建议 32 件，提起刑事附带民事公益诉讼 2 件，法院判决支持 1 件。公益诉讼领域不断拓展，已经成为晋江检察实践一张新的名片。

（一）推进生态环境保护

积极构建协作通道，与晋江市河长办、林长办等单位建立 7 项协作机制，提出检察建议 146 份。贯彻恢复型司法理念，首创增殖放流、劳役代偿等方式，督促种植林木 8600 余株，放流鱼苗 27.1 万尾，索赔 667 万元。守护"金山银山"，建立协作机制，聚焦生态环境和资源保护，开展专项监督活动，对相关行政部门提出检察建议 42 件。

（二）筑牢食药安全防线

办理该领域行政公益诉讼案件 16 件，提起刑事附带民事公益诉讼 7 件。建立健全公益资金管理规定，已收入公益赔偿资金 200 余万元，被领取 50 余万元，有效破解被侵权消费者无法直接领取的难题，该项机制被省检察院转发推广。紧盯传统领域，聚焦水体、固废污染以及湿地保护等突出问题，开展专项监督活动，共办理该领域案件 34 件，督促相关单位充分履职。关注食药安全，开展餐（饮）具集中消毒服务单位公益诉讼检察专项工作，联合市场监督管理局对辖区内 21 家餐（饮）具集中消毒服务单位进行检查，督促问题企业及时整改。

（三）凝聚公益护宝合力

借力世遗东风，开拓探索文物和非物质文化遗产新领域，在安平桥、梧林等文物保护单位设置 8 个"检察护宝观察点"，聘任 8 名"护宝观察员"协助收集群众诉求、发现案件线索、提供专业咨询。针对全国文保单位草庵寺周边存在的垃圾堆积、流动商贩无序摆摊等问题，向属地镇政府、文旅、生态环境等 6 个单位发出检察建议，督促各部门加强联动执法，加强景区乱象整治。开展万应茶、闽南"古早味"食品文化遗产保护活动。举办非遗知识产权法律沙龙，走访万应茶生产企业、来旺良品堂闽南古早味传承基地及观光工厂，开展卫生保健、商标注册、广告宣传专题培训，邀请业务专家"把脉问诊"。实地走访非遗保护单位、专家、传承人，联合文旅局、属地镇政府等部门共同探索推进非遗传承发展的方法和途径。聚焦"非遗"知识产权保护的相关做法被央视《法治在线》专题报道。

（四）保障残疾人合法权益

联合市残工委构建就业帮扶机制，督促市市场监督管理局、民政局等单位为 20 家盲人医疗按摩机构登记注册，推动"爱心企业"开放 504 个残疾人岗位。针对未成年残疾人户籍和受教育问题，推动市未成年人保护工作协调机构出台关爱救助方案。办理的保障智力和精神残疾未成年人权益行政公益诉讼案入选福建省妇女儿童维权十大优秀案例、福建省检察机关第十三批典型案例，督促保障残疾人就业行政公益诉讼案入选国家级典型案例。

（五）开拓创新公益诉讼检察

晋江市人民检察院作为全省唯——个全国公益诉讼检察直接联系点，不断优化办案模式，培育精品案例。办理的督促安平桥文物保护行政公益诉讼案，邱某等人非法猎捕、杀害珍贵、濒危野生动物（海豚）刑事附带民事公益诉讼案等 5 个案件入选全国典型案例，3 个案件入选全省典型案例，1 个案件入围 2022 年度全国检察机关法律监督案例。公益诉讼团队成员先后获得"全国公益诉讼检察业务能手""全国检察机关优秀办案检察官""全国公益诉讼'好人物'"等荣誉。通过公益诉讼推动非遗项目传承发展的经验做法被央视《法治在线》专题报道。干警吴雅芳入选全国公益诉讼全面实施五周年"好人物"。公益诉讼检察工作获评泉州市检察机关 2022 年度"亮点工作"奖。

四 以人为本，守护未成年人

晋江市人民检察院坚持"最有利于未成年人"原则，以检察履职促进

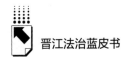
家庭、学校、社会、网络、政府、司法"六大保护"走深走实。用情守护祖国未来，落实落细未成年人保护"两法"，积极助推"六大保护"融合发力，关爱救助涉案未成年人。

（一）严惩侵害未成年人犯罪

批准和决定逮捕侵害未成年人权益犯罪118件138人，起诉130件160人。联合公安机关建立性侵未成年人案件线索通报、数据共享、信息互通机制，实现性侵未成年人案件检察机关提前介入引导侦查全覆盖，提前介入案件69件。坚持教育为主、惩罚为辅，不捕未成年人犯罪69人，不捕率为62.16%；不诉124人，不诉率为64.58%。通过督促监护令、家庭教育指导、帮教回访等形式，对涉罪未成年人开展特殊预防115次。提前介入涉外拐卖儿童"223"专案，从严打击拐卖儿童犯罪，同时，跟踪监督14名婴儿安置情况。

（二）保护未成年被害人权益

完善未成年被害人司法保护与社会保护的衔接，进行医疗救助1人次，心理疏导7人次；依托"春蕾安全员"纽带移送线索5条，处置案（事）件1件；与泉州市第三医院合作，对心理创伤严重的未成年被害人提供专业心理损害鉴定，保障后续追索损害赔偿权利。目前，已开展鉴定1人次。强化监护侵害干预，积极支持民政等部门提起撤销监护权之诉6件，及时开展危困未成年人综合保护救助工作。开展"再犯"预防教育43人次，进行失辍学家庭教育指导及督促监护工作13人次。办理保障智力和精神残疾未成年人权益行政公益诉讼案，获评"2022年度福建省妇女儿童维权十大优秀案例"。针对未成年残疾人户籍和受教育问题，推动市未成年人保护工作协调机构出台关爱救助方案。

（三）深化"未检+慈善"救助机制

用好"未检+慈善"救助机制，共筹集公益资金2000万元。基金申请方式灵活、审批流程快捷、救助额度不限、资金发放周期短，能快速、高效帮助涉案未成年人及其家庭渡过难关，在申请程序、发放效率、普惠性等方面充分保障未成年人特殊救助需求，已救助13人，发放救助金45.4万元，相关经验做法获最高检、福建省检察院推广。会同市民政局、教育局、卫健局等单位落实身体康复、心理疏导、转学安置等救助措施，帮助234名未成年被害人恢复正常生活。

（四）关注未成年人心理健康

深入校园调研未成年人犯罪心理问题，形成《中学生心理健康教育工作调研报告》，推动召开4次中小学心理健康教育联席会议，形成覆盖11个部门的9项举措。联合民政局、团市委、妇联等部门搭建多个未成年人心理健康服务平台，开展主题系列活动，帮助未成年人全面健康发展；与法院、泉州市第三医院加强合作，积极对涉未成年人心理损害赔偿案件支持起诉，为心理创伤严重未成年被害人提供专业心理损害鉴定、心理健康修复。

五 弘扬法治，补短板强弱项

晋江市人民检察院牢牢把握检察机关在法治建设中的职责定位，全面协调充分履行"四大检察"职能，推进严格执法、公正司法。

（一）加强刑事检察监督

刑事检察监督精益求精，坚守客观公正立场，树立新型法律监督观和整体办案质量观。加强对刑事立案、侦查活动的监督，在市公安局设立侦查监督与协作配合办公室，监督立案58件、已撤案28件，依法追捕31人、追诉92人；提出纠正意见和检察建议90件，实现监督端口前移。加强审判活动监督，提请刑事抗诉案件11件，泉州市检察院支持抗诉6件，泉州市中级法院已改判2件。扎实开展看守所执法和监外执行

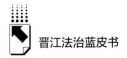
检察监督，共发出检察建议和纠正违法通知书33份，纠正执法不规范问题。持续推进判实刑罪犯未交付执行清理活动，监督清理30人，防止"纸面服刑"。开展财产刑执行检察，监督法院立案执行121件，执行到位151万元，发还被害人暂扣款项10万元，促进财产刑正确执行。施某凌等18人妨害信用卡管理案入选最高检"打击治理电信网络诈骗及关联犯罪"典型案例。

（二）推进民事检察监督

牢固树立权力监督与权利救济相结合的思维，2022年至2023年8月，办理各类民事检察监督案件151件，依法保护公民、法人和其他组织的合法权益。推进虚假诉讼监督，办理6件民间借贷、"套路贷"领域虚假诉讼案件，推动改判5件，1件正在审理中，有力维护司法权威。推进民事执行监督，针对法院未及时采取执行措施、未规范终结执行程序等情形，提出检察建议84件，均得到纠正。推进支持起诉工作，依法支持未成年人、交通事故被害人等群体向法院起诉追索人身损害赔偿金等，提出支持起诉42件，帮助追索赔偿金54.6万元。帮助解决农民工"烦薪事"，依法支持农民工向法院起诉追索劳动报酬案件39件，帮助追回薪酬31.7万元，维护当事人合法权益。

（三）行政检察监督增效

践行穿透式监督理念，办理各类行政检察监督案件162件，支持和促进依法行政。加大民生领域案件办理力度，开展"断卡行动""强制隔离戒毒"行政违法行为监督和"征收社会抚养费"执行监督等专项活动，不断提升社会治理效能。开展行政争议实质性化解工作，加大案件摸排、释法说理、跟踪问效工作力度，会同行政机关化解行政争议18件，促进案结事了政和。回应企业诉求，督促行政机关处罚假冒361°公司注册商标行为，化解行政争议，该案件获评省级典型案例。

六 特色普法，强化源头预防

（一）开展立体普法

一是加强民法典专题宣传。不断加大对民法典知识的宣传力度，引导群众自觉遵法、守法、用法，为传承创新发展"晋江经验"、建设国际化创新型品质城市提供良好的法治环境。通过线上、线下结合等多种宣传方式，普及民法典法律知识和检察职责，主动开展组织民法典专题讲座，一名干警受邀到晋江市委党校，为党校师生讲授民法典的基本知识，普及民法典相关法律法规，进一步增强广大干部群众的民法典意识并提高对检察工作的认知度。

二是开展法治进校园普法活动。贯彻落实"教育是最好的预防，预防是最好的保护"理念，主动延伸工作触角，选拔优秀干警担任法治副校长，完善检教合作、检校合作长效机制。以落实"一号检察建议"为导向，大力开展"法治进校园、村居、家庭"等工作，抓实普法宣讲团队建设，联合团市委、社工组织等部门，开展包括针对校园欺凌、家庭暴力、沉迷网络、性侵害预防、民事行为能力等群众关切的法律问题解答宣传，向学生赠送《唐生学法》漫画读本及其他法律书籍，增强学生法律意识。着力维护校园安全，共开展法治巡讲45场，覆盖学校197所，辐射家长学生14000余人。

三是开展送法进企业进村落等活动。推进犯罪预防进村居、进家庭活动，开展线上线下普法24场，家长课堂2场。发挥"头雁效应"，院领导带头走进安踏集团，为近1500名高管及员工授课。2019年以来，宣讲团成员共为企业开展培训75场，共有12000多名企业高管和员工接受教育。持续传递检察温度，通过主动走访民营企业开展普法宣传教育工作，向群众赠送《民法典》《唐生学法》等普法书籍，积极对接民营企业的法律需求，打通服务企业"最后一公里"取得良好效果。先后派出干警走访福建省晋江

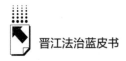

市深沪声达服装厂、晋江市深沪键升印刷有限公司等民营企业，普及民法知识，深入了解企业面临的法律问题；走进晋江市苏村、晋江市社会福利中心开展专题普法，赠送法律书籍和普法宣传材料，为老年人提供专门的防骗法律宣传，深受好评。

四是开展主题法治宣传。加强公益诉讼法律宣传活动，先后开展了包括"世界水日""爱鸟周""5 月 22 日国际生物多样性日""六五环保""世界海洋日""文化和自然遗产日""宪法宣传周"等专题普法宣传活动，依托《唐生学法》《芳芳说法》栏目和 3 处生态警示教育基地等平台，制作公益诉讼和生态环境资源保护微信推文等，进一步加强环境保护专题的普法宣传，取得了较好效果。积极开展公共安全主题的普法宣传，以案释法，强化交通安全普法宣传，开通了专门的微信公众号；参加全市以"健康靠运动　无毒要行动"为主题的大型宣传普法活动，通过多种媒介滚动播放《正青春，不"毒"行》《主播说禁毒》等系列禁毒公益宣传片。积极落实最高检"七号""八号"检察建议的要求，增强寄递企业、寄递从业人员以及相关企业的安全防范意识和责任意识，提升普法宣传的针对性和实效性。开展涉疫专题普法，结合新冠疫情防控大局要求，制作专题视频并通过微信公众号等平台宣传，获得广泛关注，助力全市疫情防控工作。

（二）升级普法阵地

完善非公企业法治教育基地建设。结合上级要求和基地应用需求，完成了非公企业法治教育基地升级改造，在展厅设立政策领航、法治引航、检察护航、企业续航四个模块，引入海丝文化元素，应用"全息投影""环幕影院"等高新科技，为企业提供更有趣、更全面、更深刻的沉浸式法治教育。通过以案释法方式全面展示企业员工职务犯罪、知识产权保护、金融风险防控、安全生产等领域发生的典型案例，认真剖析犯罪原因及防治对策。许多企业组织员工参观基地，接受普法宣传和警示教育服务，促进企业守法从业、诚信经营、依法维权。2022 年以来共接待参观学习 262 场 6398 人次。

（三）创新普法品牌

精心打造检察宣传品牌，创新"唐生学法""五里桥茶馆"2个普法宣传品牌，相关宣传作品多次被国家级、省级媒体采用。"唐生学法"是漫画普法品牌，系列作品获评全国法治动漫微视频评比一等奖、全国检察视频作品大赛"最受网友喜爱的作品"、全省政法系统"十佳新媒体作品"，相关漫画作品被中国检察出版社出版7辑；"五里桥茶馆"是视频普法品牌，系列作品在"学习强国"总平台专栏连载，被最高检视频号多次采用，并在《今日说法》刊载，系列作品获福建省网络文明建设"十佳优秀案例"。

（四）"花式"普法教育

依托"两微一端"，打造"唐生学法""五里桥茶馆"等多个宣传品牌，通过漫画、动画、视频等表现形式，着眼企业关注热点和潜在痛点，引导企业守住法律"红线"，宣传品牌影响力不断扩大。

营商环境篇

B.8
传承弘扬"晋江经验" 社科
赋能法治晋江建设

晋江市社会科学界联合会课题组*

摘 要: 晋江市社会科学界联合会是全市哲学社会科学学会、研究会、协会的联合组织，在"晋江经验"的传承弘扬以及"法治晋江"的建设过程中积极发挥组织作用，指导社科社团融入法治建设，推动法治宣传普及扩面提质，助力法治研究走深走实，在规划社科工作、扩大群众基础、发挥学术优势方面已有扎实的实践经验和基础。未来，还将通过加强法治宣传教育、突出应用对策研究、深化学术交流等方式进一步推进社科工作，以提升社科赋能法治晋江建设的实效。

关键词: 晋江经验 社会科学界联合会 法治晋江

---

* 课题组负责人：尹继雄，晋江市社会科学界联合会主席。报告执笔人：李雅彬，晋江市社会科学界联合会干部。

晋江市位于福建省东南沿海，在过去的几十年里，经历了经济的飞速发展和社会的显著进步，特别是在习近平新时代中国特色社会主义思想的指引下，形成了具有地方特色的"晋江经验"。晋江市社会科学界联合会（以下简称"晋江市社科联"）积极助推社科赋能法治晋江建设，也有力传承弘扬了"晋江经验"。

一 社科赋能法治晋江建设的背景和意义

作为福建东南沿海的一座海滨小城，晋江从一个当年 GDP 仅为 1.45 亿元人民币的穷县，如今华丽蜕变为 GDP 达 3200 亿元的全国百强县，经济总量持续位居福建省县域首位，正在全力创建中国民营经济强市，"晋江经验"也成为民营经济高质量发展的代名词。回望"晋江经验"20 多年的发展历程，可以发现一条清晰的主线，就是以法治护航经济发展，以法治推动社会进步。凭借"法治内核"的驱动，晋江不断优化法治化营商环境，激发民营经济发展活力，使"晋江经验"与时俱进、长盛不衰，成为"全国县域经济发展典范、中小城市建设样板"。

晋江市社科联是晋江市委领导下的人民团体，自成立以来，坚持以中国特色社会主义理论体系领哲学社会科学工作，负责全市哲学社会科学学术团体的业务管理、组织、协调，指导所属学会、研究会、协会开展各种学术活动。其主要活动包括以下几点。一是发挥"联"的优势。围绕市委、市政府中心大局，衔接整合各级社科研究力量，承担全市哲学社会科学重大课题的组织实施工作，组织有关单位和哲学社会科学工作者开展调研，形成高质量的调研成果，为市委、市政府科学决策提供依据。二是着力推进社科普及宣传工作。坚持开展传承弘扬"晋江经验"理论研究和普及传播，组织社科专家学者、基层宣讲员开展专题报告会、主题讲座，开通网上社科知识竞答平台，对"晋江经验"的时代内涵进行宣传阐释，提升市民素质和城市文明程度。三是带头开展社科学术研讨。组织市属社科社团、各级社科普及基地及广大哲学社会科学工作者学习、研究、宣传

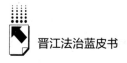
习近平新时代中国特色社会主义思想，开展哲学社会科学知识的宣传普及工作，在全市营造理论研究和社科普及的浓厚氛围，为经济社会高质量发展提供精神动力。

法治建设之所以能顺利地助力晋江的经济腾飞，成为"晋江经验"的重要组成部分，除了党政机关和领导干部对法治工作的重视和部署，晋江市社科联作为智囊团，在其中也发挥了至关重要的作用。晋江市社科联及时总结法治建设经验、归纳不足，有针对性地提出对策建议，为市委、市政府的科学决策和政策制定提供智力支持，并将其凝练、升华为"晋江经验"，不仅持续赋能法治晋江建设，也为我国其他地区的经济社会发展提供了有益的借鉴和参考。探讨晋江市社科联如何积极参与并在法治建设工作中发挥职能，从社科赋能法治晋江建设中探寻其独特作用、重点举措和智力支持，有助于引起更多学者和社科工作者对法治晋江建设的关注、研究和思考，为推进晋江法治建设提供相关咨政参考。

二 社科工作聚焦规划先行，指导社科社团融入法治建设

（一）围绕依法治市建设目标规划社会科学工作

晋江市社科联于 2022 年 10 月印发《晋江市社会科学普及规划纲要（2021—2025 年）》，提出要坚持依法普及、守正创新原则，加强社科普及工作的法治化、制度化，推进社科普及体系构建和活动创新，体现时代性、把握规律性、富于创造性。以显著提高群众民主法治素质为目标，促进公众人文社科素质与晋江市经济发展相适应，更加适合全面推进"产、城、人"融合发展部署，更加适合新时代社会文化发展需要。

（二）指导市属社科社团抓好社会科学研究

晋江市社科联积极指导市属社科社团、各级社科普及基地开展法治研

究工作。2022 年，市属社科社团晋江市法学会以"晋江经验"20 周年为抓手，充分发挥法学会的各项职能，在开展法治宣传、法律服务、法学研究、优化法治营商环境、参与社会治安综合治理等方面都取得了一定的成绩。一是坚持办好《晋江法学》。以《晋江法学》为主阵地，推动法学研究稳步发展，出版了 2 期《晋江法学》，收录法学理论文章 18 篇、案例 5篇、综治工作信息 20 篇。二是积极推荐论文参加上级法学会主办的学术活动。推荐 10 篇论文参加中共泉州市委政法委、泉州市文旅局、泉州市法学会、泉州市综治协会、华侨大学海丝司法研究中心、泉州市鲤城区人民检察院举办的"助力遗产传承 守护世遗泉州"征文学术活动，其中 1篇获得三等奖，1 篇获得优秀奖；由于认真组织、积极推荐论文参加征文活动，还获得了主办方颁发的优秀组织奖。推荐 10 篇论文参加"第二届东南法治论坛"，其中 2 篇获得优秀奖。由于晋江市民营企业比较活跃，法学会在优化法治营商环境方面也有所建树，推荐安踏、恒安、盼盼、361° 4 名有代表性的民营企业代表参加"学习习近平法治思想 推进法治营商环境建设"主题论坛，并协助论坛顺利举办。三是及时完成上级法学会和社科联布置的调研任务。根据泉州市法学会布置的"推行首席法律咨询专家制度"的调研任务，将调研课题与社科项目合并，及时组成以晋江市委政法委副书记、法学会副会长朱良志为组长的课题组，并积极开展调研，撰写了《推进首席法律咨询专家制度工作研究》的论文，按时完成了调研任务。2022 年各研究会共撰写调研文章 152 篇，有 59 篇被各大刊物采用或在相关研讨会上获奖。其中，国家级采用 11 篇，省级采用 12 篇，市级采用 35 篇。此外，为加强对民营企业的法治保障工作，晋江市法学会还组建了晋江市法学会民营经济法治保障研究会。研究会由晋江市直相关部门领导和当地知名法务人员组成，它的成立是深化和加强民营企业法治保障的又一项新举措，重点关注民营企业法治需求，帮助民营企业完善治理结构、健全管理制度、防范法律风险、完善化解矛盾纠纷的机制和措施，有助于充分发挥晋江市直相关部门在服务民营企业发展中的职能作用和知名企业的引领作用。

以市属社科社团晋江市诚信促进会为例，该社团自 2023 年 3 月 16 日成立以来，秉持"倡导诚信，共建和谐"宗旨，积极开展诚信宣传，宣传诚信价值观和国家信用建设方针、政策与法律法规，对失信行为进行社会监督。组织会员参加诚信建设相关活动，开展诚信理论研究与探讨，促进社会诚信建设，服务社会主义市场经济建设，推动社会文明与进步。2023 年 5 月 10 日，晋江市人大常委会副主任、晋江市诚信促进会会长王清龙带队到晋江市法院调研诚信宣教中心建设情况，实地参观了诉讼服务中心、诉调对接中心、"一站式"执行服务中心、诚信宣教中心，重点考察了诚信宣教中心的宣教区、反思区、承诺区、践诺区建设情况，详细了解该中心的建设初衷、运行模式及工作成效，就如何进一步完善提升该中心建设提出意见建议，共同推动"诚信晋江"建设再上新台阶。6 月 13 日，为增强社会公众信用意识，在中小微企业和银行机构之间搭建信用桥梁，帮助中小微企业化解资金难题，推动"六守六无"平安晋江建设，联合晋江市发改局（信用办）、陈埭镇政府等单位在陈埭镇鞋都电商创业园举办"6·14 信用记录关爱日"进园区银企对接宣传活动。活动中，鞋都电商园党支部作了诚信主题发言，5 名诚信商户（企业）代表现场签署信用承诺书。晋江农商银行介绍了"晋情助困贷"产品，并与 4 家守信的意向企业进行现场授信签约。7 月 13 日，会长王清龙带队走访调研国有企业、银行、保险等会员企业，并召开会员企业座谈会，共同探讨进一步推动诚信晋江建设的思路和举措。7 月 14 日，联合市妇联、市女企联在马哥孛罗酒店开展晋江市女企业家"诚信经营 幸福人生"学习沙龙活动。7 月19 日、21 日，会长王清龙带队分别走访调研磁灶镇、灵源街道会员企业。此外，诚信促进会还报送《优化诚信营商环境 助推全方位高质量发展——晋江市诚信社会建设的调查与思考》作为 2023 年度晋江市重点社科课题，研究诚信作为"晋江经验"的重要组成部分对于优化营商环境的重要意义，就助推晋江市全方位高质量发展提出对策建议，为市委、市政府提供决策咨询。

三 社科工作突出基层基础，推动法治宣传普及扩面提质

正确理解习近平法治思想，增强广大群众的法治素养是建设法治晋江的必然要求。晋江市社科联积极发挥自身优势，联合多方力量，加强法治宣传教育，通过组织学术活动、研究课题等方式，推动群众法治意识的增强。同时，还以每年开展的全省社科普及宣传周晋江分会场为抓手，积极发动全市各镇（街道）、市社科普及联席会议成员单位、市属社科社团、各级社科普及基地开展法治宣传普及工作，提高广大市民群众的法治素养，促进群众自觉遵纪守法，养成学法、知法、懂法、用法和守法的良好习惯，进一步强化法治理念，学会运用法治思维。

（一）创新法治普及宣传活动形式

为提高广大群众了解法治知识的意愿，晋江市社科联积极探寻开展普及宣传活动的新形式，发挥社科力量，传播法治声音。2022 年 11 月，结合认真学习贯彻党的二十大精神的主题，联合晋江市委宣传部、安海镇等单位举办"学习贯彻二十大精神 弘扬中华优秀文化"全省百场社科晋江专题报告会，邀请泉州市孔子学会会长林振礼教授做题为《朱子文化及其现代价值》的报告。林振礼教授详细介绍了朱熹的生平、著作及朱子文化所蕴含的丰富哲学思想、人文精神、教化思想，深入解析朱子著作对闽南民间文化产生的深远影响及朱子文化具有的重要现代价值，以通俗易懂的形式向参会人员讲解传达了朱熹的法治思想和道德理念，使听众在深刻领悟中华优秀传统文化的同时提高了法治素养。

晋江市社科联还积极探索线上普及宣传方式。2021 年，晋江市社科联联合晋江市融媒体中心在晋江电视台《社科普及周》专栏推出线上"社科普及周"系列活动。通过到访泉州职业技术大学传统文化传承基地、围头传统村落和来旺良品堂闽南古早味传承基地等各级社科普及基地，围绕

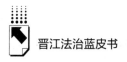

"晋江经验"理论研究、文化保护传承、晋台文化融合、红色基因传承、非遗文化传承等主题内容，以基地为背景进行现场访谈，由被采访者结合本基地建设和社科普及情况，阐述社科普及的实施、推广、成果、感受。此外，还在晋江市融媒体平台开展社科普及知识网上竞答活动，设置的网上竞答题模块涉及"晋江经验"、文明创城、非遗文化、卫生健康知识和教育（义务教育、职业教育、老年教育）等方面内容，通过全部答对问题可获得奖励吸引群众广泛参与，推动群众在答题中学习与日常生活息息相关的法治知识，增强法治意识。

（二）发动各镇（街道）开展法治宣传普及活动

在每年的晋江市社科普及周期间，全市各镇（街道）和经济开发区都采取多种形式进行法治宣传普及活动，如举办讲座、发放宣传资料、组织法律咨询、开展法律知识竞赛、提供法律志愿服务等实践活动。通过开展形式多样的法治宣传普及活动，全面增强广大人民群众的法治意识并提高法律素养，为建设法治晋江奠定了思想基础。有的活动重点宣传宪法和基本法律，如《宪法》《民法典》等，弘扬宪法精神，普及基本法律知识，增强人民群众法治意识，提高人民群众法律素养。有的则结合社会热点问题，重点宣传与群众切身利益相关的法律法规，增强人民群众的社会责任感和自我保护意识，如《消费者权益保护法》《网络安全法》等。如2021年晋江市社科普及周期间，深沪镇在镇文化中心分发《晋江市科普工程丛书》《垃圾分类知识》《海洋灾害公众防御指南》等环境保护材料，并组织开展咨询活动。东石镇组织社科专家和志愿者进机关、进学校、进企业、进社区、进乡村，通过展出展板、组织咨询、开设讲座、发放资料等形式，开展"普及科学知识、做好精准防控"主题系列活动，为群众普及卫生健康和安全知识。2022年晋江市社科普及周期间，英林镇湖尾村开展咨询活动讲解校园贷等知识，安海镇组织开展道路交通安全暨防诈骗主题讲座，并举办第三届安海镇"党建+人才"惠企政策知识竞赛。

（三）发动市社科组织、基地开展法治宣传普及活动

各社科普及联席会议成员单位、社科社团、社科普及基地根据晋江市社科联统一部署，结合各单位实际情况和特色以及社科普及周主题，持续开展法治宣传普及活动，如组织专题讲座、发放宣传资料、策划法治教育展等，通过加强普及宣传活动的针对性提高群众的互动性和参与性，促进群众深入了解法治知识。2021 年、2022 年社科普及周期间，晋江市司法局发挥普法职能，分发法律宣传材料，宣传普及《宪法》《民法典》及社会科学相关法律知识，开展《反电信网络诈骗法》线上有奖竞答；晋江市总工会发挥维护职工群众权益职能，在主会场设置咨询点，向职工群众普及《工会法》《劳动法》，分发职工医疗互助、女职工保护条例、劳动争议调解、困难帮扶政策宣传册，开展职工权益保护和政策宣传；晋江市法学会聚焦社团研究的法学领域，分发《诉讼指南》《民法典》等宣传资料，开展法治咨询活动，在经济开发区非公法治教育基地开办法治教育展；晋江市老年学学会聚焦社团研究的老年学领域，分发《人体健康与免疫科普丛书·老年篇》等老年科普读物；来旺良品堂闽南古早味传承基地结合基地生产闽南特色古早味食品的特点，分发食品安全宣传手册。

四　社科工作发挥学术优势，助力
法治研究走深走实

晋江市社科联作为地方社会科学学术性组织，在促进法治体系建设方面具有重要的作用和职责，包括参与地方立法、提供政策咨询、加强法治宣传教育等。在开展法治理论研究工作方面，利用丰厚的学术资源和人才优势，为法治理论研究提供坚实的学术支撑。晋江市社科联自成立以来，坚持扛起职责、发挥优势，充分利用自身"联"的特点，积极联系有关单位、相关专家开展法治研究工作，致力于推进法治理论和法治实践的融合发展，提升晋江市依法治市水平。

（一）对接研究机构，组织出版《晋江蓝皮书》

习近平总书记分别于 2002 年 8 月 20 日、10 月 4 日先后在《人民日报》《福建日报》刊发署名文章，提出了"晋江经验"的理论内涵和实践方向，即"六个始终坚持"和"处理好五大关系"。"六个始终坚持"为始终坚持以发展社会生产力为改革和发展的根本方向，始终坚持以市场为导向发展经济，始终坚持在顽强拼搏中取胜，始终坚持以诚信促进市场经济的健康发展，始终坚持立足本地优势和选择符合自身条件的最佳方式加快经济发展，始终坚持加强政府对市场经济的引导和服务。"处理好五大关系"为处理好有形通道和无形通道的关系，处理好发展中小企业和大企业之间的关系，处理好发展高新技术产业和传统产业的关系，处理好工业化和城市化的关系，处理好发展市场经济与建设新型服务型政府之间的关系。①

围绕传承弘扬"晋江经验"，晋江市社科联联合福建省高校特色新型智库民营经济发展研究院，出版《晋江蓝皮书：晋江经济社会发展报告（2020）》。报告聚焦晋江发展过程中存在的城市节点功能不强、城市管理服务不足等不平衡、不协调的矛盾，进行深入调研，并提出合理对策建议。其中，《晋江诚信建设带动民营经济高质量发展的成就与经验》一文，便围绕习近平总书记提出的"始终坚持以诚信促进市场经济的健康发展"，深入分析"诚信促进发展"的晋江模式与成效、晋江"诚信"建设带动民营经济高质量发展的成功经验，提出学习"晋江经验"、推动民营经济高质量发展的对策建议。通过建设诚信城市，营造良好、和谐的一流营商环境，从而促进法治晋江建设。

2022 年 12 月，晋江市社科联会同市委宣传部、福建省高校特色新型智库民营经济发展研究院、泉州轻工职业学院等单位，召开学习贯彻党的二十大精神暨晋江蓝皮书出版座谈会。会前，晋江市社科联广泛征

---

① 《闽山闽水物华新——习近平福建足迹（上）》，福建人民出版社、人民出版社，2022，第282、291 页。

集了福州大学晋江校区、厦门大学、泉州师范学院、泉州职业技术大学、泉州轻工职业学院和晋江市委党校等相关单位社科专家、教授学者撰写的一批理论文章，并精选部分优秀论文编印《晋江社科论谈·2022 年度论文选编》，内容涵盖晋江改革发展、经济建设、城市乡村、文化教育、人才民生等多个方面，紧密结合了传承弘扬"晋江经验"的时代主题，具有一定的针对性和咨政参考价值。会上，20 多名专家学者围绕学习贯彻党的二十大精神，推动晋江高质量发展，以及晋江蓝皮书的论文撰写、编辑组稿、成果应用等专题展开深入交流和探讨，为今后助力中国式现代化晋江实践、传承弘扬"晋江经验"、推动法治晋江建设提出了一系列新的理论思考和咨政建议。

（二）开展"晋江经验"课题研究，策划编辑系列研究成果

晋江作为"晋江经验"的发源地，在习近平新时代中国特色社会主义思想的指引下，奋力打造特色经济，走出了一条特色鲜明的县域发展路子。为了深刻阐释"晋江经验"新的时代内涵，进一步传承弘扬"晋江经验"，推动晋江法治建设进程，晋江市社科联聚焦市情，积极开展"晋江经验"相关研究。一是编辑出版《"晋江经验"论谈》。该书将历年来研究"晋江经验"的论文和调研文章遴选结集，已于 2024 年 6 月出版，主要内容为时任福建省省长的习近平同志总结提出刊登于《人民日报》《福建日报》的"晋江经验"的相关文章、2002 年以来重要媒体发表的相关论述、有关"晋江经验"已发表的论文以及组织相关专家学者撰写的论文。选编的论文题材广泛、内容丰富，涵盖改革发展、经济建设、城市乡村、文化教育、人才民生等多个方面，紧密呼应了党的二十大报告相关重要精神，紧密结合传承弘扬"晋江经验"时代主题，具有很强的针对性和咨政参考价值。二是积极组织"晋江经验"的课题研究。如 2022 年，晋江市法学会成功开展推进"首席法律咨询专家制度"工作研究活动。2023 年，晋江市诚信促进会开展"诚信晋江行"系列宣传活动项目，进行《优化诚信营商环境　助推全方位高质量发展——晋江市诚信社会建设的调查

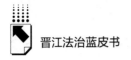

与思考》课题研究，晋江市法学会编辑出版《晋江法学》第十一期、第十二期。通过加大对晋江市法律制度的研究力度，宣传"晋江经验"中的诚信内容，增强晋江市人民群众、广大民营企业的法治意识，营造建设法治晋江的浓厚氛围。

（三）对接中国社科院高端资源，开展重点课题研究

2023 年 7 月，"晋江经验"写入《中共中央　国务院关于促进民营经济发展壮大的意见》，晋江市全力建设中国民营经济强市，步入高质量发展"新赛道"。人口的集聚和迁移，是"用脚"对一座城市的"投票"，体现着一座城市的吸引力和竞争力。晋江工业化的快速推进离不开百万新晋江人的贡献。如何让他们融入晋江、扎根晋江，是晋江推进新一轮高质量发展中需要解决的最核心问题。新晋江人就业在晋江、生活在晋江，生产方式、生活方式的转变，必然带动人际交往、社会参与、思想观念的转变。改善新晋江人的人文环境，帮助其提高适应能力，增强其现代城市意识，提升进城务工人员的自豪感、归属感和社会责任感，从而使其真正融入城市社会，有利于在全市范围内推进法治建设工作。

那么，新晋江人在城市的生活中，他们的经济、社会、心理等层面发生了哪些变化？晋江市政府部门、社会各界、本地居民如何认识新晋江人的流入？这些变化和认识反映了新晋江人城市融入过程中存在的哪些问题？如何能够更好地促进新晋江人的城市融入，助力经济社会更快更好发展？为了更好地回应这些问题，晋江市社科联委托中国社会科学院社会学研究所课题组，通过座谈、调研和问卷调查等方法开展新晋江人城市融入课题研究，运用多种统计方法进行关联分析，对新晋江人社会心态和城市融入状况进行评估，并探索建立统计分析模型，充分了解新晋江人城市融入和社会心态的基本状况、影响因素，为晋江市产城人融合和人才引进政策的制定等提供基础和借鉴，为更好促进新晋江人融入晋江，提升其认同感、归属感、获得感、幸福感提供对策建议，进而推动晋江市法治建设的进程。

五 社科赋能法治晋江建设的展望与规划

晋江市社科联在推进法治建设工作中取得了一定成绩，但也存在一些不足。一是专业人才资源缺乏。社科人才队伍主要由社科社团和社科普及基地等社会组织和临时机构组成，法治研究和宣传普及的专业人才数量相对较少。二是工作互动联系较少。晋江市社科联作为群团组织，日常工作中与法治晋江建设相关职能部门沟通交流较少。接下来，晋江市社科联将加强与市委依法治市办、市司法局等兄弟单位的沟通交流，学习先进做法，加大普法工作力度，提高法治研究水平，不断完善工作举措，提升工作实效。

（一）开展法治宣传教育，增强全民法治意识

一是举办法治主题的讲座或研讨会。邀请法学专家、律师等学者或从业人员，就热点法律问题进行讲解和探讨，让公众了解法律知识，增强法治意识。二是加强与媒体合作，建设线上法治普及宣传平台。通过晋江电视台等媒体平台进行法治宣传教育活动，如举办"法治小讲堂"等，扩大法治知识宣传范围和影响力。三是开展法治主题宣传活动。发动各社科社团、各级社科普及基地结合重要节日、纪念日开展法治主题活动，如"宪法宣传周""法治宣传月"等，通过制作宣传海报、宣传册、宣传片等手段，向公众普及法律知识。充分利用本单位新媒体平台，如微信公众号、微博等，发布有关法律知识、法治精神、案例分析等内容，引导公众参与讨论和交流。四是组织相关社科人才参与公益活动。发动法学领域社科人才和社科工作者积极参与公益法律服务活动，为需要帮助的人提供法律援助和咨询，提高公众对法律知识的认识和重视。

（二）突出应用对策研究，把课题项目作为法治科研的总抓手

一是加强重点社科课题、社科项目的筛选和指导工作。对申报的课题、

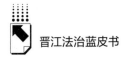

项目进行严格筛选，并进行指导，确保研究方向与法治建设密切相关，且具有一定的应用意义。二是提高课题项目的研究质量。发动研究人员深入基层，开展实地调研，了解实际情况，为课题项目的研究提供更加准确的数据和资料。加强对课题、项目研究质量的监督和管理，确保课题、项目的研究质量符合结题、结项要求。三是注重课题项目的推广和应用。发动研究人员将研究成果转化为实际应用方案，促进课题项目的研究成果发挥作用，为法治建设提供更加有效的支持。通过以上措施，全面提高法治主题的重点社科课题、社科项目质量，更好地发挥科研服务法治建设的作用，为推进法治建设作出更大的贡献。

（三）深化学术交流，打造社科普及法治声音重要平台

一是组织学术交流活动，建立学术交流机制。通过组织法治论坛、讲座等学术交流活动，邀请相关专家学者就当前法治建设问题进行深入探讨，加强专家学者之间的交流合作，促进学术交流和知识分享，共同推动晋江法治研究的进一步发展。二是加强与法治晋江建设相关部门合作。加强与司法机关、政府部门等的合作，共同开展课题项目研究，为法治建设提供更加全面和深入的支持，共同推进法治建设。三是继续对接高端资源开展调研。对接中央、省级高端社科资源，组织社科专家聚焦法治晋江建设开展课题研究，形成研究成果，为市委、市政府进一步完善规章的制定和修订提供参考。四是加强队伍建设。聘请优秀法治人才纳入晋江市社科专家库、青年社科人才库，加强社科界法治队伍建设，不断提高法治建设工作的质量和水平。

推动法治晋江建设需要多方面的努力，需要政府、社会各界和人民群众的共同参与和支持。通过本文的研究可知，社科赋能法治晋江建设具有重要的现实意义和广阔的发展空间，期待未来有更多的社科研究者和实践者能够积极参与到社科赋能法治晋江建设的工作中来，共同推动晋江市的法治建设迈上新台阶。

B.9
县域法治化营商环境构建路径探析

——以晋江市为研究样本

中共晋江市委党校课题组*

摘　要： 法治是打造优质营商环境、保持区域竞争优势的重要抓手。晋江市高度重视法治对经济发展的支撑作用，始终坚持系统观念，从立法、执法、司法法治建设的基本方面出发，通过出台利企政策、监管服务并行、产权司法保护等举措，极大地激活了全市民营企业活力和社会发展动能，在营商环境评价排名中位居全国县域前列。未来，晋江还将进一步完善制度基础、推进政务服务、强化司法保障，建设一流法治化营商环境，护航民营经济发展。

关键词： 法治化营商环境　民营经济　县域法治

"法治是最好的营商环境。"自世界银行营商环境评估体系建立起，营商环境作为衡量一地经济质量的标志被世界各国所重视，而法治作为良好营商环境的核心要素之一，逐渐成为推进营商环境建设的重要抓手。2020年1月1日正式实施的《优化营商环境条例》首次系统地确立了营商环境基本制度规范，从立法层面对优化营商环境提供了更有力的保障和支撑。县域是我国国家治理的重要单元，县域民营经济在发展过程中遇到的困难需要靠法治手段来解决，市场主体权利需要法治来维护，市场的公平竞争需要法治来

---

* 课题组负责人：陈锡岑，中共晋江市委党校常务副校长。报告执笔人：姚诗斌，中共晋江市委党校理论宣传科讲师。

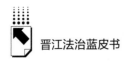
保障，打造优质的营商环境离不开法治。当前，国内法治化营商环境尤其是县域法治化营商环境的构建，仍然需要从理论和制度层面进一步展开。

一 县域法治化营商环境的内涵和逻辑机理

（一）营商环境的内涵

"营商环境"的概念最早由美国学者伊西阿·A.利特法克于1968年提出，是指一国或一地区的人口环境、经济环境、自然资源环境、科学技术环境、政治法律环境、社会文化环境等的总和。有的学者认为营商环境内涵可以界定为随企业活动整个过程（包括从开办、营运到破产结束等各个环节）的各种周围境况和条件的总和。世界银行从2003年起每年发布《营商环境报告》，对全球100多个经济体的营商环境数据进行横向比较，形成了涵盖获得施工许可、电力建设、注册资本、设计企业、获得银行信贷、投资者保护、税收、跨境贸易、合同执行和破产保护十个方面较为完善的指标体系，在一定程度上对引导全球投资预期、促进资本流动、推动营商环境在世界范围内的研究起到了"风向标"作用。但由于世界各国经济体制差异，中国、巴西、阿根廷等国家都曾质疑其客观性。2018年1月，根据国务院部署，国家发改委本着国际可比、对标世行、中国特色的原则，研究建立中国营商环境评价体系，历经2年梳理了优化营商环境各领域240余份政策文件、210余项改革亮点以及全国各地经验做法，并于2020年9月正式发布《中国营商环境报告2020》，构建的指标体系包括企业开办、工程建设项目审批、房产交易登记、用电报装、用水报装、用气报装、获得信贷七项一级指标，该报告也是我国营商环境评价领域首部国家报告。

2019年，习近平总书记在第二届中国国际进口博览会开幕式上明确提出，中国将"不断完善市场化、法治化、国际化的营商环境"。[①] 也就是说，

---

① 《习近平在第二届中国国际进口博览会开幕式上的主旨演讲（全文）》，新华网，2019年11月5日，http：//www.xinhuanet.com/politics/leaders/2019-11/05/c_1125194405.htm。

市场化、法治化、国际化是当前衡量营商环境的三个视角。从市场化的角度观测，营商环境表现为政务服务和行政效率；从法治化的角度观测，营商环境则表现为产权保护、涉企收费、行政执法、公正司法、信用法治；从国际化的角度观测，营商环境表现为外商投资企业的待遇、权益保护和跨境贸易。需要注意的是，现有的营商环境评价体系普遍缺乏法治化视角，世界银行《营商环境报告》构建的指标体系侧重企业的运营成本，《中国营商环境报告2020》同样以经济效率为主要考量，侧重企业开办、办理许可等指标，相对弱化了法治作用。[①] 2018~2019年，我国各地政府相继以"便利化"为重点，在政务服务上进行了行政改革，致力于提高行政效率，而以"法治化"为目标的"法治化营商环境"构建，除了个别省份出台条例外，进展不大。[②]

（二）法治化营商环境的界定

经济学语境下的"法治环境"受到关注，最早始于诺贝尔经济学奖获得者罗纳德·哈里·科斯对交易成本的解释，他认为，法律制度对交易成本的影响，直接影响市场资源配置的结果，进而直接影响经济发展。[③] 经济学视野下的法治环境评价，主要涉及法律的完备性、仲裁的公正性、法治的稳定性和法律法规的执行情况等方面。营商环境本质上是企业的生长环境，判断一个地方营商环境好不好的简单标准就是企业用行动表示愿不愿意在这里持续投资经营，而平等保护各类市场主体的财产权和其他合法权益，规范政府与市场的边界，完善市场保障机制，使之在投资决策时得以信赖，是法治化营商环境的意义所在。

目前，学界对"法治化营商环境"的内涵尚未形成统一观点。我国学者沈云樵认为营商环境法治化主要包括四方面内容：营商环境的科学规划和科学立法、营商环境的权利保障体系、营商环境法律体系的完备性及建立与

---

① 国家发展和改革委员会：《中国营商环境报告2020》，中国地图出版社，2020，第11页。
② 赵海怡：《中国地方营商法治环境实证研究》，中国民主法制出版社，2021，第4页。
③ 国家发展和改革委员会：《中国营商环境报告2020》，中国地图出版社，2020，第7页。

营商环境相配套的争议解决机制。[①] 钱玉文则认为，法治化营商环境建设内涵包括保护中小投资者、畅通企业破产渠道、监管劳动力市场以及构建良好的社会信用环境等一系列制度的构建与完善。[②] 总的来看，法治化营商环境的概念可以界定为在政府主导下，通过立法、执法、司法等手段，为市场主体开展投资、生产、经营活动所提供的一种完善且有效的制度安排，构建必需的市场竞争、政务服务、法治建设、生态保障、和谐劳资以及激励创新等相关环境。

（三）县域法治化营商环境构建的必要性

县域是优化营商环境的最后一公里，是我国转变经济发展方式的重要空间核心，营商环境则是县域新兴产业发展的"隐形发动机"，对县域育先机、开新局，融入新发展格局，实现高质量发展具有重要意义。根据 2020 年《中国县域经济百强研究》，我国目前有近 2000 个县级行政区划，约 9 亿人生活在县域，县域经济总量达 40 万亿元，几乎占到中国经济的五成。因此，推进县域法治化营商环境建设对我国经济的高质量发展具有重大意义，具体而言包括以下几个方面。

首先，推进法治化营商环境建设是实现县域经济转型升级的必要保障。现阶段我国的经济增长模式已经从高速增长阶段转向高质量发展阶段，从靠要素投入、规模扩张的粗放式增长，向高产出、高效益的集约型模式转变。但许多县域在经过初期高速发展后，企业布局散、单体规模小、产品技术含量低、创新能力弱等问题日益凸显。此外，与传统产业不同，新兴产业对于创新有了更高要求。创新是一个反复试错的过程，对既有制度形成一定突破，需要市场更包容；创新所需要的知识产权、投融资政策、市场准入等要素，也需要市场的公平竞争，这与法治化营商环境构建的目标相一致。一方面，良好的法治化营商环境更加尊重市场经济规律，能最大限度减少政府对

---

① 沈云樵：《营商环境法治化之理念与路径——以广东省为例》，《南海法学》2017 年第 1 期。

② 钱玉文：《我国法治化营商环境构建路径探析——以江苏省经验为研究样本》，《上海财经大学学报》2020 年第 3 期。

市场资源的直接干预，通过法治建设有效激励要素自由流动、价格反应灵活、企业优胜劣汰，使不同所有制市场主体公平参与竞争的格局日益成熟。另一方面，与时俱进的法治符合现代市场经济的需要。将市场经济中产权保护、金融监管、反垄断等举措体现到法律中，并创新执法机制，使政府从管理型向服务型转变，为经济新业态提供发展空间。

其次，推进法治化营商环境构建是县域经济发展从"政策推动"到"法治引领"的必然要求。一个地方要发展，短期靠项目，中期靠政策，长期靠环境。当前，从国家到省、市层面都先后出台了很多惠企政策，尽管政策支持很重要，但更重要的是不因短期政策变化而变化的法治环境。正如英国学者丹尼尔·汉南（Daniel Hannan）指出，经济繁荣的一项基本前提是彼此信任，这种信任不仅仅存在于各交易主体之间，更包括信任裁判当局。[1] 企业决策所面对的不确定性，内在的来自企业内部的制度和产权安排，外在的则来自政府行为，[2] 而法律制度是政府承诺的最高级别，有法可依、有法必依、执法必严、违法必究的良好法治环境，让企业得以信任政府。此外，法治化所带来的公平、稳定、可预期的营商环境，涉及投资开放、交易便利、金融服务、税收管理以及综合监管等多个方面，能够使投资创业者事先了解营商活动全生命周期的各个环节，从而做出正确判断和选择。因此，适时将政策上升为法律法规，提供可期且稳定并具有法治保障的市场环境，也是现代市场经济的必然要求。

最后，推进法治化营商环境构建有助于处理好"市场与政府"的关系。当前，我国正在深入经济体制改革，改革的核心在于处理好政府与市场的关系，充分发挥市场在资源配置中的决定性作用，最大限度减少政府对市场资源的直接配置和微观经济活动的直接干预，这正是法治化营商环境构建的方向。一方面，从法理学角度来看，"法无授权即禁止"确立了有限政府目标，要求厘清政府运行的权力边界。近年来，随着政府职能加

---

① Daniel Hannan, *Inventing Freedom，How the English-Speaking Peoples Made the Modern World*，Harper Collins，2014，p. 132.

② 国家发展和改革委员会：《中国营商环境报告 2020》，中国地图出版社，2020，第 34 页。

快转变，"放管服"持续推进，在取消或简化一批前置性审批的同时，针对必要行政审批事项公开"权力清单"，使长期以来重审批、轻监管、弱服务等问题得以改观，市场主体更加安心经营。另一方面，在法治化营商环境下，市场主体权力平等、机会平等、规则平等，涉企市场准入、行政审批、金融监管等事宜公开透明，使得市场主体活力得以充分释放。法治化营商环境包含并推动市场经济的两个基本法律要素形成：一个权力有限的政府和一个权利充分的市场。① 权力有限的政府既能够明晰政商交往界限，也能靠前服务，及时回应企业诉求；在权利充分的市场中，企业守法经营意识增强，与政府沟通意愿增强，从而加速形成政府同企业坦荡真诚交往的"亲""清"政商关系。

二　晋江法治化营商环境建设的实践经验

作为县域经济基本竞争力连续多年位居全国前 10 的县级市，晋江在工信部研究院赛迪顾问历年发布的赛迪营商环境百强县榜单中均位居前列，成为全国县域营商环境高地，其营商环境的实践对我国县域经济发展具有一定的现实借鉴意义。

回顾晋江市的发展历程，从改革开放之初的贫瘠之地，到 2023 年实现地区生产总值 3363.50 亿元，全市市场主体突破 30 万户，民营企业占比超过 98%，创造的产值、税收、就业岗位占比在 90% 以上，其经济发展历程在某种意义上就是我国改革开放以来经济轨迹的一个典型缩影。2002 年，时任福建省省长的习近平在七下晋江深入调研的基础上，将晋江发展的鲜活经验总结提炼为"晋江经验"，其中明确指出晋江市要"始终坚持和加强政府对市场经济的引导和服务"，"处理好发展市场经济与建设新型服务型政府之间的关系"，将优化营商环境提升到激发民营经济活力的关键位置，这为晋江市营商环境建设指明了方向。近年来，晋江面对民营经济生产成本上

---

① 吴弘：《法治经济与经济法治》，法律出版社，2015，第 6 页。

升、汇率风险加剧、贸易壁垒森严、融资难的痛点难点，先后在法治化营商环境建设方面出台一系列举措。

（一）出台并完善保护民营企业发展的政策措施

2002 年，晋江市提出"品牌之都"战略构想，市政府随即出台品牌鼓励政策、上市扶持政策，成立上市专项基金，力促"品牌上市"，随后又出台《关于进一步推进企业改制上市的意见》《晋江市 2004—2008 年产业集群发展规划纲要》，进一步推动产业规模化。目前，晋江上市公司数量在全国县级市中排名第一，资本市场的"晋江板块"已经形成。在国务院提出营商环境的改善和优化措施后，晋江市出台了一系列相关政策，例如，2018年出台《晋江市优化提升营商环境 1+9 行动计划》，推出包括简化企业开办和注销程序、优化企业基建项目报批服务等 9 个方面 69 项任务措施。2021年出台《晋江市关于进一步优化营商环境的若干措施》，从提高办事便利水平、提高项目落地效率、减轻企业经营负担、助力企业创新转型等方面提出进一步优化营商环境的 20 条具体措施。

（二）深化"放管服"，提升政务服务质效

早在 2002 年 12 月，晋江以被中央编办列为全国深化行政体制和机构改革试点单位为契机，成立福建省首个县级行政服务中心，着力抓"集成化"通办，探索企业开办集成服务，对企业设立登记、印章刻制、申领发票及开办企业涉及的税务事项、社保医保的单位参保登记等业务，开启"一窗通办"，实现"一窗受理、一网通办、一次采集、一套材料、一档管理"。自2020 年 6 月底起，企业开办时间压缩为 1 个工作日，实现"零费用"。促"电子化"办公，推动所有进驻事项全部开通网上预审功能，加快推广应用电子证照、电子印章、电子档案，推动电子证照类目 100% 关联办事材料，使用一体化平台办事窗口 100% 接入电子证照库，新增 12 项服务事项入驻闽政通"i 晋江"模块，实现市县两级以及部门之间政务信息共享；推进"加速化"审批，大力推行"多评合一""多图联审""多测合一"等工作机

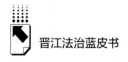

制，150 件高频事项实现"一件事一次办"。例如，在工程建设审批方面，实行审批事项清单管理、信用承诺、区域综合评估等事项网上全流程联审。

（三）推进司法法治与营商环境的同步发展

晋江市法院先后出台《关于为重点项目建设提供司法保障和法律服务的实施方案》《关于充分发挥审判职能　为企业家创新创业营造良好法治环境的实施意见》，持续加强知识产权司法保护，通过司法创新适应市场发展。加强本土品牌和创新成果权益保护，审慎采取财产保全措施；深化破产审判机制改革，加快完善破产管理人管理、破产重整等机制，促进产业质量提升与结构优化；优化诉讼服务和执行联动，设置 24 小时自助服务区，为企业及企业家提供在线查询案件、智能送达等自助服务。在此基础上，成立"驻非公企业法律服务站"，组织党员法官进非公企业开展普法宣传、法律咨询、诉讼指导、纠纷调解、巡回办案；成立"闽西南五地基层法院民营企业协同保护基地（晋江）"，深化与厦门翔安法院、漳州龙海法院、三明三元法院、龙岩永定法院四家法院协同发展法治保障行动；成立"法治化营商环境促进中心"，提供知识产权保护、经营风险提示、预防职务犯罪等符合企业实际的法律服务。

（四）加快信用体系建设

晋江市出台《关于加快推进失信被执行人信用监督、警示和惩戒机制建设的实施意见》，涉及 60 余家部门，涵盖 11 大类 45 项联合惩戒措施，并完善《晋江市信用"红黑榜"发布制度》《晋江市社会信用体系建设工作方案》等配套政策。成员单位亦各司其职，人行晋江市支行不断完善"金融基础信息数据库系统"建设；市市场监督管理局牵头做好"国家企业信用信息公示系统（福建）建设（全省一张网）"的涉企信息录入工作；法院部门建设"全国法院失信被执行人名单公布与查询平台"，在政府采购、融资信贷等方面，对失信被执行人予以信用惩戒，推动建成信息完善、资源共享、制约有效的社会诚信体系。

三 晋江法治化营商环境构建的路径探析

市场经济本质上是法治经济，营商环境本质上也是法治化营商环境。然而，在过去很长一段时间，营商环境中的"法治"被纳入软环境或其他因素项下，其系统性和内涵被忽视。道格拉斯·诺斯曾提出"良性法律+良性执法＝良好的经济绩效"。对于县域的发展而言，良好的法律制度安排能够为市场主体提供可预期决策参考，法治政府能够使企业家放心投资、安心经营、公平竞争，公正司法则让市场契约意识、规则意识和责任意识增强，从而为经济发展护航。因此，完善既有的体制机制，持续推进法治建设，是优化县域营商环境的现实需要。

（一）完善立法，提供制度保障

当前，国家、省、市营商环境立法已初成体系。在国家层面，《优化营商环境条例》将营商环境建设纳入法治轨道，从立法层面为营商环境提供支持，各省、设区市也先后以营商条例、实施方案形式予以细化。县级市没有立法权，因此，能够为晋江法治化营商环境构建提供依据的"立法"主要包括以下两个部分：一是"立法法直接赋予法律效力"的法律法规，对县级来说，即上级制定的涉及本地营商环境的法律法规；二是县级政府颁行的"立法法未直接赋予法律效力的"，但是和县域市场主体经营活动密切相关的各类规定、办法、细则、意见等规范性文件。

一是填补立法空白。目前，涉及营商环境的规定分散在《外商投资法》《行政许可法》《民法典》等相关法律法规之中，仅有《优化营商环境条例》规定得较为全面系统，但仍然无法涵盖营商环境构建的全部要素，也无法涵盖参与市场贸易的各行各业及市场环境。因此，针对上位法已有规定但较为概括、需要进一步细化并贯彻实施的规定，或者面对跨境贸易、电子商务、现代物流等新领域新问题时，应及时完善配套措施，出台政策性文件予以补足。此外，还应立足本地市场实际情况，考量企业多样化、个性化需

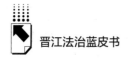
求，有针对性地推出举措，合理配置资源，规范市场行为，指引企业发展。

二是提高立法的质量。法律作为规范，为了保持自身的权威性，必须保持一定的稳定性，避免朝令夕改。但没有一部法律可以预见全部社会事实，因而需要适时变动。面对立法与现实发展不可避免的"滞后性"，应建立规范性文件定期评估和清理制度，对于违反国家法律法规、侵害市场主体合法权益，与优化营商环境相违背的方案、通知、规定等政策文件，及时予以废止或修订。例如，2020 年广东省人民政府废止 29 份不符合营商环境需求的省政府文件，起草了《广东省优化营商环境条例》，针对已废除的《关于支持中小微企业融资的若干意见》，新条例鼓励县级以上人民政府采取设立风险缓释基金、中小微企业转贷基金、政府引导基金等方式支持中小微企业发展。

三是扩大立法过程的民众参与度。将法治等同于"良法之治"，在理论上可能源于亚里士多德的《政治学》，他认为"法治应包含两重意义：已成立的法律获得普遍的服从，而大家所服从的法律又应该本身是制定得良好的法律"。只有充分反映民意的营商环境法律制度，才能取得良好的社会效益，因此，要重视立法过程中的民众参与，对涉及优化营商环境的重大行政决策，须严格经过公众参与、专家论证、风险评估、合法性审查、集体讨论决定等程序。在县级涉企规范性文件出台过程中，也应当以市场需求和公众满意度为导向，涉及市场准入条件、个税服务、产权制度等内容的文件草案，应向社会公布、召开听证会，进行充分前期调研。

四是将成功经验通过制度固化。对一段时间以来本地区实践中证明有效的成熟经验和有益探索进行归纳提炼，上升到规范层面予以固化，既是改革成果的制度化、成功经验的范式化，也是反思不足、规划未来的契机，其实践模式也能为其他地区提供参照。最典型的，晋江从贫瘠之地变成县域经济发展典范，"晋江经验"作为晋江实体经济发展的金字招牌也声誉远扬，成为其他县域改革与发展可资借鉴的经验参考。

（二）依法行政，建设法治政府

在"法无授权不可为""法定职责必须为"的法治理念下，处理好政府

114

和市场的关系，要求政府从直接干预经济的"经济人"角色，逐渐向更为公平公正的服务型政府转变。哈耶克自由理论中同样渗透着对"政府有限干预"的解读，他肯定政府在法治原则之下，对维护经济有效运作有积极的功能。① 当前，建设权责法定、执法严明、廉洁高效的法治政府，是法治化营商环境构建的必由之路。

一是打造透明高效的政务环境。首先，以公开方式划清政府权力与责任边界。全面推行权力清单、责任清单、市场准入清单，全面梳理行政许可、行政处罚、行政征收等权力事项，做到"公开为常态、不公开为例外"；② 统筹开发各涉企部门门户网站栏目和功能建设，实现信息发布、重点专题、政务数据、问题反馈等数据更新"零时差"；健全完善县、乡、村（社区）政务公开三级联动平台，确保政务公开的标准化、规范化、便民化。其次，深化行政审批改革。近年来，国务院不断削减行政审批事项，目的在于约束权力，减少行政干预，防止权力滥用。对县级营商环境而言，减少政府自由裁量权、缩小权力范围，在某种程度上就是充分尊重和激活市场活力。因此，应继续推进"证照分离""多证合一""一个窗口"，持续精简涉企许可事项，采取直接取消审批、审批改为备案、实行告知承诺、优化审批服务等方式，明确除法律、行政法规规定的特定领域外，涉企经营许可事项不得作为企业登记的前置条件。最后，加强市场监管。市场主体真正的自由和平等的实现，必须依赖公权力这一强有力的工具予以保障，从"重审批轻监管"向"减审批强监管"转变，是保持市场活力的重要手段，也是避免市场机制失灵的保障。③ 加速搭建政审互动平台，监管部门将"双随机、一公开"抽查结果中涉及限制准入、补办手续、撤销营业执照等需要行政审批部门配合实施的及时推送至行政审批部门，行政审批结果也及时推送至监管

---

① 〔英〕弗里德利希·冯·哈耶克：《法律、立法与自由》，邓正来译，中国大百科全书出版社，2000，第220页。
② 谢经荣、王文京、吴一坚：《中国民营企业发展的法治环境和税费负担》，社会科学文献出版社，2012，第99页。
③ 成协中：《"放管服"改革的行政法意义及其完善》，《行政管理改革》2020年第1期。

部门，并积极探索"互联网+监管"的方式。

二是推进规范化的行政执法。首先，严格执法程序。党的十八届四中全会作出了《中共中央关于全面推进依法治国若干重大问题的决定》，提出要"建立执法全过程记录制度、严格执行重大执法决定法制审核制度、推行行政执法公示制度"。实践中，执法机关应及时主动向社会公开执法信息，执法人员在过程中应主动表明身份，接受社会监督；执法机关作出重大行政许可、行政处罚等执法决定前，必须进行法制审核。同时，以"双随机、一公开"监管为基本手段，通过电子化技术随机抽取检查对象、随机选派执法检查人员、抽查事项及查处结果及时向社会公开，以此压缩监管部门与市场主体双向寻租空间。其次，执法过程注重保护市场主体利益。行政执法应遵循信赖利益保护原则，强化政务诚信建设，保护企业合理信赖利益的实现。同时还应遵循比例原则，在保证监管力度的前提下尽可能减少对市场主体造成的负面影响，兼顾执法效果和服务市场，做到目的正当、手段适当、结果均衡。例如，行政处罚应遵循审慎宽容原则，对于较轻的违法行为实行教育前置，对市场主体发生情节轻微、纠正后没有造成危害后果的违法行为不予行政处罚等。最后，改进执法方式，尽量避免干扰企业的正常生产，运用科技监测手段开展非现场检查，减少企业迎检负担。

三是建立奖惩结合的信用体系。民无信不立，事无信不成，商无信不兴。社会信用体系建设既包括诚信政府建设，也包括对市场主体的信用监管，二者互动能够形成良好的信用链条，是良好营商环境运行的基础条件。一方面要建立政务信用档案，实现各执法部门、执法人员履职情况及纪律处分等信息全覆盖，并开展专项整治，狠抓政府机构失信问题；另一方面要加强企业信用全链条监管，以搭建信息平台为基础，推进"嵌入式"惩戒模式，将信用信息嵌入日常行政审批业务，实现自动对比、自动拦截、自动监督的信用惩戒机制，并建立相应的企业信用修复机制，在规定期限内纠正失信行为、消除不良影响的，不再列入惩戒对象。

（三）公正司法，维护商事主体利益

从本质上讲，营商环境法治化所提升的营商吸引力主要来源于法治本身的公信力，即市场主体是否相信法律是公平正义的以及是否相信法律有足够的力量按自己的逻辑产生作用。① 作为法治的重要部分，司法是推进法治化营商环境建设的重要支撑，在保障企业权利、维护市场秩序、化解商事纠纷等方面具有不可替代的作用。司法过程的公正、权威和高效，使得其结果更易于被接受；司法结果对市场主体权利救济的实际效果，则直接影响了市场主体的认同度，在市场经济中，产权保护、契约维护、交易平等、市场统一等，构成了市场主体对司法结果公正的评价要素。②

一是提高商事诉讼质效。世界银行将"执行合同"作为十大指标之一，用于衡量参评城市解决商事纠纷所需的时间和成本。在瞬息万变的市场经济中，商事纠纷主体不仅希望纠纷得到妥善解决，而且关注其时效性。现实中诉讼程序的拖延很容易对商事纠纷主体造成二次伤害，即便企业赢了官司，也可能会失去市场先机。因此，迫切需要建立简洁高效的快速审理机制，法院应畅通立案渠道，提供窗口、网上、假日、跨地多种服务方式，对买卖合同、金融借款合同等商事案件开通网上直接立案渠道；推行繁简分流，对符合条件的一审商事案件实行简案速裁，提高审判效率。

二是诉讼过程中注重保护企业利益。最大限度降低诉讼对企业正常生产经营活动的不利影响，依法慎用人身强制措施，不得随意干预企业正常生产经营，不得随意发布影响企业声誉的言论和报道；严格规范涉案财产处置，禁止超标的、超范围查封、扣押、冻结被保全人的财物，严格区分违法所得和合法财产、个人财产和企业法人财产；依法审慎采取财产保全措施，坚持债权人与债务人利益兼顾、原则性和灵活性相结合的原则，避免因财产保全措施使用不当而增加企业负担，对即将并购重组、上市等产业发展前景良好企业注重"审慎保全"，对正常经营的企业注重"善意保全"，优先查封对企业生产经营没有影响的设备、厂房，预留必要的流动资金和往来账户。

三是完善市场化破产重整制度。第一，充分利用重整、和解等程序，建

---

① 郑成良：《法治公信力与司法公信》，《法学研究》2007年第4期。
② 石佑启、陈可翔：《法治化营商环境建设的司法进路》，《中外法学》2020年第3期。

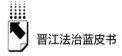

立市场化重整识别机制。根据企业经营状况、资产结构等标准判断重整可行性，强化破产预防、尊重意思自治，探索民营企业挽救路径。第二，改进破产审判模式，改变企业破产等于"政绩破产"的陈旧观念，推进"僵尸企业"清理，完善市场主体救治与退出机制。第三，控制破产成本，通过线上债权人会议、线上债权申报、破产网拍等方式，降低破产财产处置成本。

四是探索成立专业性法庭。市场经济新业态、新行业、新领域的出现，要求司法审判及时跟进。对此，应探索案件审理机制创新，在实体上推动涉外商事纠纷、金融纠纷、知识产权纠纷等新领域的法律规范适用，在程序上推进大数据、5G技术等在调查、取证环节的运用。同时，可探索成立金融、知识产权、互联网等专业性法庭，实行民事、行政和审判"三合一"，配备专门审判人员，跨区域审理有关专利、投融资纠纷、互联网侵权等专业技术性较强的案件。

五是强化司法的纵横联动。一方面，县级司法机关应在遵循上级法律法规、司法解释的基础上，结合本地区营商环境情况制定具体的指导意见，及时落实上级交办督促的商事纠纷案件。另一方面，完善行政执法与刑事司法衔接信息共享平台，县级司法机关要和同级政府、行政部门联动，及时回应当地营商环境建设过程中的法治诉求。

B.10
帮扶中小企业开拓市场的晋江实践

晋江市商务局课题组*

摘 要： 晋江市是民营经济大市，中小企业占比高，对经济发展贡献大。近年来，晋江市通过发展专业市场、培育会展经济、挖掘侨亲资源、加强产能合作、提升企业竞争力、加强政企互动等多种方式，帮扶中小企业开拓海内外市场，取得一定成效。但受国内外复杂的宏观环境影响，外贸订单萎缩，内销竞争加剧，中小企业仍在不同程度上面临着订单、生产、销售端的困难问题。未来晋江将进一步引导企业降本增效、大力发展外贸新业态、完善配套服务体系，以帮助中小企业拓展国内国际、线上线下市场，实现民营经济高质量发展。

关键词： 帮扶中小企业　民营企业　政企互动

2002 年，时任福建省省长的习近平同志总结提出"晋江经验"，成为晋江高质量发展的行动指南和制胜法宝。20 多年来，晋江经济取得飞跃式发展，如今的晋江县域经济基本竞争力位居全国第四，综合经济实力连续 29 年居全省县域首位，2022 年生产总值完成 3207.43 亿元，增长 4.0%。晋江能以福建省 1/200 的土地面积创造全省 1/16 的生产总值，得益于占全市企业总数 97%以上的民营企业。晋江中小企业数量多、贡献大，而企业能否获得足够的订单关系到这些企业的存续经营，进而影响晋江的经济发展。因此，本文着重研究晋江帮扶中小企业开拓市场的实践经验，同时分析当前中小企业开拓市场遇到的问题，并提出对策。

---

* 课题组负责人：佘晓凡，晋江市商务局党组成员、三级主任科员。报告执笔人：陈珊，晋江市商务局政策法规科科员。

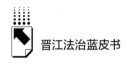

一　晋江市中小企业发展现状

中小企业是指人员规模、经营规模相对较小的企业，包括中型企业、小型企业和微型企业，在增加就业、促进经济发展等方面有着不可替代的作用。据统计，中小企业占我国企业总数的 90% 以上，贡献了超 50% 的税收、超 60% 的生产总值和超 80% 的城镇劳动就业。晋江作为民营经济大市，共有 8 万多家中小企业，[①] 民营企业创造的产值、税收、就业岗位占全市总数比重都在 95% 以上。目前，全市有出口主体 2301 家，外贸出口占了泉州"半壁江山"，占全省出口总量 7% 左右；全市有限上商贸企业 1717 家，2022 年限上批零销售额完成 5460.40 亿元，同比增长 15.3%，社会消费品零售总额完成 1668.53 亿元，总量保持全国百强县第一；全市规上工业企业 2524 家，其中，中小型规上工业企业 2369 家，占全市总数 93.9%，产值占全市规上总产值约 85%。

总体来看，晋江市中小企业发展呈现以下几个特点。一是主体支撑作用显著。中小企业发展是以小经济带动大发展的过程，通过小目标、小资本、小规模、小商品、小利润获得了良好的发展基础。[②] 目前，晋江全市各类经营主体突破 30 万户，其中民营企业 9.4 万户、个体工商户 20.2 万户，共占总量的 98.67%。近 10 年，私营企业和个体工商户数量增长 5.46 倍，现在平均每 7 个人中就有 1 个私营企业家或个体工商户，依托中小企业发展起来的民营经济，已经成为晋江最重要的基本盘、动力源和支撑点。二是产业集群持续壮大。晋江中小企业由个体、乡办和村办等形态发展而来，并经过产业链延伸、仿效性竞争等发展历程，从"满天星星"逐渐发展成为工业园区，然后变成城市工业组团，创建出工业制造基地，逐渐形成了较为完善的产业集群，构建出稳定的产业链供应链体系，打造了 1 个（鞋服）超 3000

---

① 发展研究编辑部：《传承"晋江经验"推动福建民营企业高质量发展》，《发展研究》2022 年第 39 期。

② 林明珠：《晋江市扶持中小企业发展的政府职能研究》，硕士学位论文，华侨大学，2018。

亿、1个（纺织）超1000亿、2个（建材、食品）超500亿和2个（智能装备、医疗健康）超300亿的产业集群，造就了晋江民营经济的强大韧性。三是品牌效应日益增强。晋江1994年开始全面启动"质量立市"工程，1998年提出"品牌强市"理念，先后出台多项打造"品牌之都"的政策措施，重奖创牌企业，给予品牌企业一定的优惠政策。如此，晋江推动中小企业培育出一大批具有较大市场影响力和消费崇尚度的著名品牌，逐渐发展成为"品牌之都"。目前，晋江拥有国家体育产业基地、中国鞋都、世界夹克之都等15个区域品牌，培育出中国驰名商标46枚，上市公司达51家，企业到境外设立商务机构超90个，恒安、安踏等知名品牌逐步走向国际化。

二 帮扶中小企业开拓市场的实践案例

近年来，受地缘政治格局深刻调整、外部环境复杂严峻、消费者购买力下降、市场竞争激烈等多方面因素影响，中小企业发展面临较大压力，不少企业处于微利或无利状态，企业减停产面偏大，整体形势较为严峻。2022年以来，晋江打出了多套组合拳帮扶中小企业开拓市场、获取订单，下文列举其中四个案例加以分析。

（一）疫情期间组织企业复工复市

2022年，突如其来的新冠疫情袭击了晋江。疫情发生以来，晋江在严格落实疫情防控措施的基础上，第一时间全力帮扶全市中小企业实现复工复市。以帮扶晋江国际鞋纺城市场复工复市为例，主要采取了以下措施。一是制定复工复市疫情防控工作方案，针对复工复市前后人员排查、封闭管控、货物运输、疫情应急处置等重点环节逐项制定应对措施。二是成立领导小组，统筹协调鞋纺城市场复工复市。组建工作专班，依托陈埭镇政府、鞋纺城公司，组建疫情检查卡口组、后勤保障组、综合协调组、设备设施组、环境消毒组、资金保障组等六个专班，配齐车辆自动消杀区、临时隔离区和货物中转区三种物资场所，加强人员管理、车辆管控、环境消杀、教育宣传。

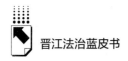

三是在做好疫情防控的基础上，按照"全品类、分批次"思路，安全稳妥有序推动复工复市。第一批复工企业为市场内限上批发零售企业、经营场所面积在 800m² 及以上的商户约 120 户，允许该批次商户优先进入鞋纺城市场开展线上经营、线下发货，经营范围覆盖皮革、纺织、辅料三大品类，基本能满足制鞋企业原材料配套需求；第二批推动鞋纺城市场全面复市，商户仍采用"线上经营、线下发货"经营模式；第三批复工复市商户适时全面开放线下经营，按照疫情防控期间复工复产相关工作要求进行规范管理。2022年 4 月 14 日复工复市后，首批复市商户 108 家，成交订单 958 笔，交易额约 2300 万元，其中省内订单 702 笔，交易额约 1580 万元。推动鞋材市场有序复工复市工作获新华社、泉州广播电视台等主流媒体专题报道。

（二）积极办展助力企业开拓市场

晋江致力于打造会展城市，目前拥有中国（晋江）国际家装建材博览会（以下简称"家博会"）、中国（晋江）国际鞋业暨国际体育产业博览会（以下简称"鞋体博会"）、海峡两岸食品交易会（以下简称"食交会"）三大"国字号"品牌展会，同时积极举办其他特色展会、"泛展会"活动等，利用展会平台帮助中小企业拓展市场。其中，第五届家博会总体呈现数字智能化与绿色创新等亮点，共吸引 30 多个国内省份（地区）的专业采购团体以及 12 个国家驻华采购代表到场观展、采购，展会期间共计客流量 75682 人次，较 2021 年展会增长 32.5%，达成意向交易额 86.36 亿元，较 2021 年增长 30.5%。第二十四届鞋体博会设立数字经济馆、文体旅城市形象馆、科技创新与人才馆等 10 多个特色主题馆，展览面积 6 万 m²，共设置 2400个国际标准展位，参会客商达 19.2 万人次，达成意向成交额 311.6 亿元，比疫情前增长 30.8%。第七届食交会规划 7 大主题馆，同期举办线上食交会，配套举办 10 余场活动，吸引参展企业超 1200 家（其中有近 100 家企业来自境外20 个国家和地区），意向交易额 180.26 亿元，其中，晋江企业累计达成意向交易额 51.7 亿元，占展会总意向交易额的 28.7%。三大品牌展会举办情况获新华网、海峡都市报、福建日报、香港商报等主流媒体专题报道。

（三）引导企业开拓电商销售渠道

晋江积极组织开展各类电商主题的供需对接会、平台资源对接会，搭建零距离、低成本、高效率的交流平台，借助电商、直播、短视频等新兴业态，助力本土企业拓展网络消费市场，获取订单增量。

一是开展主题供需对接会。比如，2023 年 7 月 5 日由晋江市跨境电子商务协会主办"晋品出海 E 路同行"晋江工厂与跨境电商卖家供需对接会，吸引了来自深圳、福州、厦门等地的 80 多名卖家与本地 40 多家跨境工厂参加，参展品类涵盖鞋服、泳装、箱包、伞具、山地车等；7 月 14 日，由福建晋江鞋纺城有限责任公司主办的"亚马逊晋江鞋服产业选品对接会"与亚马逊平台合作，特邀 40 多位来自福州、厦门、上海、深圳、佛山、南昌等地的亚马逊卖家来晋与 40 多家鞋服、泳装工厂对接。

二是组织平台资源对接会。比如，"聚力同行，共赢未来"2023 年京东福泉产业带商家交流会吸引了 30 多家企业参加，活动围绕"京东春晓计划""产业带商家政策权益""京东供销平台玩法"作深度讲解，活动现场京东小二向与会商家详细讲解了商家入驻权益、平台政策、平台玩法技巧及直播运营经验，详细讲解了"人、货、场"的运营策略；"拼多多 & 晋江"商家发展大会吸引了 60 多家企业参加，活动围绕 2023 年拼多多平台政策、热销品类、最新趋势等进行分析解读，并现场为商户答疑，解决运营过程中的"疑难杂症"。

（四）赴外对接，促合作拓市场

实施"聚侨力、走出去、拓市场、稳外贸"专项行动，全力助企出海、稳住订单。由晋江市委主要领导挂帅，于 2023 年 2 月 25 日至 3 月 7 日率领安踏、恒安、晋江市建材陶瓷行业协会等近 20 家企业、行业协会组成经贸代表团（以下简称"经贸团"），赴菲律宾、泰国、越南及国内广西等地，开展经贸合作、友城回访、侨亲联络等公务活动，有效帮助企业增强信心、开拓市场。

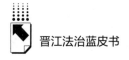
一是深化"千企万品"出海行动。引导晋江本地企业、协会、园区对接海外侨商侨团及相关商协会，揭牌成立菲律宾晋江建材家居展销中心、晋江国际鞋纺城越南海防展示交易中心，推动晋江食品协会和泰国泉州晋江联合会共同在泰国筹备成立泉州晋江名优食品联合营销中心；立足晋江市品牌食品企业工艺、质量优势，组织发动盼盼、亲亲等多家晋江食品企业赴泰国、马尼拉、菲律宾等地参加亚洲世界食品展、中国名优产品展等海外展会。"千企万品"出海行动获中国日报专题报道。

二是促进东南亚区域产业协作。与天虹公司签订合作协议，依托越南天虹产业园和晋江经济开发区"一区十四园"，策划与越南共建"中越经贸创新发展示范园区"项目；与泰国 Fanslink 公司签订品牌拓展合作协议，帮助晋江陆地港等企业与该平台建立品牌代理合作关系；拓展晋江—达沃友城合作模式，与达沃市市长洽谈晋江至达沃直飞航班复航、安踏品牌店入驻达沃等事宜，签订双方经贸创新发展合作框架协议。经贸团 11 天赴 3 个国家、10 座城市，实地调研 12 个企业及项目，帮助有意向"走出去"企业考察了解海外市场、风险机遇，鼓励、引导企业在海外设立展销平台、抱团开拓市场。

三 帮扶中小企业开拓市场的经验总结

2022 年以来，晋江主动融入和服务新发展格局，持续传承弘扬、创新发展"晋江经验"，为应对国际经贸形势变化，聚焦支持民营经济高质量发展，采取多种方式帮扶中小企业提升竞争力，拓展国内国外、线上线下市场，总结为以下几点经验做法。

（一）助力企业开拓内需市场

晋江历来十分注重发挥产地优势、区位优势，着力构建大平台、大市场、大流通、大消费发展格局。《泉州信息》《泉州要讯》刊发推广晋江举办"国货之光、潮动全城"暨第五届晋江购物节、综合施策促进消费逆势增长等工作，晋江全力服务企业做好订货会工作获《国际商报》专题报道。

一是全力开展消费促进。一方面，通过"政府搭台、企业唱戏"形式，常态化开展晋江购物节、国际汽车展、家装文化节等促消费活动，引导全市商圈街区、车市楼市、住宿餐饮、品牌鞋服等让利促销，营造浓厚氛围。2022年以来累计举办或指导开展促消费活动超30场，全面带动和激活消费市场，帮助企业扩大内销规模。另一方面，培育消费新业态。引导生鲜电商类中小企业扩大配送仓和配送点布局，扩大服务覆盖面，目前有"慧买买""靠谱邻居""元初优选""鲜润优选"等10多家社区电商在晋江开展业务。

二是大力发展专业市场。晋江围绕几大产业集群推进专业市场建设，先后建成晋江国际鞋纺城、海西建材城、海峡国际五金机电城、豪新食品市场等21个大型专业市场，年销售总额超600亿元，推动晋江的民营经济产业集群从生产为主向产销一体、供应链整合升级。

三是精心培育会展经济。晋江立足自身的产业集群优势，培育出了鞋体博会、食交会、家博会等各类大型展览活动，吸引全国各地以及俄罗斯、菲律宾、乌克兰等国家和地区的企业参展，每年接待国内外观众近30万人次。此外，及时修订《晋江市企业订货会疫情防控工作导则》，调整优化企业订货会服务工作专班，主动"上门服务"，每年指导利郎、安踏、361°等品牌企业线上线下结合、分期分批分区域举办订货会，推动鞋服、食品饮料等优势产品扩大销售。这些大型专业展会和企业订货会的举办，有力地帮助了晋江的中小企业拓展国内外市场，也提升了晋江产业的影响力和话语权。

四是拓宽线上销售渠道。晋江的鞋服、食品等快消品产业在通过电商打开销路方面拥有较大优势，近年来，晋江着力发展电商经济，培育综合型电商园区，支持打造数字化、信息化的电商品牌孵化平台，帮助晋江中小企业拓宽渠道、寻找商机。2022年全市实现网络零售额409.37亿元，同比增长13.8%。通过构筑优质电商生态圈，强化了对晋江企业品牌推广、渠道销售等方面的数字赋能。

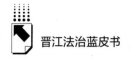

（二）提高企业对外开放水平

中小企业参与国际竞争、不断开拓海外市场是其生存与持续发展的必然趋势，晋江鼓励企业立足自身实际，积极参与"一带一路"建设，不断提升对外开放水平。自《区域全面经济伙伴关系协定》（Regional Comprehensive Economic Partnership，RCEP）签署生效以来，组织中小企业开拓海外市场迎来了新的机遇。晋江多渠道助力外贸企业"出海"抢单工作在全省商务系统推广学习并获得省领导批示肯定，《泉州要讯》刊发推广晋江市多措并举稳外贸，助力外贸企业纾困解难工作。

一是拓展多元化海外市场。晋江每年都会组织 1500 家（次）左右企业抱团参加境内外重点外贸展会及经贸活动 50 场以上，帮助企业稳订单、拓市场。同时，也注重引导企业通过市场采购、跨境电商等外贸新业态新模式拓展市场。目前，已经形成了以东盟、欧盟、美国三大传统贸易伙伴和俄罗斯、非洲、拉美三大新兴贸易伙伴为双支撑的国际市场多元化发展格局。

二是深入发掘侨亲资源。晋江是著名侨乡，祖籍为晋江的 300 万华侨华人遍布在世界 60 多个国家和地区。晋江大力实施"聚侨力、走出去、拓市场、稳外贸"专项行动，举办"以侨为桥　贸促优配——晋江'千企万品'出海行动大会"，发布"晋江侨商贸促优配云平台"，助力入驻平台的 2000 多家企业、侨商开展商贸互动、供需匹配，同时充分发掘海外侨亲、晋商资源，推动精准供采对接，便利企业拓展海外市场。

三是加强对外产能合作。晋江抓住国家实施"一带一路"倡议、RCEP生效等契机，引导中小企业科学有序"走出去"，加强与"海丝"共建国家和地区的产能合作，鼓励企业在海外设立展销平台、抱团开拓市场。市委书记、市长先后带队到东南亚、大湾区开展经贸交流合作活动，推动在菲律宾、泰国、越南等地设立"晋江优品"海外展销中心，探索共建"两国双园"项目，并对接引进一批高端项目，有效加强了与共建"一带一路"国家和地区的产业协作。此外，晋江在 2022 年成功入选国家进口贸易促进创新示范区，目前正在高标准推进建设，通过争取实施改革试点、制定政策措施，引导中小企业扩大生产资料、先进设备、关键技术进口，力争打造"买全球、卖全球"的对外贸易网络。

四是畅通国际通道。海陆空一体化建设立体口岸，全面打通对外通道，晋江机场成为全国首批为共建"一带一路"国家或地区人员提供出入境便利安排的口岸之一。目前，晋江通航国内外航点 80 个，业务覆盖菲律宾、马来西亚等国际（区际）航点 11 个。

（三）全力提升企业竞争力

尽管晋江通过多种方式帮扶中小企业开拓海内外市场，但由于多数中小企业自身实力不强，在与同行业大企业的竞争中往往处于劣势。晋江的中小企业集中于鞋服、纺织、食品等快消品产业，近年来，晋江致力于打造企业所在行业的核心优势，提升企业自身的竞争力。晋江聚焦产业开展招商成效明显，获泉州市委、市政府行文推广，强化"园区+招商"工作获国际商报专题报道。

一是奋力招引优质项目。晋江市围绕加快打造"4341"现代产业体系，聚焦产业的强链补链，开展精准招商，锚定研发生产、品牌设计、平台运营等关键环节，加快引进优质项目，培育本土总部、链主企业，强化本地产业链高端环节的控制力、竞争力和影响力，持续提升企业技术水平和产品质量，增强企业开拓市场的优势和实力。2022 年以来，全市对接安踏智慧产业园、恒安智能化生产基地二期等传统产业提质强产项目，高性能电子陶瓷基板及元器件产业链项目、澳盛高性能碳纤维复合材料生产基地、睿斯科肿瘤先进粒子治疗设备研发生产基地、正大制药集团医疗器械项目等新兴产业建链强链项目签约落地。

二是培育壮大企业主体。深入开展商贸企业升规纳统行动，制定工贸企业升规纳统 7 条措施、服务业发展 31 条措施、企业高质量纳统 4 条措施等系列惠企政策，引导企业做大规模、做强业务。2022 年，晋江市新增限上商贸企业 273 家。同时，对企业开展电商直播、应用海外仓、举办电商活动、获得上级荣誉等给予奖励补助，引导电商主体高质量发展，培育出国家级电商示范园区 1 个（鞋都电商园）、国家级电商示范企业 1 家（361°），推动全省首个淘宝天猫商家运营中心、首个京东商家运营中心落地晋江，全市电商主体（含个体户）超 1 万家，并形成全省最大的淘宝村集群。

（四）政企互动，优化服务

政企互动是晋江的"传家宝"，晋江始终坚持亲而有度、清而有为，竭力为中小企业发展保驾护航。[①]《今日要讯》刊发推广晋江着力破解企业三大难题，牢牢稳住市场主体相关工作，"晋江政企合力渡'寒冬'"获福建广播影视集团（东南卫视）专题报道。

一是加大政策扶持力度。其一，动态调整惠企政策。目前，晋江市已完成包括促进服务业提升发展若干措施在内的新一轮 15 份政策修订，在政策修订过程中充分吸收中小企业的意见建议。其二，帮助企业纾困解难。出台《晋江市帮扶中小企业纾困解难专项行动方案》（晋商务〔2023〕87 号），从 4 大方面、13 项任务、43 个重点着手，全力帮扶企业开拓销售渠道、降本增效、保障资金需求。其三，推动政策落地生效。发动市、镇两级相关单位，深化开展"千名干部进千企、一企一策促发展"活动，组织干部走进企业，宣讲政策，调度问题，指导企业组织政策申报，打通政策落地"最后一公里"。

二是提供多元化服务。一方面，加强涉外法治工作。晋江市商务局联合司法局、泉州律师协会举办晋江涉外法律服务专场咨询，为外经贸企业提供"两反一保"调查、技术性贸易壁垒、涉外知识产权争议、海外投资法律风险防范等涉外法律服务；推动网商会举办法律知识分享会，邀请法律顾问为企业讲解管理范畴的法律知识，规避法律风险。另一方面，提升外贸金融服务水平。优化出口信保服务，扩大出口信保、出口信保保单融资服务覆盖面，将信保保费补助比例提高至 20%，对中小微企业给予降费优惠。2022 年出口

---

① 发展研究编辑部：《传承"晋江经验" 推动福建民营企业高质量发展》，《发展研究》2022年第 39 期。

信保服务企业超 600 家，累计承保金额约 24 亿美元，同比增长约 25.65%。全省首创"汇率避险担保增信"机制，引导企业通过政府性融资担保提供的汇率避险增信服务，在免缴保证金和占用自身授信额度情况下办理汇率避险衍生品业务，进一步缓解企业资金压力。其中，七彩狐、艾派、恒毅、丰禾雨具等 4 家外贸企业与建行、厚信签约，授信金额达 300 万元。

四　中小企业开拓市场面临的问题

总体来看，中小企业集中的鞋服、纺织、食品、建材等传统产业受消费力下降、市场萎缩、产能过剩等因素影响，在订单、生产、销售等方面都面临不少困难。

（一）订单端问题

"市场萎缩、订单短缺"的问题突出，部分中小企业订单减少幅度较大。从出口市场来看，一是国际市场需求不振。欧美通货膨胀导致消费动能不足。据统计，2023 年全球贸易流量出现连续下降，主要贸易大国对外贸易均出现负增长（越南、柬埔寨、印度、印尼、土耳其出口额均有所下滑）。二是受汇率波动影响，土耳其、非洲等国家货币贬值更加严重，影响出口，靠外贸公司转单、客商放单的中小型外贸企业订单受到较大影响。三是在全球贸易格局重大调整背景下，单一出口市场的企业特别是美国等市场订单下滑较为严重（俄罗斯等国家订单形势相对平稳）。比如，欧美发达国家对东南亚等境外国家实行的优惠关税（越南出口欧盟目前关税是 8%，8年后 0 关税，出口美国关税仅有中国的 50%；印尼、柬埔寨、孟加拉国等其他很多东南亚国家出口欧盟也均是 0 关税），导致全球零售商、品牌商订单流失至东南亚，中国境内的贴牌生产（OEM）、委托设计（ODM）、自主品牌（OBM）订单量明显萎缩。2022 年以来，相继有一大批企业接到境外零售商、品牌商通知，三年内如果没能在东南亚等国家设厂，将终止产能合作关系。叠加贸易壁垒因素（新疆棉禁令正式生效、国外查验率变高），部分

中小企业面临订单不足的情况，不少企业反映，国外品牌采购商的订单不同程度地转移到东南亚等地。

从订单价格来看，一方面，除少数细分领域龙头企业掌握话语权、拥有定价权外，其余传统产业价格订单普遍下滑，尤其是中低端产品，出现价格低于成本价的现象。另一方面，国内竞争不断加剧。由于国外需求疲软，"僧多粥少"，在同质化的情况下，国内厂家争取外贸订单方面的竞争激烈，不少企业反映行业竞品厂家会采取降价手段获取订单，陷入恶性循环。具体而言，一是受美国"去中国化"影响，全球鞋服代工巨头调整生产布局，把欧美品牌订单大量转移至越南、柬埔寨等东南亚国家生产，国内工厂用于拓展承接国内鞋服品牌订单，由此挤占了中型鞋服企业代工订单，并连锁影响到上游纺织、染整企业。二是部分外贸企业相继通过"外转内"应对外贸订单萎缩困境，不少企业的内外贸订单占比已从2∶8转至5∶5，比如，企业通过建立抖音品牌开展线上销售，或者将原本自用的面料大量转向国内市场销售，这又导致原来就未完全复苏的内需市场内卷进一步加剧。三是晋江原来有一批中小鞋服企业主要为鞋服OEM企业进行转单生产，在全球消费市场不振、消费动能不足的背景下，鞋服OEM企业订单更多在保障自身生产需求，没有盈余订单外放。

（二）生产端问题

一是产能恢复缓慢。产能恢复与企业年初预判的形势、制定的计划存在差距，尤其是2023年5月后，随着存量订单减少、新增订单无法接续，部分中小企业被迫缩减产能，企业用气量、用工量均有一定幅度的下降。二是生产成本仍处高位。虽然总体平稳，但仍处于高位，由于中小企业采购体量小，缺少议价权，采购成本普遍存在偏高的问题。此外，部分企业房租上涨明显，有企业反映租金连续两年上涨。三是资金周转紧张。部分企业急需订单维持生产，允许延长支付周期，资金周转更加紧张，在一定程度上影响了企业生产经营。部分企业由于缺少启动资金，延迟新品推广或者开发难以转换成收益。

（三）销售端问题

受疫情"疤痕"效应、居民收入预期下降影响，市场疲软、消费降级现象较为明显。从市场消费来看，一是居民消费信心仍较不足，居民防风险意识和储蓄意识不降反升，2023 年 6 月末晋江居民存款增长 18%、居民个人消费贷款余额下降 6.4%，居民消费能力和消费信心整体不足。二是由于出口市场经济滞胀、美联储加息等因素，国际需求不振收缩、订单减少，目前海外市场仍以清库存为主，再加上欧美日制造业回流，劳动密集型产业订单不足情况普遍存在于国内及越南等东南亚国家。从企业销售来看，一是价格内卷严重，不少中小企业为保运转、求生存，不惜卷入价格战、互相压价，亏本接单和大幅降价甩卖的现象并不少见。二是互相挤占市场，中部企业深度切入细分市场、降维抢单，进一步挤占小企业市场空间，"大鱼吃小鱼、小鱼吃虾米"的现象比较普遍。

五　进一步帮扶中小企业的建议

根据前文所述，晋江市政府有担当，企业敢创新，善于利用自身优势，传承弘扬、创新发展"晋江经验"，发扬"爱拼敢赢"的优良传统，通过引导中小企业利用供应链、专业市场、会展等平台和各种促消费、经贸交流、招商引资活动，同时优化服务，推动多项惠企政策落地，帮扶企业开拓国内外市场、提升竞争力，取得了令人瞩目的成效。但由于国内外大环境复杂多变、中小企业自身实力有待提升等客观原因，企业依然面临产能恢复慢、生产和销售成本高、价格内卷等问题，针对中小企业面临的这些困难，晋江可以从以下三个方面入手，进一步帮扶中小企业。

（一）帮助企业降本增效

一是促进大中小企业合作。中小企业自身"盘子小"，存在缺市场、缺供给、缺资源等短板，因此，促进大中小企业深度融合、嵌入式合作则尤为

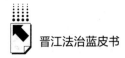

必要。可以考虑与国内供应链龙头企业合作，共建综合商业服务合资公司，共同打造符合晋江市产业特点的产业供应链综合服务平台，提供"嵌入式+整合型"产业供应链服务，助力晋江市产业转型升级。

二是降低房租成本。针对房租租金较高、企业增资扩营土地不足、部门企业计划外迁等问题，建议晋江各镇（街道）全面摸排所管辖区空闲的厂房、增资扩营意愿企业，由市里牵线搭桥，动员业主适当让利降低租金，推动意愿企业精准对接，在留住扩大产能的同时有效降低企业租金成本。

三是强化融资保障。针对一批有信誉、运转良好的企业，创新开发适合中小微企业的融资产品。同时，对有倒闭风险的企业进行全面摸排，特别是对融资规模较大的企业或个体经营户，主管部门定期跟踪调查，及时掌握其动态变化，并实施有效的风险控制和管理，谨防企业资金链断裂风险。

（二）大力发展外贸新业态

2022 年以来，晋江通过推进全国通关一体化、举办跨境电商供需对接会等方式，发展市场采购贸易、跨境电商等外贸新业态，虽然已有一定效果，但仍有较大提升空间。接下来要抓好发展风口，支持引导外贸企业通过新业态新模式拓展销售渠道、培育自主品牌。

一是深化市场采购贸易方式试点。立足与石狮市实现错位发展，加快推广市场采购贸易试点，推进市场监管、税收、外汇、通关等政策创新和监管创新，提升鞋服、纺织、建材、食品等晋江优势产业中小企业的市场采购贸易方式份额。做大做强晋江国际鞋纺城市场采购贸易试点，推进市场采购贸易流程、货值核算、监管方式等方面的系统化、标准化建设，提升辐射带动能力。促进市场采购贸易与跨境电商协同发展，探索市场采购贸易与转口、保税加工等其他贸易方式协同发展。

二是培育发展跨境电商。一方面，加快推进跨境电商"1210 模式"，大力培育"9810 模式"。依托综保区、陆地港等试点载体，与 eBay、Amazon、速卖通等第三方平台深化合作，推进"晋江制造"网络化、国际化。探索与全球知名跨境电商平台开展战略合作，以滨江商务区为载体，打造全产业链跨境电商生态圈。围绕"仓+通道"的定位，争取落地跨境电商国际物流中心，发展国际快递业务，拓展跨境电商产品出口运输通道。另一方面，加强电商人才引育工作，联合启动人才定制班项目，建议电商园区、协会发挥引导作用，积极对接泉州师范、闽南理工、黎明职业大学等高等院校，通过政校企合作，为本地中小企业培养输送专业的电商人才。

（三）完善配套服务体系

针对企业竞争激烈、订单不足等问题，建议发挥专业市场和展会的带动作用，提升服务水平，多渠道帮助中小企业获取订单，提振企业信心。

一是推进专业市场提档升级。支持晋江国际鞋纺城、海峡国际五金机电城、天工陶瓷城、豪新食品市场等专业市场做大做强，培育一批百亿级交易额专业市场群。在国际鞋纺城实施内外贸融合发展试点，谋划建立快递集聚核心区。引导石化、五金、鞋服、食品、汽车销售、钢材贸易等专业市场特色化发展，推进建立或融入线上电商平台，支持中小企业推广应用新型交易方式。引导和鼓励有条件的大中型专业市场探索成立原材料供应链交易中心，打造不同类型、不同层次的电子商务平台，推动专业市场在交易方式、销售渠道等方面实现全方位转型升级，不断提升服务中小企业水平。

二是提升会展服务能级。提升国际纺织机械展览会、国际工业展览会、鞋体博会、食交会、建材陶瓷博览会等展会能级，支持中小企业积极参加或主办各类展销会、订货会和商业路演，支持开展以品牌输出为核心的赴海外参展。推进展会业态创新，积极引导、动员和扶持中小企业举办线上展会。着力引进一批理念先进、运营规范、模式创新成效显著的知名会展企业，培育壮大本土会展服务企业、机构和组织。推进国际会展中心发展集会议、展览、酒店、商场等功能于一体的会展综合体，完善会展场馆周边的住宿、餐饮、购物等配套服务设施。

B.11
优化政务服务环境　助力民营经济高质量发展的实践与思考

晋江市陈埭镇人民政府课题组*

摘　要：　政务服务环境是优化营商环境的重要着力点，要求政府以企业需求为导向，以建立良好的政商关系为核心，不断提升政府服务企业能力，打造服务型政府。陈埭镇立足本地区实际，不断深化审批制度改革，通过探索"免证办""掌上审批""一业一证"等服务模式，推进政务服务网上办、就近办、一次办、自助办，有效提高了审批效率。为持续提升政务服务效能，陈埭镇将进一步树立精准服务思维、建设服务标准体系、深化数字化改革，以优质政务服务环境助力民营经济高质量发展。

关键词：　政务服务　营商环境　高质量发展

党的十八大以来，党中央、国务院高度重视优化营商环境，作出了一系列关于优化营商环境、提高综合竞争力的重大部署，着力打造市场化、法治化、国际化、便利化的营商环境。习近平总书记强调："营造稳定公平透明、可预期的营商环境，加快建设开放型经济新体制，推动我国经济持续健康发展。"① 党的二十大报告进一步指出："优化民营企业发展环境，依法

---

*　课题组负责人：刘铮铭，晋江市陈埭镇人民政府政法委员、副镇长。报告执笔人：黄清景，晋江市陈埭镇党委副书记；苏明山，晋江市陈埭司法所所长；蔡景琳，晋江市陈埭镇人民政府便民服务中心主任。

①　《习近平强调：营造稳定公平透明的营商环境　加快建设开放型经济新体制》，央广网，2017 年 7 月 18 日，https：//china.cnr.cn/news/20170718/t20170718_523854497.shtml。

保护民营企业产权和企业家权益，促进民营经济发展壮大……深化简政放权、放管结合、优化服务改革……完善产权保护、市场准入、公平竞争、社会信用等市场经济基础制度，优化营商环境。"营商环境就是生产力，优化营商环境就是解放生产力、提升竞争力。营造法治化、国际化、便利化的营商环境，是中国进一步对外开放的重要举措，也是实现高质量发展、实现治理体系和治理能力现代化的内在要求。[①] 从含义来看，营商环境是指市场主体在准入、生产经营、退出等过程中涉及的政务环境、市场环境、法治环境、人文环境等有关外部因素和条件的总和。政务服务作为营商环境的重要组成部分，直接关系到企业的办事效率和成本，因此，提升政务服务水平是优化营商环境的现实要求。此外，打造良好的政务服务环境也是我国"放管服"改革的重要内容，政务服务中心作为地方政府提供公共服务的前沿阵地、直接窗口，是"放管服"改革政策执行落实的重要场域，在提升政府经济治理能力中占据重要地位。总的来看，持续改善政务服务环境是激发市场主体活力、释放社会发展创造力的重要举措，对进一步优化营商环境氛围具有强有力的促进和带动作用，有助于推动民营经济高质量发展。

一　政务服务环境的内涵与特征

营商环境视角下的政务服务环境强调政府如何更好地服务企业，体现了政府部门为经营主体提供公共服务的能力和水平，具有以下五个特征。

（一）优化政务服务环境是营造良好营商环境的重要着力点

营商环境是一项系统性工程，包含诸多要素，既包括硬环境也包括软环境，软环境又包括政务环境、市场环境、法治环境、社会环境、人文环境等，要素的复合性和目标的多元化决定了优化营商环境不能仅仅依靠市场或

---

① 李斌：《优化营商环境就是解放生产力》，《人民日报》2018 年 9 月 5 日，第 9 版。

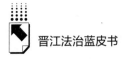

企业的力量来实现要素之间的优化配置和整合提升，还需政府主动发挥职能，适时介入宏观调控。此外，政务服务环境的优劣也会影响营商环境中其他要素作用的发挥。

（二）优化政务服务环境是建立服务型政府的内在要求

服务型政府是在公民本位、社会本位思想指引下，在整个社会民主秩序的大框架下，通过合法程序，按照公民意愿组建起来的以为民服务为核心并承担着服务责任的政府。① 优化政务服务环境实质上要求构建服务型政府，优化政府组织结构，推动政府职能转变，并以此来提升政府服务企业、引领民营经济高质量发展的能力和水平。

（三）优化政务服务环境的目标是提升政府服务企业能力

政务服务环境优化必然是围绕着企业活动展开的，主要涉及政府的经济服务职能。政府不能只提供被动的标准化或格式化服务，而是要在提供高效优质标准化服务的同时，主动辅之以精准有效的个性化服务，提供有针对性的、能切实解决问题的细致周到服务；同时，政务服务不仅包括行政审批、检测检验等传统的涉企服务，还包括产业引导、市场监管、融资服务、人才引进、培训服务等方面的工作。

（四）优化政务服务环境要以企业需求为导向

要了解企业的真实需求，据此调整政府服务供给的方向和程度，提高企业对地区营商环境的满意度；从企业发展利益出发，积极调研企业所需所求，主动找不足、找问题，分析研判并加以解决，让企业真正享受到"放管服"改革释放的红利；根据新需求，政务服务进行相应的调整、更新和完善。

---

① 刘熙瑞、段龙飞：《服务型政府：本质及其理论基础》，《国家行政学院学报》2004 年第 5 期。

（五）优化政务服务环境的核心是建立良好的政商关系

政府以"深化简政放权、放管结合、优化服务改革"为契机，以政府职能和角色的调整为前提，以优化内部资源配置结构为途径，以服务内容、流程、方式、载体的改进为手段，构建新型政商关系。

二　陈埭镇优化政务服务环境的探索与实践

时任福建省省长习近平同志在总结"晋江经验"时，指出要"处理好有形通道和无形通道的关系"，[①] 既要加强有形通道建设，又要发力无形通道构建，不断优化政务服务环境，打造助力民营经济高质量发展"双通道"，发挥"晋江经验"的独特优势。

（一）突出明权明责，厘清职能边界

在 2016 年公布的权责清单基础上，严格落实中共福建省委机构编制委员会办公室《关于进一步修订完善乡镇（街道）权责清单的通知》（闽委编办〔2020〕137 号）及晋江市关于镇（街道）机构改革精神等要求，参照福建省、晋江市提供的权责清单范本，对陈埭镇相关权责事项进行全面调整。经过梳理，陈埭镇现有权责事项 227 项、晋江市委托办理权责事项 72 项、市直派驻机构权责事项 1046 项、涉及"属地管理"责任事项 35 项，切实厘清职责边界，筑牢责任体系。

（二）突出效率标准，提升政务水平

一是推行"互联网+政务服务"模式。以泉州市"互联网+政务服务"一体化行政服务平台为基础，以实现常态化办件为契机，推动形成"一件事"集成套餐服务事项业务，实现"一次告知、一份指南、一表申请、一

---

① 《闽山闽水物华新——习近平福建足迹（上）》，福建人民出版社、人民出版社，2022，第291页。

套材料、一窗受理、一网办理、一次办成、一件一评、一体管理"，大幅提升企业满意度。例如，市管窗口进行业务整合，实现"一窗通办"；陈埭镇便民服务中心洋埭分中心进驻自助领取营业执照设备，办事群众当场即可领取营业执照，落实"就近办""多点办""一次办"，节约办事的时间和经济成本，真正实现政务服务"加速度"。二是落实"五级十五同"事项标准化梳理。持续推进审批服务事项"五级十五同"改革，根据上级机关制定的标准化目录清单和权责清单，完成镇级和 26 个村（社区）绑定标准化事项 239 个，并更新发布办事指南，推动市、镇（街道）、村（社区）三级审批服务事项规范统一，实现同一事项审批服务无差别受理、同标准办理。三是审批效率再提升。抓好行政许可事项指标优化再提升，就进驻网上办事大厅部门的行政许可事项而言，在"减时限"方面，再压减 308 个工作日，承诺时限比法定时限平均压缩 90.31%；在"减材料"方面，再精简 30 个材料，材料平均数为 3.65 项；在"减跑动"方面，"一趟不用跑"比例达 95.33%，行政许可事项即办件占比 45%。

（三）突出引领带动，打造标杆项目

一是实行"免证办"试点服务。充分应用福建省电子证照建设成果，在便民服务中心大厅率先推行"免证办"试点服务，通过手机即可"扫码亮证"，解决服务对象因实体证照忘带、少带"办不成事"的痛点问题。二是扩展"掌上审批"功能。在推广"免证办"服务试点的基础上，依托泉州市一体化行政服务平台，积极对接上级有关部门，进一步扩展"掌上审批"功能，目前已经向福建省经济信息中心申请电子印章。三是建设"家门口"服务站。立足人口大镇、经济强镇特点，充分考虑辖区群众、企业对部分政务事项日益增长的办理需求，主动对接晋江市公证处，推动公证政策和服务更快落地落实，在陈埭镇综合便民服务中心设立晋江市公证处陈埭便民工作站，为群众、企业提供"家门口"的优质公证法律服务；挂牌设立便民服务中心洋埭分中心，第一批进驻单位 12 个、进驻事项 52 项、设置服务窗口 10 个，优化办事流程，实现市场监管相关业务"零延迟、无流

转"现场快速办结，完善便民服务体系。四是推行市场准营"一业一证"改革。聚焦市场主体集中度高、办件量大、涉及多部门许可的餐饮、民办幼儿园、健身馆等 10 个行业，按照"先行先试、分步实施"的原则，在全市率先设立"一业一证"窗口，推出"一业一证"办理模式，即通过优化审批流程，将市场主体进入特定行业涉及的多张许可证整合为一张行业综合许可证，推动审批服务从"以政府部门供给为中心"向"以市场主体需求为中心"转变，畅通准入准营通道，从根本上解决群众开店因涉及多种许可需要多头审批、多次申请、多次核查的问题，大幅提高办证速度与便利度，进一步提升审批服务便利化水平，更好地服务市场主体，支持民营经济发展壮大。

（四）突出自身建设，提高工作质效

一是加强建章立制。制定出台《陈埭镇便民服务中心服务规范管理办法》《陈埭镇便民服务中心窗口服务绩效考核办法》《陈埭镇综合便民服务中心政务服务"好差评"工作制度》《陈埭镇综合便民服务中心关于推行窗口无否决权制度》《陈埭镇综合便民服务中心便利老年人及特殊群体办事服务制度》，发挥制度管人管事效应。二是加强绩效考核。通过常态化开展现场巡查、落实政务服务"好差评"制度等方式，现场抽查部门窗口人员的在岗情况和窗口服务规范落实情况，对个别窗口落实不到位情况提出整改要求，在问题整改落实中提高窗口人员履职能力；开展窗口工作人员的服务绩效"日考评、月通报"，做到管理"常"抓、"长"抓，进一步改进工作作风，提高工作效率。

三　陈埭镇优化政务服务环境的总结与展望

优化政务服务，是深化"放管服"改革的重要途径之一，也是持续提升政务服务效能改革、转变政府职能的一项重大举措，对于进一步激发市场活力、助力民营经济高质量发展具有重要意义。

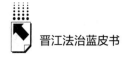
（一）树立精准服务思维

习近平总书记强调指出："营商环境只有更好，没有最好。"① 政府引导和服务市场经济发展，应着重关注市场导向、企业需求，以精准化施策促服务质效提升；持续推进审批服务事项"五级十五同"改革，统一规范行政审批服务事项跑趟次数、即办情况、承诺时限和网办星级等内容，确保做到窗口无差别受理、同标准办理；树立精致意识和全域理念，对照"集中"到"集成"政务服务改革的一大趋势，扎实推进"一件事一次办"改革，不断改进极致化服务，提供精准式服务，以实际行动践行"最好的服务就是最好的管理"理念。

（二）建设服务标准体系

标准化作为治理体系和治理能力现代化的战略性、基础性手段，能够为经济活动和社会发展提供技术支撑。2023 年 3 月 6 日，习近平总书记看望参加政协会议的民建工商联界委员时强调，"放管服"是一体的。② 基于此，必须构建一个政务服务标准体系，明确服务内容，规范服务流程，把关服务质量，切实提升"放管服"改革实效。为此，可借鉴企业标准化管理思路，以规范行政权力、提升服务质效为目的，以制定具体职能管理服务标准为基础，以构建政府职能标准体系为核心，以推进标准体系实施和动态完善为重点，实现政府职能标准化全覆盖，着力建设涵盖事项设定、资格条件、运作程序、联办机制、绩效评价、窗口建设、现场管理及技术保障等多个方面的行政审批服务标准体系，最终达到"规范公权力、保障发展权"的目标，为民企发展提供一个可供预期的标准服务体系，增强民企发展信心。

---

① 《习近平谈治国理政》（第三卷），外文出版社，2020，第 204 页。

② 《习近平总书记在看望参加政协会议的民建工商联界委员时的重要讲话引发热烈反响》，国务院新闻办公室网站，2023 年 3 月 7 日，http://www.scio.gov.cn/gxzt/dtzt/49518/49603/49611/49687/202303/t20230320_ 708930. html。

（三）深化数字化改革

政务服务数字化改革是数字政府建设的重要内容，是政务服务改革的再升级，既是对群众美好生活期待不断提升的回应，又是激发市场主体活力、优化营商环境的关键举措。一是加快推进信息共享，注重盘活各个部门、各个方块的信息数据库资源，整合构建统一的数据共享交换平台和政务服务信息系统，推动向"整体智治"转化。二是进一步夯实政务服务网络支撑平台，推进以实体政务大厅服务为支撑，向多元化终端延伸，做到线上线下无缝衔接、高效运转。三是加强平台运营管理，成立助企服务专班，及时收集、梳理企业反馈的意见、建议，调研了解企业需求，第一时间为企业答疑纾困，既帮助企业节约时间成本、人工成本，减少企业发展"后顾之忧"，又高效率服务企业发展，提高政府政务服务水平。

B.12

晋江市知识产权领域的监管与执法

晋江市市场监督管理局课题组*

摘　要：　新时代经济背景下，创新是第一动力，知识产权保护则是创新驱动生产的重要支撑。晋江市为保障企业创新发展，助力"知识赋能"，从知识产权人才培育、维权阵地建设、纠纷多元化解、产权保护宣传及商标综合监管等方面积极开展工作，有效缓解了晋江市知识产权维权周期长、成本高的状况，构建起知识产权大保护格局。但同时也面临海外纠纷应对指导能力相对欠缺、知识产权行政执法力量不足等问题，还需立足本地市场发展现状，以知识产权快速维权中心为主要阵地积极主动作为，进一步打造高质量维权服务平台，激发社会创新创造活力。

关键词：　知识产权　优化营商环境　知识产权快速维权中心

现阶段经济全球化深入发展，知识产权已成为国家竞争力的重要影响因素。为满足经济转型升级的要求，适应发展大势，2021年9月，中共中央、国务院印发了《知识产权强国建设纲要（2021—2035年）》，明确知识产权强国建设的任务要求，对我国知识产权行政管理提出了新的要求，也成为企业适应当代市场竞争机制，实现良性发展的重要保障。晋江作为我国民营经济最为活跃的地区之一，拥有庞大的产业集群，这对知识产权领域的监管与执法工作提出了更高的要求。

---

　*　课题组负责人：张志友，晋江市市场监督管理局局长；洪德意，晋江市市场监督管理局副局长。报告执笔人：吴焕新，晋江市市场监督管理局知识产权科科长。

一 研究背景

（一）政策背景

知识产权是指人们就其实践过程中所产生的创造性智力成果在一定时期内所享有的专有权或独占权。[①] 知识产权监督管理制度是指国家为了充分落实知识产权相关的法律法规及规章制度，保护知识产权权利人的合法权益而采取的行政司法手段。[②] 其主要目的在于保障知识产权权利人及利益相关人员将智力成果充分转化为社会效益及经济效益，并通过相应的监督管理及保护措施维护公平合理、高效有序的市场经济秩序，推动社会主义市场经济高质量发展。伴随现代计算机通信技术的快速发展，知识产权通过诸多渠道进入广大人民群众的生活中，同时也成为现代市场经济发展的重要影响因素、现代社会发展的重要驱动力。

党的十八大以来，在以习近平同志为核心的党中央的坚强领导下，我国知识产权事业取得显著进步。相关领域法律法规及规章制度不断完善，知识产权保护效益、国际影响力显著提升，全社会知识产权意识显著增强，涌现出一批高产权意识、高产权竞争力的市场主体，走出了一条中国特色知识产权发展之路，为我国经济转型及社会主义市场经济高质量发展打下了良好基础。进入新的发展阶段，创新作为促进经济转型、推动高质量发展的重要驱动力，在经济体系中承担着更为重要的责任。知识产权作为创新体系的重要组成部分，对提升我国综合国力和国际竞争力具有重要意义。为进一步落实知识产权强国战略，应对新技术对市场经济秩序及相关制度带来的挑战，激发社会创新创造活力，从根本上提升核心竞争力，满足广大人民群众对美好

[①] 张文萱：《区块链赋能知识产权保护的制度解读：逻辑、困境及优化》，硕士学位论文，中国矿业大学，2023，第 20 页。

[②] 李顺德：《知识产权综合管理与市场监管综合管理协调统一势在必行》，《中国发明与专利》2018 年第 4 期。

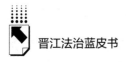
生活的需要，中共中央、国务院印发了《知识产权强国建设纲要（2021—2035 年）》，要求各地区各部门结合实际认真贯彻落实，其在指导思想、工作原则、发展目标等方面为知识产权监管工作指明了方向。

晋江市委、市政府高度重视知识产权工作，专门成立晋江市知识产权强县建设示范县创建工作领导小组，加强对知识产权工作的组织领导和督促指导。近年来，每年都把知识产权工作写入《政府工作报告》，持续推进知识产权发展。编制《晋江市"十四五"知识产权发展专项规划》，对全面推进知识产权发展进行顶层设计和整体部署，把加强知识产权工作作为推动晋江转变经济发展方式、实施创新驱动发展战略的重要措施，更好地发挥知识产权对经济高质量发展的促进作用。出台《晋江市创建知识产权强县建设示范县工作方案（2022—2025 年）》（晋政文〔2022〕178 号），进一步完善对知识产权工作的统筹布局，要求各单位按照职责分工，持续推进知识产权保护和运用，优化营商环境。推动知识产权与产业体系、经济建设深度融合，全面提升知识产权综合实力。

（二）问题导向

晋江不仅是海上丝绸之路的起点之一，也是中国县域经济发展典范"晋江经验"的诞生地。"晋江经验"是晋江人民走中国特色社会主义发展道路的大胆探索和成功实践。如今，晋江是全国民营经济最为活跃的地区之一，连续 21 年跻身全国县域经济基本竞争力排行前十名，拥有超三千亿的鞋服产业集群和超五百亿的食品产业集群，荣获"中国鞋都""全国食品工业强县"等称号。庞大的产业集群也意味着晋江市具有旺盛且迫切的知识产权保护需求。

晋江超千亿的鞋产业集群内有数量庞大的中小微制鞋企业以及鞋类电商，随着产业规模的不断扩大，以小微制鞋企业为侵权主体的专利侵权纠纷以及以电商平台为销售渠道的专利侵权纠纷逐渐凸显。第一类主体以诸多规模较小的鞋厂为主，由于自身创新研发能力和核心竞争力的匮乏，当市场上出现"爆款鞋"时，经营者便会直接仿制或者"擦边"模仿，进而引发专利侵权纠纷。第二类则与电商平台的兴起密不可分，全市很多电商商家通过渠道买进热门鞋产品，此种进货方式进一步增加了流通环节，产品厂家、供应商并未获得专利权人的授权，电商卖家也未保留完整的进货凭证，从而导致专利侵权纠纷。上述知识产权侵权现象高发的根本原因在于厂家、企业的知识产权合规意识仍较为淡薄。党的十五大确立"公有制为主体、多种所有制经济共同发展"的基本经济制度以来，作为我国市场经济的重要组成部分的民营经济飞速发展，在稳定经济增长、促进产业创新、增加就业岗位等方面发挥了重要作用。我国经济已由高速增长阶段转向高质量发展阶段的新形势也对民营经济主体的知识产权意识提出了更高的要求。

（三）已有成效

晋江市立足本地区产业集群知识产权需求，加大专利侵权纠纷行政裁决办案力度，充分发挥技术优势，及时固定证据事实，高质效审理鞋类专利侵权案件，对案件涉及的技术难题提供专业支撑，高效处置鞋类专利重复侵权、群体侵权、恶意侵权等违法行为，维护良好市场秩序。同时，在案件处理过程中，不再局限于案件本身的处理，而是多方面开展知识产权相关知识普及工作，提高全社会知识产权合规及维权意识，比如，组织邀请辖区内企业走进快速维权中心，普及知识产权保护知识。2022年，晋江市获评"国家知识产权强县建设示范县"，入选国家知识产权局公布的首批知识产权纠纷快速处理试点地区，荣获中国县域知识产权竞争力百强榜单第二名，建成投用国家级知识产权快速维权中心，全市知识产权保护体系建设已然步入快车道。

二　晋江市知识产权领域监管与执法的实践进展

2020年10月，经国家知识产权局批准，晋江市开始建设知识产权快速维权中心。通过近两年的软硬件建设，中心于2022年7月20日通过验收投

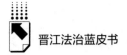

入试运行。作为福建县域首家国家级知识产权快速维权中心，中心有效改善了晋江市知识产权维权周期长、成本高的状况，积极推进知识产权监管及维权援助工作，构建知识产权大保护格局。

（一）勇当"火车头"，练好知识产权保护"真功夫"

从宏观层面而言，人才规模及人才利用效率是一个国家综合国力的重要体现，也是一国国际竞争力的重要组成部分。[①] 具体到微观层面，法律的良好运行、制度的有效推进都与人才的作用不可分割。为进一步深入推进知识产权监管与执法工作，晋江市市场监督管理局不断加强知识产权人才培育。一是充实专业人才。组织工作人员参加国家知识产权局专利预审上岗培训，提高相关工作人员的专业素养，工作队伍中多人取得行政执法资格，打造"专利预审+行政执法"的"双资格"知识产权监管人才队伍。二是强化队伍作风建设。人民是历史的创造者，也是历史发展的推动者。权力是人民赋予的，人民的权力只能服务于人民。加强作风建设有利于工作人员增强密切党群干群血肉联系的自觉，从而更加自觉地投身于为人民服务之中。[②] 晋江市市场监督管理局将党建与知识产权保护工作深度融合，设立"青廉"风采展示监督平台，发挥优秀干部在岗位上的示范与带动作用。三是注重能力提升。组织知识产权工作人员参加各级知识产权业务培训，邀请专家学者及办案能手开展执法办案培训，每周开展业务工作交流研讨会，全面提升知识产权保护能力。2023年8月，组织工作人员参加全省知识产权保护工作会议暨知识产权行政执法培训班，工作人员代表在会上就纠纷快速处理试点作典型发言；组织工作人员参加在杭州举办的第四届知识产权快速协同保护业务竞赛，工作人员代表在座谈会上就"维权援助"这一主题作经验分享；组织知识产权监管全体工作人员参加 incoPat 系统检索培训。

---

① 张新宇：《习近平关于人才的重要论述研究》，硕士学位论文，中国地质大学（北京），2021，第17页。

② 雷蕾：《中国共产党作风建设理论研究》，博士学位论文，贵州师范大学，2022，第14页。

（二）激活"动力源"，跑出维权保护"加速度"

一是完善维权援助制度规范。晋江市市场监督管理局以知识产权快速维权中心为根据地，建立起系统完备、科学规范、运行高效的维权援助工作机制。首先，制定快速维权与保护协作工作规程，围绕国家知识产权局《知识产权维权援助工作指引》（国知办发保字〔2023〕9号）要求，精简申请材料，实现维权援助"一表申请"。其次，推进裁决机制建设，推行"机关科室、市场监管所+快速维权中心"的"2+1"案件综合办理模式。发挥桥梁作用，快速接收维权需求，出具侵权判定意见，参与执法调查及案件口头审理，发挥中心对知识产权行政执法及纠纷调解的支持与辅助功能。协助制定《专利侵权纠纷行政裁决简易程序暂行规定》，推动专利侵权纠纷案件繁简分流，繁案精办、简案快处。

二是发挥纠纷快速处理优势。2022年6月，晋江市入选全国第一批知识产权纠纷快速处理试点地区。晋江市知识产权快速维权中心以"调解先行、调裁结合"为指导，建立快调快裁机制，组建调解小组，将调解贯穿办案全过程，助推案件高效办结。2022年9月7日，晋江市市场监督管理局接到一个专利侵权纠纷处理请求，由于双方当事人均有调解意向，中心第一时间组成调解工作小组商讨调解方案。10月8日，晋江市知识产权快速维权中心对双方当事人进行调解，当日即达成和解，从立案到成功调解历时31天，将整体办案时间压缩至法定办案时限的50%，推动知识产权"快保护"取得新成效。另一起外观设计专利侵权案件通过书面审理进行举证质证，整个案件告结仅用80余天，充分节省人力和时间资源，提升办案效率，缩短办案期限，节约维权成本，有效解决了专利维权周期长、成本高等难题，实现了纠纷快速处理方式的创新突破。

三是打造一站式维权服务平台。晋江市市场监督管理局以知识产权快速维权中心为连接点汇聚各方知识产权保护资源，打造集维权援助受理、咨询、调解多种功能于一体的"一站式"知识产权维权平台。该平台为社会公众提供专利侵权处理和专利信息咨询等知识产权相关服务，开展知识产权

维权援助咨询指导，培养快速维权中心专利预审员成为技术调查专家，推进调查取证和专业支撑相结合，协助处理相关技术性问题，帮助咨询指导并快速出具纠纷解决方案，为案件口头审理及促进纠纷调解工作提供有力保障。其一，以高标准建立了案件审理庭，实现全程录音录像、证物电子显示、语音识别实时转写笔录等功能，中心专利预审员协助开展口审工作，实现专利侵权纠纷行政裁决案件快速审理。其二，搭建起"3+3"智能服务矩阵，利用"互联网+维权援助"模式，为权利人提供便利化维权渠道。一方面，畅通申请受理渠道，打造知创晋江服务平台、知识产权侵权假冒公共服务系统、市场监管局公众号 3 个受理平台，支持专利纠纷在线立案，为群众提供便捷的申诉渠道；另一方面，积极推进智能高效执法办案，运用商标查询系统、专利数据库、"晋知云"知识产权侵权假冒执法系统 3 个系统，实现知识产权信息"随时查""随地查"，助力维权援助和执法办案提速增效。

（三）开启"助推器"，锻造多元化解"硬实力"

一是创新纠纷多元化解机制。晋江市市场监督管理局与公检法部门加强合作，与市人民法院共同出台《知识产权纠纷诉调对接工作实施办法》，成立诉调对接工作室，设有驻室法官、纠纷分流员，聘任 8 名专家调解员，推行诉前调解工作。由下属知识产权快速维权中心统一受理晋江法院知识产权庭所管辖的知识产权类民事案件，实行纠纷调解前置。截至目前诉调对接工作室累计受理诉调对接案件 1243 件。调解成功 424 件，成功率达三成以上。聘任由政协委员、行业专家、高层次人才等组成的专家调解员团队，由驻室法官和快速维权中心人员进行统一指挥协调，探索推行人民调解、行政调解、司法调解协同联动，畅通知识产权纠纷案件快受理、快调解、快处理绿色通道，进一步健全知识产权纠纷调解工作体系。

二是强化监管部门间的联动协同。晋江市市场监督管理局联合市检察院设立晋江市知识产权检察保护工作站，上门为企业提供知识产权合规检查服务，强化知识产权前端保护；设立泉州知识产权保护中心晋江工作站，接收本辖区内知识产权维权援助、纠纷调解申请，扩大知识产权保护工作覆盖面和影响力；与公安机关等部门强化交流合作，推进知识产权侵权案件联合执法，建立信息对接、数据互通、情报共享的常态化联络机制。同时，加大对知识产权恶意诉讼的惩治力度。与法院、检察院、公安局等部门联合出台《关于加强惩治知识产权恶意诉讼工作的协作机制》，从联合治理、信息共享、沟通协调等方面进一步加强协作配合，形成知识产权保护工作合力。

三是成立行业知识产权发展保护联盟。晋江市市场监督管理局、法院、工商联与伞业、食品行业、拖鞋行业等二十多个行业协会共同成立了晋江市行业知识产权发展保护联盟，签订《晋江市行业知识产权发展保护联盟合作框架协议》，鼓励行业协会实施行业自治、自律、维权，构筑司法行政部门与企业间的知识产权保护纽带和桥梁。

（四）打造"加油站"，营造优质营商"软环境"

改革开放 40 多年来，中国民营经济地位随各项制度的变迁和演进发生了重大变化。从允许、鼓励到给予保护、促进发展、大力发展，再到必须毫不动摇地鼓励、支持和引导，逐步深入的发展政策反映出民营经济逐步成为推动高质量发展、建设现代化经济体系的重要主体的过程。[①] 民营经济的快速发展带动了我国经济整体的快速发展。现阶段，我国经济已由高速增长阶段转向高质量发展阶段，新发展理念对创新提出了更高的要求，民营企业作为市场主体在新发展阶段中亦需肩负起创新的重任，实现自身转型，进入高质量可持续发展新阶段。晋江市市场监督管理局为优化民营企业营商环境做了如下工作。

一是当好"企业服务员"。晋江市市场监督管理局以"服务企业、服务创新"为宗旨，深入卡尔美、361°、盼盼、安踏、柒牌等多家企业提供知识产权保护咨询工作，介绍泉州知识产权保护中心、晋江市知识产权快速维

[①] 王磊：《推动民营经济高质量发展的制度创新研究》，博士学位论文，中国社会科学院研究生院，2019，第 75 页。

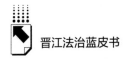

权中心的功能作用，鼓励企业挖掘发明专利，提升创新能力。跟踪调研 11
个专利导航项目和 7 个高价值专利培育项目进度，主动了解企业相关项目完
成情况，摸排企业知识产权需求，2023 年新增立项 3 个专利导航项目、1 个
高价值专利培育项目、2 家国家示范企业、12 家国家优势企业和 8 家省级优
势企业，专利密集型产品备案 78 件。推动行业协会发挥功能，调研古早味
行业协会、食品协会、紫菜协会等行业协会的知识产权维权援助需求。对知
识产权保护需求旺盛的企业专门提供小班制服务，主动为其提供维权援助意
见，量身定制保护方案。

二是创设"晋江知创学堂"。积极打造特色知识产权保护宣传培训平
台，举办知识产权保护研讨、专利侵权诉讼实务、海外知识产权维权等培
训。2023 年以来共举办小班式培训、专利侵权诉讼实务、惠企政策宣讲等
培训 29 场，累计培训企业人员达千余人次。邀请相关专家就知识产权维权
的重要性及应对措施，尤其是纠纷调解、仲裁与诉讼等方面内容进行了详细
的介绍和解读，让企业对知识产权尤其是海外知识产权保护建立了基本认
识，并对企业所遇到的知识产权纠纷提出建议，切实帮助参训企业解决在知
识产权纠纷维权过程中所遇到的实际困难和问题，切实增强社会公众尊重知
识产权、保护知识产权的意识，助力企业完善知识产权管理体系，识别规避
知识产权风险，进一步提升知识产权保护能力，提高其在国际市场中的综合
竞争力。

三是开展多元化宣传活动。推进宣传"三进"工作，通过进企业、进
市场、进展会，以新媒体推广、到企宣讲、举办主题活动等丰富形式加强知
识产权保护工作宣传；入驻鞋体博会、食交会等大型展会提供现场维权咨询
指导；走进晋江国际鞋纺城开展宣传活动，帮助完善知识产权保护制度。活
动均反响热烈。2023 年 2 月，知识产权快速维权中心开展"保护知产，你
我同行"主题活动，通过实地参观、专利审查重点讲解、知识产权保护宣
讲让全市企业快速了解中心服务内容。7 月，中心走进晋江国际鞋纺城开展
宣传活动，签订战略合作协议，帮助完善知识产权管理和保护体系，并开展
"企业知识产权管理与风险防范"线上培训会，真正走入企业之中切实帮助

企业学习知识产权相关知识，增强企业知识产权意识，从源头上降低纠纷发生概率。2024年3月举办晋江市首届专利技术转化推介会，链接高校、科研院所梳理专利近8000项，促进创新成果向企业转移，搭建专利技术与市场需求衔接桥梁。在"4.26"国家知识产权宣传周期间，联合市人民法院、人民检察院发布《晋江市知识产权保护白皮书（2023）》，并公布了2023年晋江市知识产权保护十大典型案例。

（五）打好"组合拳"，健全商标监管机制

商标是指能够将不同经营者生产、销售的商品或提供的服务区别开来的明显的视觉性标记。[①] 根据2019年新修正的《中华人民共和国商标法》第8条，"任何能够将自然人、法人或者其他组织的商品与他人的商品区别开的标志，包括文字、图形、字母、数字、三维标志、颜色组合和声音等，以及上述要素的组合，均可以作为商标申请注册"。商标作为区分商品与服务的重要标志、群众消费选择的重要影响因素，以及实现市场良性竞争的关键因素，是企业知识产权品牌的最直观体现，正逐步成为一个企业利用品牌效应实现良性发展的重要标志和保障。[②] 但由于社会整体商标意识较弱、消费人员仅对品牌这一浅层次概念有所关注，且企业本身具有逐利性，商标侵权所遭受的行政处罚数额远远低于其非法收益数额，商标侵权行为经常发生，对地区市场环境产生了重大不利影响。随着商事制度改革的推进，市场准入条件进一步放宽，宽松的经济环境和严格的执法要求之间的矛盾逐步凸显，这也对商标领域监管执法工作提出了新的要求。晋江市市场监督管理局针对商标领域监管执法开展了多方面的工作。

一是积极作为。打破原有的被动执法的局限性，增强执法主动性，进行全方位监管。监管不仅仅局限于注册商标，还对未注册商标进行监管，事前

---

① 《中华人民共和国商标法解读》编写组编著《中华人民共和国商标法解读》，中国法制出版社，2013，第15~17页。

② 牛晓芳：《县区级商标行政执法体制问题及对策研究——以郑州市C区为例》，硕士学位论文，河南财经政法大学，2022，第10页。

监管与事后监管相结合，严格控制市场准入。同时，针对不同主体建立起打击商标侵权行为的长效机制，进行全链条管理。监管对象不局限于市场中的商品销售者，同时对商标代理机构、商品及商标生产者进行产业全链条监管。有效强化"日常巡查"机制，结合企业年报等企业自身信息提高信息收集及利用效率。

二是建立高效协作机制。针对商标案件监管主体多样、互联网环境下证据获取困难等特点，各个执法部门间建立起便捷的沟通、协作机制，快速获取相关数据及信息。

三是打破"重处罚、轻教育"的惯例。在处罚之外对侵权者进行相关知识教育，增强其商标意识，从根源上减少商标侵权的发生。建立商标指导站，指导经营主体提升商标运用能力、强化商标维权保护，打通商标品牌服务"最后一公里"。

四是统筹建设区域品牌。在晋江市民营经济蓬勃发展的大背景下，制定商标、专利、原产地地理标志的发展规划，推出保护知识产权、促进知识产权实施运用的政策措施。组织开展商标、专利、原产地地理标志等专用权保护工作。联合深沪小吃同业公会制定"深沪特色地标小吃宴"的规范标准，制定"磁灶陶瓷"地理标志保护工程项目实施方案，为后续商标保护工作提供依据。

三　晋江市知识产权领域监管与执法的经验总结

（一）提高效率，发挥知识产权保护"快处理"优势

一是搭建起专利预审服务"快车道"。晋江市市场监督管理局以知识产权快速维权中心为主要阵地，积极建立起系统完备、科学规范、运行高效的工作体系。制定了专利预审服务工作规范、质量管理、窗口服务规范及投诉处理等六项工作制度，严格落实内部互检、质检、裁决预审质量检查程序，规范预审流程。同时广泛开展预审服务主体备案工作，完成服务指南编印，打造外观设计专利预审"小班式"培训模式，"一对一"帮助企业理解专利

审查重点，完善申请文件，加强细节把控，进一步提高专利质量和授权率，加快企业核心产品专利保护获得速度，为创新主体保护知识产权成果提供强大支撑。至2024年6月已完成企业备案647家，接收外观设计专利预审案件5105件，授权专利4421件。外观设计专利授权期限从3~6个月提速至10个工作日，实现最快2天授权。

二是推进知识产权保护快速处理。2022年6月，晋江市入选全国第一批知识产权纠纷快速处理试点地区。晋江市市场监督管理局以"调解先行、调裁结合"为指导，简化办理流程，推动建立快调快裁机制。2023年以来，我局查处商标侵权案件423件、专利假冒案件56件、办理专利侵权纠纷案件96件，实现整体办案周期压缩至法定办案时限的50%。我市1起侵犯注册商标专用权案件入选福建省2023年度第二批知识产权行政执法指导案例，1起发明专利侵权纠纷案件入选福建省2023年度专利行政保护典型案例。同时不断完善"机关科室、市场监督所+快速维权中心"联合办案的"2+1"执法模式，发挥桥梁作用，快速接收维权需求，出具侵权判定意见，参与执法调查及案件口头审理，发挥中心对知识产权行政执法及纠纷调解的支持与辅助功能，并组建调解小组，将调解贯穿到整个办案过程中，节省维权时间，助推案件快速高效办结。

（二）促进协作，构建知识产权保护"多驱动"机制

创新构建高效的纠纷解决机制。晋江市知识产权快速维权中心与晋江市人民法院共同出台了《知识产权纠纷诉调对接工作实施办法》，并成立晋江市知识产权快速维权中心诉调对接工作室，聘任多名专家调解员，涵盖政协委员、行业专家、高层次人才等多领域人才，充分发挥非诉讼纠纷解决方式灵活、高效、成本低等优势，推动构建调解在先、诉讼断后、有机衔接、协调联动、快捷便民的知识产权纠纷解决工作机制。由快速维权中心统一受理知识产权民事案件，实现知识产权诉讼与非诉讼纠纷解决机制无缝对接，依法高效处理知识产权纠纷，最大限度地化解知识产权纠纷。

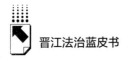

（三）提高能力，强化知识产权保护"纽带式"支撑

一是打造知识产权保护"一站式"平台。围绕晋江市产业特点，以下属知识产权快速维权中心为支点，汇聚多方知识产权保护资源，在中心设立诉前调解窗口、诉调对接工作室、调解室、案件口审庭等机构。广泛开展维权援助咨询指导，培养中心专利预审员成为技术调查专家，充分融合专利审查知识与执法办案能力，以中立第三方的角度对涉案情况进行分析判断。打造集知识产权纠纷受理、咨询、调解、行业裁决多种功能于一体的"一站式"知识产权保护平台。

二是发挥知识产权保护工作的引领作用。通过行政执法、维权援助、宣传培训等综合性工作为企业创新筑起"护城河"，为企业提高竞争力提供有力保障。同时提供专利预审、专利培育、专利导航等多元化创新服务，助力创新成果转化，推进科技创新事业，进一步激发创新主体的知识产权保护需求，推动形成良好的知识产权保护风气。

（四）强化氛围，探索知识产权"广宣传"模式

我国传统文化形成的基础是自给自足的农耕文明，能够孕育产生鼓励创新的工业文明相对缺少。而在我国传统文化的价值体系之中，对创造性智力成果的保护意识极为匮乏，对其价值的认同几乎缺位。这也导致了当代知识产权监管和保护制度缺乏施行的社会思想基础，也相对缺少认可知识产权监管和保护的价值共识。[1] 因此，在推动知识产权监管和保护工作进一步深化的过程中，必须通过诸多途径增强社会知识产权意识，在明确政府主导地位的基础上，激发市场主体、社会组织及个人参与治理的积极性和主动性。

一是积极打造特色知识产权保护宣传培训平台。举办知识产权保护研

---

① 刘华：《利益共同体意识下知识产权文化治理结构的统合与优化》，《华中师范大学学报》（人文社会科学版）2021年第6期。

讨、专利侵权诉讼实务、海外知识产权维权培训等多领域宣传培训活动，切实增强社会公众尊重知识产权、保护知识产权、抵制侵权假冒行为的意识，助力企业完善知识产权管理体系，识别规避知识产权风险，进一步提升知识产权保护能力，从根源上减少知识产权纠纷的发生。

二是开展多元化宣传活动。以"服务企业、服务创新"为宗旨，通过新媒体推广、到企宣讲、举办主题活动等多种形式加强知识产权保护工作的宣传引导，培育知识产权法治文化。聚焦知识产权监管现状、典型案例发布，通过知识产权普法宣传进企业、进市场、进展会等活动多领域、多方面增强社会公众知识产权意识。

四　晋江市知识产权领域监管与执法现存问题

（一）海外纠纷应对指导能力相对欠缺

随着计算机互联网技术的不断发展，电商打破地理区域限制，跨境贸易的参与者从大型企业扩展到更多的中小企业甚至个人。尤其是随着"走出去"战略的进一步推进，更多国内企业纷纷加入海外市场，投身于国际贸易竞争之中。晋江市作为我国民营经济最为活跃的地区之一，涌现出众多积极开拓海外市场的各类企业。但同时，这些企业在海外市场中也面临更为严峻的考验。遭受海外知识产权侵权、恶意诉讼甚至国家层面的调查、制裁等情况时有发生。[1]　一方面，知识产权作为针对创造性智力成果所创设的权利，其制度与政策具有地域性、专业性较强的特点。因此，市场行为中的信息不对称现象极为突出。企业尤其是中小企业在跨境贸易过程中缺乏信息获取能力，打破了市场交易双方原有的地位平衡性。另一方面，西方国家知识产权制度及维权体系经过长期发展已相对成熟，而我国知识产权制度根基仍不牢固。我国数量众多的中小企业受限于其发展阶段及信息获取能力和应对

---

① 钱子瑜：《论知识产权海外维权援助体系的构建》，《知识产权》2021年第6期。

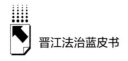

风险能力的不足，遭受知识产权侵权时往往会在维权与否之间进退两难，甚至会采取逆向选择。中小企业往往难以承担积极维权的诉讼风险，消极处理又会损害其自身权益、影响海外市场、增加机会成本。因此，在企业进一步深入走向国际化的过程中，知识产权的海外获权、维权、用权已经成为不可忽视的重大问题。[①]

晋江市市场监督管理局设立知识产权快速维权中心以促进知识产权纠纷的快速解决。但在海外知识产权纠纷援助及解决方面，应对指导能力仍较为欠缺。首先，受限于区域的相对隔离性，海外纠纷解决、监管维权方面的资源仍较为有限。其次，缺少专门针对海外知识产权纠纷解决及监管维权的有效措施。再次，现阶段仍然没有脱离我国知识产权监管维权行政执法方式的固有框架，但知识产权具有地域性的特点，国内行政措施难以对海外知识产权纠纷解决产生实质性影响。最后，在海外知识产权监管维权机制的建设过程中，各部门相对独立，缺少相应联动机制，最终形成"信息孤岛"。但知识产权具有无形性的特点，对知识产权的监管往往不局限于某一固定地点，需要多地域多领域配合。[②] 除此之外，行业协会作为政府和市场之间的桥梁，可以及时反映问题所在，但现阶段中心和行业协会之间的联动机制仍比较初级，信息交换、资源共享渠道仍不够畅通。

（二）知识产权行政执法力量不足

近年来，随着相关知识产权宣传工作的大力开展，以及新的国内、国际市场竞争模式及经济发展模式的深入发展，各级企业的知识产权意识不断增强，知识产权相关预审及执法工作量显著增加，而单向度配备执法力量的方式使知识产权执法工作最终集聚到基层，基层执法人员深陷知识产权执法任务繁重与人力资源匮乏的冲突中。这一冲突可能会增加执法不规范等问题发

---

① 申长雨：《全面加强我国知识产权保护工作》，《知识产权》2020 年第 12 期。
② 张红辉、周一行：《"走出去"背景下企业知识产权海外维权援助问题研究》，《知识产权》2013 年第 1 期。

生的风险，① 直接影响预审及监管执法工作的效率。知识产权案件查处专业性强、社会关注度高，因此对行政执法队伍的能力要求也更高。目前，知识产权行政执法队伍仍存在规模不够、专业能力不足、人员培养周期长等问题，尤其是专利行政执法人员普遍配备不足。知识产权监管执法的专业性较强，对专利商标等的侵权、假冒判定需要较高的专业知识储备，作为与执法相对人直接接触的一线群体，知识产权行政执法力量不仅关系到执法效果与效率，更会对本地区知识产权执法形象产生直接影响。

五 晋江市知识产权领域监管与执法工作展望

（一）积极主动作为

积极发挥国家级知识产权快速维权中心的作用，提供更优质的公益性专项预审和维权援助、纠纷调解、专利导航等服务，推进纠纷调解组织全覆盖，近距离、快速保护全市创新主体权益。继续深化全链条商标监管执法工作，对相关市场、商标代理机构、商标印刷产业进行重点监管。

（二）聚焦重点开展工作

以申报"国家知识产权服务业高质量集聚发展示范区""国家地理标志产品保护示范区""国家级知识产权保护规范化市场"为抓手，围绕区域优势产业发展需求多点发力，打造全方位知识产权保护体系。

（三）加强创新，寻求突破

提高海外知识产权纠纷应对指导能力及监管能力，努力整合援助资源，积极建设知识产权海外维权援助及监管体系。倡导、鼓励社会主体以及企业积极参与，多方获取信息，打造相应的协作机制，降低信息流通整合成本，

---

① 李军：《基层知识产权行政执法问题研究——以 H 区市监局为例》，硕士学位论文，上海海洋大学，2021，第31~32页。

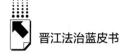
提高维权及监管效率。此外，提高对行业协会的重视程度。市场主导下的知识产权海外维权援助具有天然的局限性，其所提供的维权援助具有偶然性以及程序上的不确定性。① 但行业协会可以成为政府和市场之间的桥梁，及时反映行业内部的发展问题及需要，提高行政执法、监管、援助的即时性，同时防止行政过度干预市场发展。推进快速授权提质增量，拓展维权广度和深度，不断强化知识产权工作开拓创新，及时提炼工作经验、特色亮点，形成一批可复制推广的工作典型案例，进一步扩大知识产权监管、维权等方面工作的影响力和覆盖面。

---

① 潘灿君：《驱动创新发展战略背景下的我国知识产权维权援助机制研究》，《行政与法》2017 年第 12 期。

基层治理篇 ▷

B.13

晋江"六守六无"平安建设的
探索与实践

中共晋江市委政法委课题组*

摘　要：　党的十九大以来，晋江市委政法委积极对标对表中央政法委，加快推进市域社会治理现代化试点要求，不断深化"平安晋江"建设工作，把弘扬发展"晋江经验"和新时代"枫桥经验"相结合，创新推出"六守六无"平安系列创建工作，即守诚无失信、守法无案件、守规无事故、守约无陋俗、守德无纷争、守廉无贪腐，将平安理念覆盖到单位、镇（街道）、村社、校园、家庭、企业和社会组织。与此同时，外部环境更趋严峻复杂，晋江经济社会面临新的转型，各类风险不断累积叠加，基层基础仍存在薄弱环节，这些都使平安建设工作面临较大挑战。今后，晋江市将进一步加强党委政府的统筹领导，加快推进社会治理体系和治理能力现代化，健全完善平安建设机制，夯实平安建设基础，建设更高水平的平安晋江。

---

* 课题组负责人：施文协，中共晋江市委政法委副书记。报告执笔人：陈江彬，中共晋江市委政法委综治督导科科长。

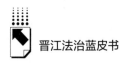
关键词： "六守六无" 平安晋江 社会治理

平安建设是指采取法律、经济、行政等手段使一定区域范围内的社会治安状况得到有效改善，人民群众安居乐业的工作过程，是近年来党中央提出的由各级党委政府组织全民参与维护社会稳定的一项群众性创建活动。如何综合运用系统治理、综合治理、依法治理、源头治理、专项治理等科学方法和有效手段，有效防范重点领域社会风险，提高平安建设工作水平，增强人民群众获得感、幸福感、安全感，是摆在各级党委政府面前的重大课题。

一 平安晋江建设的工作与成绩

2020 年 11 月，习近平总书记对平安中国建设作出重要指示，强调建设更高水平的平安中国意义重大，要坚持共建共治共享方向，聚焦影响国家安全、社会安定、人民安宁的突出问题，深入推进市域社会治理现代化，深化平安创建活动，加强基层组织、基本能力建设，全面提升平安中国建设科学化、社会化、法治化、智能化水平，不断增强人民群众获得感、幸福感、安全感。近年来，晋江市委牢记总书记教诲，坚持"晋江经验"引领，紧扣中央和省里关于加强基层治理体系和治理能力现代化建设文件的精神，统筹发展和安全，坚持总体国家安全观，健全完善立体化、信息化社会治安防控体系，常态化推进扫黑除恶斗争，完善矛盾纠纷多元化解机制，全面加强普法宣传教育，为全市经济社会发展提供安全的政治环境、稳定的社会环境、公正的法治环境和优质的服务环境。

（一）党委领导全过程

一是责任压实到位。在市级层面组建平安建设领导机构，市委书记担任平安建设领导小组组长，市委常委会定期听取平安建设工作汇报，层层签订平安建设责任状，推进市、镇、村、企、户五级平安建设主体责任层层落实。二是机制保障到位。制定《晋江市健全落实社会治安综合治理领导责任制实施细则》等四份文件，建立奖优惩劣、导向鲜明的平安建设考评机制。三是整治推进到位。市委常委会每季度召开社会稳定分析会，扎实推进治安突出问题整治、信访积案攻坚等专项行动，社会治安持续向好，实现重大活动、敏感时期"零非访"，未发生突破"五个防止"工作底线的案（事）件。

（二）共建共享全覆盖

一是构建共融共享模式。对来晋人员坚持"同城同待遇、保障全覆盖"理念，实行"无房也可落户"零门槛落户政策，兑现居住证 30 项市民化待遇，实施流动人口市民化积分优待管理办法，践诺"两个 1000"（即每年安排 1000 个安置房购买或自行购房补助资格及 1000 个公办学校起始学位作为积分优待措施），吸引 14.1 万新晋江人参与积分优待排名。二是搭建全民参与平台。2020 年 4 月，市人大常委会审议通过每年 6 月 6 日为"平安晋江共建日"，建成晋江市"六·六"基层平安创建展馆，7 万多名平安志愿者常态化开展系列主题活动，形成全民共创氛围。三是铺开社会治安综合保险。在全省率先将市场保障机制引入社会综治领域，每年由市财政为全市新、老晋江人全额统筹支付保费 1175 万余元，群众因被盗、抢、骗及自然灾害和公共突发事件受损均能申请理赔。2015 年以来累计受理案件 16187起，理赔结案 16178 起，为群众补助损失达 3409.06 万元。

（三）平安根基更坚实

一是建立穿透式网格体系。在全省首创"一级网格党群服务中心、二级网格党群服务站、三级网格党群服务点"实体阵地，推动全市划定一级网格 427 个、二级网格 2121 个、三级网格 3698 个。建立乡镇科级领导干部担任一级网格第一书记、第一网格长，包村干部担任第一副网格长，村主干担任一级网格长，村"两委"成员担任二级网格长，村务专职工作者任专职网格员的网格队伍，重点推行二级网格队伍"4+N"模式（即一名机关

干部任网格指导员、一名村"两委"成员任网格长、一名专职网格员、一名专属巡逻队员+N名相对固定的兼职网格员），全覆盖建立实体阵地。增编扩招专职网格员1134名，总数超2800名，聘任兼职网格员近万名，赋予其政务服务代办、流动人员报备、流动党员报到、矛盾纠纷调解、日常办公议事等实质功能，把阵地建到网格中、服务送到家门口，真正实现人在网中走、事在格中办。

二是完善实体化联调体系。践行新时代"枫桥经验"，创新推出"网格+"矛盾纠纷多元化解机制，依托"晋江智慧网格"平台建立矛盾纠纷模块，严格落实"半小时签收、24小时联系、48小时见面、15个工作日内化解"时限要求，实现各类事件全流程可视化闭环管理；大力推进三级矛盾纠纷多元化解中心实体化建设，成立行业性专业性人民调解委员会44个、组建900多人的调解员队伍。

三是夯实立体化防控体系。成立社会治理现代化指挥中心，升级扩容智能管控平台，汇聚共享全市7万余个高清视频资源和公安全警种全要素数据资源，搭建指挥体系、交通安保、治安态势、要素管控等通用场景，建立直通现场的跨层级可视化扁平化指挥体系，打造数据驱动、跨界融合、共创共治的社会治理大数据中心。

四是建设规范化综治中心。在村（社区）综治中心全覆盖的基础上，聚焦资源整合、功能融合、力量协同，因地制宜、试点先行推动村级综治中心与"党建+"邻里中心、网格服务管理中心、警务室等融合建设、协同运作，市、镇两级综治中心全面提档升级，整合社会治理资源，实现群众"进一扇门、解万般事"。

（四）综合治理更创新

一是先行社会化共治。深化"平安+法治+慈善"理念，依托市"平安行公益慈善基金会"创新推出"调解+慈善"项目，进一步拓宽矛盾纠纷调解救助渠道，先后启动的"执行+慈善""未检+慈善""警务+慈善""调解+慈善""政法人才+慈善"等项目，共发放239万元救助109起案件困难群众。

二是先试智能化治理。打造社会治理现代化指挥中心，研发"平安指数"社会稳定监测预警平台，高质量完成泉州市"E 通政法"晋江试点工作，被泉州推荐唯一纳入全省政法跨部门大数据办案平台试点地区。

三是提供精准化服务。建成全省首个"部门联动、力量融合、功能聚合、服务周全"的"晋榴之家"民族团结进步服务中心，深化开展外来少数民族服务管理、矛盾纠纷调解、民族团结进步创建工作等，共解决来访少数民族群众困难、化解矛盾纠纷 16 件次，获上级领导高度肯定。

四是特色法治化营商。聚力打造法治强市标杆，筹划建立市委依法治市专家库，开展"晋江经验的法治意涵：习近平法治思想的萌芽与实践"课题研究，抓好晋江市法治建设"一规划两方案"实施；在全省率先推行"网格化+司法送达""网格化+人民调解"机制；启动"校园学生法治委员"试点，持续深化学生法治委员工作，创新开展"法治护航"研学活动10 期；首创福建（晋江）非公企业法治教育基地，探索"企业法治委员"机制，建设利郎法治服务中心，护航民营企业健康发展；"一村一法律顾问"在全市 399 个村（社区）实现全覆盖，打通公共法律服务群众"最后一百米"。

二 "六守六无"平安建设的特色与亮点

为进一步打造责任共担、载体共建、风险共治、成果共享的"平安共同体"，改变以往政法机关单打独斗导致的防控措施不够健全、社会协同不够密切、群众参与不够热情的局面，将弘扬发展"晋江经验"和新时代"枫桥经验"相结合，坚持目标导向和问题导向，晋江市委政法委从 2016年开始创新并推动"六守六无"（守诚无失信、守法无案件、守规无事故、守约无陋俗、守德无纷争、守廉无贪腐）平安建设工作［覆盖单位、镇（街道）、村社、校园、家庭、企业和社会组织］，积极打造人人有责、人人尽责、人人共享的社会治理平安共同体，并取得较好成效。晋江市平安建设考评连续 13 年稳居泉州优秀县（市、区）行列，获评第二批"全国法治政

府建设示范市"，荣获"2017～2020 年度福建省平安建设示范县（市、区）"称号。

（一）"六守六无"平安系列主要构成

晋江市"六守六无"平安系列主要分为平安单位、平安村（社区）、平安企业（社会组织）和平安小区四大模块。

平安单位，适用于市直党政机关、人大、政协机关、监察机关、审判机关、检察机关、人民团体、国有企事业单位及驻晋直属单位，按承担平安建设（综治工作）任务轻重程度，结合本年度政法综治维稳工作重点，将参评单位分为两大类，其中承接省、泉州市、晋江市平安建设（综治工作）考评相关项目的单位定为一类单位，其他单位为二类单位，分别进行考评。考评内容包括健全平安单位创建机制、打造"六守六无"平安品质、完善社会治理联动协作三部分，实行"一年一评"及"等级评价"制度，依据其考评得分评为"五星""四星""三星"等级，如 2022 年度评定 90 个单位为"晋江市平安单位"。

平安村（社区），适用于全市所有行政村（社区），按照"属地原则"进行评分，包括健全完善创建机制、提升宣传成效和群众参与度、打造"六守六无"平安品质三部分。参评村（社区）按照户籍人口数分为三个序列，5000 人及以上为第一序列，3000 人及以上 5000 人以下为第二序列，3000 人以下为第三序列，考评最终得分在 80 分及以上的，评定为平安村（社区），三个序列根据考评得分由高到低分别取前 20 名、50 名、110 名进行星级平安村（社区）评定，2022 年度共评选 180 个村（社区）为"晋江市星级平安村（社区）"。

平安企业（社会组织），适用于全市所有非公经济组织和社会组织，从健全完善创建机制、打造"六守六无"平安品质、提升宣传成效和员工参与度等方面进行考评管理。实行"一年一评""等级评价""周期复核"制度，参评企业（社会组织）自愿申报后，经考评符合创建标准的，授予"平安企业（社会组织）"称号，同时依据其考评得分评为"五星""四星""三星"等级。2022 年度共评定 165 家企业（社会组织）为"五星级平安企业（社会组织）"。

平安小区，适用于全市设有物业企业的小区，按照"属地原则"进行评分，围绕"三好六无"核心内容，从正面引导小区建设实现"三个好"——治安防控好、物业管理好、小区环境好，以反向约束实现"六个无"——无疫、无诈、无毒、无案件、无信访、无违建，按照"镇（街道）推荐、协同考评、公示反馈、复核通报"的程序进行。经考评符合创建标准的，授予"平安小区"称号。如 2022 年度评定 20 个单位为"晋江市平安小区"。

（二）"六守六无"平安建设五大特点

一是在创建主体上，由单位（集体）创平安向全民创平安转变。不仅考评单位（集体），更将每名干部、村（居）民、企业员工在"诚、法、规、约、德、廉"六个方面的日常表现与其所在单位、村（社区）、企业的考评成绩及物质奖励直接挂钩，形成平安命运共同体，从单位（集体）创平安到更凸显全民创平安。

二是在创建内容上，由正向引导向反向约束转变。以问题导向为主，采取"负面清单"形式，将每年社会治理工作的重点难点和突出问题转化为单位 58 条、村（社区）75 条负面清单，涵盖从组织生活到家庭生活、从法律规范到道德准则等多方面内容，只要不触碰负面清单就不扣分。通过突出"以结果论英雄"的做法，倒逼每个创建单位（集体）"看好自家门、管好自家人"。

三是在考评方式上，由线下考评向线上考评转变。开发专门的网上考评系统，申评单位通过系统进行网上申报，承担考评项目的 32 个市直部门在系统中评分，考评情况网上公示，接受核对监督，流程更加公开透明。通过"网络自主申报+线上综合评分"的方式破除了考评办法的形式主义问题，切实减轻了基层工作负担。

四是在激励措施上，由精神鼓励向多重奖励转变。在原来的单纯精神鼓励基础上，增加物质奖励、政治优待：获评平安村（社区）的，其村民根据不同星级可获得不同系数的城乡居民医保、基本养老保险、大病统筹报销、评先评优等九大奖励；获评平安企业（社会组织）的，其成员可享受流动人口市民化积分优待加分等。反之，个人有非访、违纪违法、失信等问题，将不得享受相应奖励。

五是在结果运用上，由走走过场向深度应用转变。强化考评结果运用，转变以往"走过场"的方式，注重提升大数据辅助社会治理决策的实效。针对每年的考评情况，进行大数据的综合分析，及时掌握四情（社情、警情、案情、舆情），发现问题（突出问题、区域问题、行业部门监管漏洞等），为市委、市政府决策提供参考，为部门工作提供方向，切实发挥考评结果的"风向标"作用。

（三）"六守六无"平安建设初步成效

"六守六无"让平安建设工作看得见摸得着，让干部群众关注身边的事、协同解决身边的问题，实现了群众真正期待的平安，满足了人民日益增长的美好生活需要。

一是促进社会诚信良性发展。比如，2017年全市村（居）民冒领或重复领取社会保险待遇未按规定退回的有572例，2018年降至230例，2019年降至43例，群众不仅意识到了自己的错误，也提醒了身边人，个体的诚信推动了社会诚信的发展。

二是推动移风易俗蔚然成风。以前的晋江农村婚丧仪式存在奢办和铺张浪费的情况，实行新的村规民约后，刚开始许多村民不理解、不支持，有的甚至打起游击战，心存侥幸，仍大操大办，移风易俗工作一时难以开展。如今，村"两委"带头做表率，"守约无陋俗"潜移默化地成了村民们的生活习惯，近2年超期办丧零发生，文明乡风建设不断深化。

三是促进知法守法外化于行。2021年度考评中，晋江市某单位因发生领导干部违纪违法从五星降到四星，2022年度某村因为发生现行命案取消参评资格，这种集体因个人行为被降级和取消参评资格的情况，会影响到集体里每名干部职工、村（居）民的物质奖励。发案量上升的村（社区）开始通过注重平安宣传、加强巡逻防控等措施降低发案量，动员村（居）民积极参与平安建设，2023年上半年群众安全感达99.138%，"守法无案件"深入人心，外化于行，默化于常。

四是推进乡村善治同向发力。在"六守六无"平安建设过程中，部分村结合实际情况成立道德评判团、乡贤理事会等群众参与基层社会治理的新平台，形成"五策工作法""137党建模式"等基层民主管理典型经验，走出了自治、法治、德治结合的乡村善治路子，逐步形成"大事一起干、好坏大家判、事事有人管"的良好社会治理格局。

三 平安晋江建设存在的短板和问题

（一）基础工作仍有短板

虽然新发刑事案件数量持续下降，但刑事案件总量仍在高位徘徊；群众反映较多的电信网络诈骗问题仍然高发，矛盾纠纷排查化解和社会心理服务体系建设推动还不够有力；2022年以来，命案仍时有发生，流动人员违法犯罪问题亟待整治；网格化服务管理还难以穿透落实，网格化平台便捷性不高，部分村（社区）网格员履职不到位，绩效激励机制不健全；信访维稳压力仍然较大，涉众型利益受损群体的一些深层次矛盾问题凸显。

（二）数据壁垒仍然存在

各部门数据不精准、不鲜活、不丰富、不互通、不共享的问题仍然比较突出，大数据辅助社会治理决策的实效还比较欠缺。部门间信息平台信息壁垒仍未有效打破，"信息孤岛"问题还比较突出，政法委、公检法司等政法单位信息平台还未实现互通，数据资源整合共享程度难以适应新形势下执法司法工作需求。智能化监测预警的机制还未形成，各部门对日常工作中掌握的各类动态信息缺乏深入分析研究，运用大数据理念联动推动社会治理端主动预警、事前预防、个性化服务的实践偏少。

（三）基层力量仍较欠缺

从省、市、县到镇，政法综治人员编制呈倒金字塔结构，基层政法单位人少事多的矛盾突出，疲于应付繁重的日常业务和信访维稳任务，无暇思考、顾及社会治理现代化工作，综治中心等基层治理实体难以实际运作。政法队伍整体专业素质不高，个别基层政法人员受年龄、学历等自身条件限制，知识结构陈旧，工作能力不强，也不愿把时间花在学习研究上，在纪律作风、专业能力、公正执法等方面还存在不少短板，与新时代平安建设工作的要求不相适应。

四 平安晋江建设工作的思路和方向

传承弘扬"晋江经验"，推进基层社会治理现代化，要立足晋江基层社会治理现代化的成功经验，进一步完善和推广"六守六无"平安建设典型做法，持续推进基层社会治理现代化创新。

（一）健全完善平安建设机制，防范基层社会风险

第一，健全完善基层治理机制。一是任务落实和问题反馈双向互补机制。一级网格负责传达、部署、统筹、协调上级任务，以及研究群众急难事项；二级网格负责工作任务的具体组织与实施，收集和处置网格存在问题；三级网格负责执行工作指令，及时反馈执行结果和存在问题等信息。二是行政体制与网格治理双轨分工机制。村（社区）"两委"在行政体系中负责所辖领域业务上传下达和指导等，在网格分工中负责实施全部事务。三是主体共治和村民自管双群治理机制。组建负有基层治理主体责任的区域专员"共治"微信群，负责组织实施各项工作任务；组建以楼栋长、户代表等基层自治群体为主的"自管"微信群，打通基层工作"最后一米"。

第二，健全完善矛盾纠纷化解机制。一是矛盾分类，实现从"一把抓"向"层级化"转变。将矛盾纠纷从属地中"解禁"，细分高、中、低、微四

个风险类别。将历史遗留纠纷、群体较大纠纷、牵扯面广纠纷等政策性强、法理关系复杂、利益纠葛较深的矛盾纠纷归为高风险矛盾，将各街道偶发性纠纷、应急性纠纷等事实清楚、法理关系较简单的矛盾纠纷归为中风险矛盾，将各村（社区）邻里纠纷、婚姻家庭纠纷等需要一定调解能力的矛盾纠纷归为低风险矛盾，将各网格内家长里短、吵架拌嘴等能"短平快"解决的矛盾纠纷归为微风险矛盾，实行矛盾纠纷分类分级化解。二是化解分级，实现从"散打式"向"精准化"转变。针对四类矛盾纠纷，推进区、街道、社区、网格四级对应化解机制，确保发挥所长、精准施策、高效化解。建立市、镇、村三级矛盾纠纷多元化解中心，牵头负责高风险矛盾化解；打造"市域社会治理示范点"，成立"启承"调解队，负责化解各街道中风险矛盾；完善社区联调体系，负责化解辖区低风险矛盾；健全网格调解机制，负责化解网格中微风险矛盾。三是调解分工，实现从"一人干"向"围着转"转变。选取一名主调人，直面涉事各方当事人，发现问题困难，掌控调解进度，高效推进调解，改变事无巨细一部门负责到底的局面。以"街呼市应"为抓手，市级各行业部门、政法单位、乡镇（街道）法律顾问全程跟进参谋调解，为调解提供政策和法律保障，突破调解瓶颈期梗阻点，确保在法治轨道上推动困难问题及时解决。

第三，创新社会参与机制。一是加快推进从"三社联动"向"五社联动"的转型：推进社区与社会组织、社会工作者、社区志愿者、社会慈善资源的"五社联动"，充分运用好晋江社会慈善资源，推广"平安+法治+慈善"先进做法，推动基层社会治理现代化。二是创新个人参与社会治理的途径，把需求的"哨子"交给群众，把解决的"担子"分给大家：推广晋江马坪村的"宗亲+调解"经验，运用好中国传统文化解决矛盾纠纷；传承弘扬"晋江经验"，健全跨部门、跨地区、跨行业的守信联合激励和失信联合惩戒的联动机制，增加守信红利、提高失信代价；推广晋江"六守六无"平安建设做法，从单位（集体）创平安转变为全民创平安；推广晋江西埔村基层协商民主治理机制和黎山村积分管理经验，在基层公共事务和公益事业中实行群众自治。

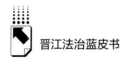

（二）注重科技引领，提升平安建设效能

一是加强规划设计。聚焦科技赋能法治，借鉴和推广晋江运用城市大脑推进基层治理经验，统筹推进数字乡村和智慧城市建设。推进智慧城市、智慧社区基础设施系统平台建设和应用终端建设。强化数字乡村和智慧城市一体设计、同步实施、协同并进和融合创新。健全基层智慧治理标准体系，出台智能社会治理的系列标准、规范和政策。依法加强敏感数据监管。

二是整合数据资源。实施数字赋能和科技保障策略，借鉴晋江"互联网+基层治理"经验，让"数据多跑路，群众少跑腿"。不断提升基层政府智慧治理能力，完善乡镇（街道）与部门政务信息系统数据资源共享交换机制。推进村（社区）数据资源建设，实行村（社区）数据综合采集，实现一次采集、多方利用。

三是拓展应用场景。推动政务服务平台向公共服务平台延伸，开发智慧社区、智慧教育、智慧养老和智慧医疗等信息系统和应用平台，如将老人家庭水表数据和紧急按钮接入公共服务平台，提升养老便民服务能力。服务好"数字原住民""数字居民"，让"数字公民"在数字社会中安居乐业。

（三）贯通执法司法，打造"晋江智慧政法"

一是打造高质量数智公安体系。启动"大数据战略三年行动计划"，整合全市公安数据资源，建立市局综合指挥中心，打造数据赋能"一中心"、智能感知"一张网"、全域治理"一张图"；以一体化合成作战平台为支撑，健全完善"情指行"一体化运行机制；以"大中枢""大侦查""大法治""大监督"为目标，渐进式推进警务改革；深化刑侦专业化一体化作战机制，推行刑事案件"集中办、专业办、快速办"；推进执法规范化建设，建立执法办案管理中心，实现"即送即受即立即诉"；深化基层"两队一室"警务改革，推进"智慧交通"建设，探索"综治+"警务站建设，构建"大巡防"机制，实现警网融合共治，培育"厝边警察"新名片，进一步提升群众的安全感、获得感、满意度。

二是试点推进数字检察工作。探索科技强检新领域，以"整体规划、试点带动、分步实施"为原则，选取困境未成年人预警平台模式作为试点，积极构建"未检慈善基金+司法救助+医疗救助+心理帮扶"等综合多元救助模式。依靠数字化专项监督的方式方法，不断拓展"应用场景+重点监督"的广度，破解虚假诉讼识别难、移送难、处罚难的问题。

三是强化智慧法院建设。重视现代化信息技术利用，在现有硬件设施建设基础上加大软件建设力度，将信息化应用从审判执行向审判管理、行政管理等领域渗透。深化在线立案、在线调解、在线保全、在线鉴定、在线送达等服务，提升"一网通办"能力。加强在线诉讼规则创新，推动完善互联网司法模式，拓展人民法院调解、在线服务、律师服务、12368热线等平台应用，实现在线诉讼"降成本不降办案质量、提效率不减群众权益"。

四是优化法治渠道供给。聚焦"亲商""护商"，持续推进各部门依法行政机制建设，推行服务保障民营企业健康发展相关措施，加强涉民营企业政府决策事项"四重审查""掌上法律顾问"等线上平台运用，推动建立晋江市法治体验展馆，全面展示优化法治营商环境建设成果。

（四）激活网格末梢，提升平安服务品质

一是健全"新晋江人"政策保障体系。加快构建就业、就学、医疗、住房等一揽子社会保障体系，推动基本公共服务"同城同待遇，保障全覆盖"。实施新晋江人"来晋、留晋、融晋、爱晋"项目创建，推行村（社区）、异地商会等"融晋之家"阵地建设，强化政务服务App应用拓展，有效增强新晋江人融入感和黏着度。

二是完善基层网格服务保障体系。与高校合作建立网格学院，邀请学者、五星网格员等专业人士对网格员定期开展轮训研讨交流，提升网格员素养；建立入网事项准入清单，推行"网格便民服务卡"，引导网格员正确履职；完善网格员考核奖惩机制，打通职务晋升渠道，推动优秀网格员进入村（社区）"两委"，有效提升网格服务主动性和精准性。

三是建立社会心理服务保障体系。整合全市心理健康服务资源，充实优

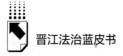

化专业人才库，成立晋江市心理健康协会；依托三级综治中心建立社会心理服务保障体系，深化心理健康宣传"进机关、进企业、进学校、进社区、进农村、进公共场所"等"六进"工作，有效提升全市社会心理服务"软实力"。

B.14
新型城镇化背景下的晋江大型社区治理模式探索

晋江市民政局课题组*

摘　要： 随着晋江经济社会不断发展、产业不断聚集、新型城镇化进程不断推进，出现了居住人口超万人的大型社区。晋江市委、市政府结合大型社区实际，积极创新大型社区治理方式，并探索出党建引领社区治理工作、完善社区治理工作保障机制、推动社区工作社会化专业化、加强社区工作者队伍建设、改善社区人居环境等路径，涌现出一批具有晋江特色的大型社区管理做法。但相比传统社区，晋江大型社区治理工作还面临繁重的任务与有限的力量、刚性运维开支与有限经费、多样的居民需求与有限的服务、庞杂的社区矛盾与有限的化解手段之间的矛盾。要解决这些问题，还需要从党组织建设、社区减负、增加创收、队伍建设、便民服务、宣传教育等多方面不断完善社区治理体制机制，提升大型社区治理水平。

关键词： 大型社区　基层治理　新型城镇化

一　晋江市提升大型社区治理水平的背景

晋江市大型社区是指居住人口超过万人的城乡社区。晋江撤县建市以来，市委、市政府统筹城乡发展，适时推进中心城区和小城镇镇区村改居和

---

* 课题组负责人：周先进，晋江市民政局局长。报告执笔人：庄铭德，晋江市民政局党组成员，三级主任科员；杨若琦，晋江市民政局基层政权建设和社区治理科负责人。

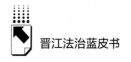

新社区设置工作。截至 2022 年 12 月，全市大型社区已有 24 个，虽然数量有限，仅占晋江城乡社区数量的 6%，但社区居民数量占晋江常住人口的 42.3%，且处于政治、产业、商贸、文旅的核心区中心区，比起传统社区，大型社区区位优势和人口优势更加明显。同时，人口结构多元，人力人才资源相对集中，文化层次也相对较高。晋江大型社区有"密新多"的特点。密，大型社区人口规模较大，人口密度也较大；新，大型社区多数都有新建的商业楼盘；多，大型社区居民具有多元性，常住居民中有原村民、新购房者、租房者和流动人口，新晋江人多，新的社会阶层人士多。

晋江大型社区呈现以上特点的原因有以下四个。首先，晋江市大型社区是城市化、现代化的产物。晋江市委、市政府推动实施"三大战略目标"，产业迭代升级，不断吸引吸纳新劳动力，优质人才不断聚集，城市化、现代化水平跨入先进地区行列。大型社区就是在这样一个时代大背景下出现的。其次，晋江市大型社区的出现是城市空间优化、土地集约使用的结果。晋江市人多地少，人口密度大，这就要求不断优化城市发展空间，城市建设土地必须得到集约使用，城市开发中超大型楼盘不断增多，自然而然就导致大型社区的出现。再次，晋江市大型社区的出现是优化城市公共服务，打造宜居宜业之地的集中体现。晋江市文化多元、现代气息浓厚，开放度和包容度高，惠民政策实在且力度大，努力完善公共基础设施，优化公共服务，吸引大批新晋江人落户，人口不断聚集，从而导致大型社区的出现。目前，晋江有 200 多万常住人口，外来人员占半数以上。最后，晋江市大型社区的出现是整合资源，节省行政成本的结果。晋江市如果按照传统的社区设置方式进行管理，那么就必然要投入和消耗大量的人力、物力、财力，对行政成本而言，将是巨大的开支。结合晋江各类社区的发展历史、现实境况、地理位置、人口结构、楼盘建设等实际情况，设置大型社区，优化社区管理方式，有利于使用科技手段整合行政资源，节约行政成本，提高社区治理效能。

综上所述，晋江市大型社区的出现有其必然性，提高大型社区治理水平，是晋江市经济社会发展不可回避的问题与重要任务。如今，解放思想再出发，奋力推进中国式现代化晋江实践，谱写"晋江经验"新篇章，是晋江市新时代工作的主旋律。市委、市政府在 2023 年工作会议暨全市"深学争优、敢为争先、实干争效"行动动员部署会议上，进一步对重点工作和抓手作出部署，提出开展"1+6"专项攻坚行动。提高大型社区治理水平，不仅是"1+6"专项攻坚行动的内容，而且能为顺利实现"1+6"专项攻坚任务提供坚实的社会基础和保证。大型社区居住着成千上万的新、老晋江人，他们是晋江建设的主体和力量之源，大型社区治理工作做得好，能够为他们提供温馨的家园，激发他们良好的精神状态和奋斗激情，为谱写新篇章建功立业。

二　晋江市探索大型社区治理的成效

十多年来，晋江市委、市政府在创新经济发展方式、培育"晋江经验"的过程中，十分重视大型社区建设、治理和发展，积极探索大型社区治理工作的方式方法并取得成效。党领导大型社区治理的体制机制已经成形，大型社区管理体制在探索中趋于成形，公共服务不断延伸，商业服务、志愿服务和便民服务继续优化，具有地方特色的工作载体、路径彰显出生命力，居民对社区的认同感逐步增强，促进了多元主体参与共建共治共享，有的大型社区步入先进行列，如阳光、青华等社区被评为全国和谐社区建设示范社区、省商业示范社区。尤其是 2018 年以来，针对大型社区建设、治理和发展中面临的新情况新矛盾，市委、市政府组织相关部门，加大大型社区治理工作的探索力度，在机制建设、完善载体、优化路径和工作模式等方面都形成了晋江特色，为提升大型社区治理水平奠定了良好的工作基础，提供了有益的经验借鉴。

（一）党建引领社区治理工作成效显著

晋江市先后出台了多项加强社区党建工作的文件，推进社区基层党组织建设。大型社区普遍建立"'镇、街道—村、社区—网格—楼栋—居民'五级网格组织管理体系"组织网络。《晋江市党建引领小区管理服务工作的规

定》《关于党建引领基层网格管理工作的实施方案》《晋江市村（社区）网格管理工作导则》等文件的发布实施，进一步从机制上推进党建引领社区治理与服务工作全面展开。不少社区结合实际创建了党建引领工作的特色做法，比如梅青社区"135"（一个核心、三项制度和五大服务）党建引领社区治理工作模式。

（二）社区治理工作保障机制逐步健全

晋江市建立人、财、物、事、权要素有效整合的运行体系。统筹各类资金近 2500 万元，分批打造 105 个"党建+"邻里中心，服务覆盖晋江所有村（社区）。市财政每年拨付专项社区工作经费。2023 年达 7400 余万元，其中对大型社区拨补经费达 730 余万元，占比将近 10%。市网格办对智慧网格平台进行迭代升级，建设统一服务管理平台与移动网格信息管理 App。为了破解大型社区治理难题，公安局升级警务室，打造社区"家门口的派出所"，推进智能安防小区建设，实现所有小区 100%联网。紧跟城市更新改造，市民政局牵头形成"10+N"社区公共服务设施建设标准，并列入新建社区公共服务设施用地规划，2020 年以来共验收公共服务设施用房103931.35 平方米，改变以往"碎片化"分散情况，"集中式"配套用房进一步提高社区公共服务设施吸引力和承载力，实现城乡社区公共服务设施服务全覆盖。

（三）社区工作社会化专业化路径趋于成熟

全市各部门累计约投入资金 1.25 亿用于购买社工服务项目和社工岗位，不少项目在大型社区落地并收到成效。截至 2022 年底，全市有 21 家社工机构，持证社工 1753 名，一线专业社工近 400 名，组建志愿服务队伍 100 多支，拥有注册志愿者 87000 多人，省级社会工作专业人才基地 1 个，市级专业人才基地 13 个。其中多人获评"福建省优秀社会工作专业人才"、3 人获评"中国最美社工"、1 人获评"中国优秀社工人物"。

（四）村级工作队伍稳步壮大

晋江市以社区"两委"换届为契机，配齐社区"两委"，二级网格员实现专职化，采取多种方式如用专兼职的方式配齐三级网格和专属网格工作人员，通过推行"红色物业"吸纳物业工作人员加入社区工作人员队伍。目前，全市经村级组织换届选举共产生村（社区）"两委"2870名，通过面向社会公开招聘15批2281名专职社区工作者、专职网格员，以社区党委（总支）人员为骨干、专职网格员为主力、兼职网格员与物业人员为增量的晋江社区工作者队伍已经成形。

（五）积极改善社区人居环境

晋江市把社区环境整治纳入城市品质提升的重要范畴。市发展和改革委员会通过加大立项、多方争取资金等方式支持老旧小区改建。仅2022年就争取到各方资金近亿元，对11个老旧小区进行管道与养老场所改造优化。推进"党建+邻里中心"和试行完整社区建设以后，不少社区积极整合资源，按照"1+6+X"思路，努力打造宜居宜业宜乐的生活空间。市民政局开展"党群心连心民生微实事"项目，累计共实施24批次，1284个项目，拨付资金达3424.9元。

三　晋江市大型社区治理存在的问题

相比传统社区，晋江市大型社区治理工作面临诸多挑战，需要认真研究，找准问题，捋清症结所在，而后对症下药。目前，大型社区治理出现的问题和困难主要表现在以下四个方面。

（一）繁重的任务与有限的力量之间的矛盾

与传统社区相比，大型社区一般外来人口数量较多，流动人口规模较大，有的大型社区流动人口数量甚至已经超过户籍人口，导致社区工作量增

加。社区工作准入制度落实不到位，行政性工作多任务重。大型社区现有的工作人员几乎都只能完成日常事务和各项中心任务，处于顾此失彼状态，主动服务居民的时间和能力更是严重缺乏。以新建楼盘为主的大型社区，较多的购房者户籍地与居住地、工作地分离，居民矛盾多，投诉多。有的大型社区为新成立社区，基础工作从零开始，社区工作量大、任务重，存在小马拉大车、一人身兼数职的情况，导致许多社区专职工作人员（网格员）无法承受繁重的工作和强大的压力。

（二）刚性运维开支与有限经费之间的矛盾

与传统社区相比，大型社区涉及的范围更广、人口更多、事务更杂，在社区治理和服务方面的刚性运维开支也相对较大。如有的社区网格运行费年支出高至5万多元；有的消防系统陈旧，要恢复正常功能需要大笔开支；有的区域内种植的树木枝叶繁盛，根系横向生长，对地下下水管道造成严重堵塞，为社区公共安全埋下隐患，需要及时修理、砍伐甚至拔除，也需要可观的经费。随着住户的增多，日常生活垃圾越来越多，需要增加费用才能保证及时清理与转运垃圾。在课题组座谈与走访中，大型社区反映最频繁和最严重的问题，也正是经费短缺问题，多数大型社区收入少，社区运转经费基本靠上级拨款，短缺资金覆盖社区基础设施建设、人员工资和日常运转等方方面面。显然，资金短缺是大型社区提升治理水平的一大瓶颈。

（三）多样的居民需求与有限的服务之间的矛盾

大型社区居民需求丰富多样，社区服务难以及时跟上，尤其是个性化服务方面更加缺乏。如碧山社区有回迁居民、置业在梅岭的"新晋江人"和安置房的居民，是混合型新社区。对于回迁居民尤其是回迁老人，不仅需要解决他们的上楼困难问题，还要满足他们的精神和社区养老服务需求，但社区缺乏基本的硬件以及相关服务配套。置业在梅岭的"新晋江人"的教育需求与日俱增，辖区幼儿园已经无法满足居民需求。对于安置在廉租房内的大量的低保、贫困户，随着其户籍转入，各项服务问题也日益复杂化。碧山社区尽管统筹建立了敬老院、设置了幼儿园，但因辖区内各小区入住率的急剧上升，社区内有限的养老、教育资源捉襟见肘，离满足社区居民的服务需求还有很大的距离。

（四）庞杂的社区矛盾与有限的化解手段之间的矛盾

大型社区硬件设施跟不上居民需求容易导致社区矛盾丛生，如有的小区居民停车难，导致社区内出现占用停车位和车辆乱停乱放现象，不仅堵塞了交通，造成了安全隐患，而且很容易引发居民之间的矛盾和争执；有的小区居民安全意识淡薄，私搭乱建现象屡禁不止，侵犯了其他业主的合法权益；有的小区农贸市场容量不足引起占道经营等问题；有些小区居委会、业委会和物业之间的关系还未理顺，三者自身应然职责范围与实际功能定位还存在差异，相互之间还存在各种问题及矛盾，难以形成良性的互动关系。目前，社区化解社会矛盾的手段和方法还比较单一，不能有效解决这些复杂、多样的矛盾。

四　提升晋江市大型社区治理水平的建议

社区是加强基层治理体系和治理能力现代化建设的基石，新时代大型社区治理，不仅仅是传统意义上的社会建设与管理，更重要的目的是努力把大型社区建设成为和谐有序、绿色文明、创新包容、共建共享的幸福家园。提升晋江大型社区治理水平，必须坚持以习近平新时代中国特色社会主义思想为指导，坚持和加强党的全面领导，坚持以人民为中心，认真学习贯彻中共中央、国务院《关于加强基层治理体系和治理能力现代化建设的意见》，中共福建省委、福建省人民政府《关于加强基层治理体系和治理能力现代化建设的实施方案》，晋江市《关于加强基层治理体系和治理能力现代化建设的实施方案》（以下简称《实施方案》），遵循客观规律，立足大型社区实际，围绕幸福家园建设目标，在基层治理"晋江模式"的框架内完成规范性工作的同时，积极探索创新，不断增强社区党组织政治功能，提高社区党组织引领力、组织力，促进自治、法治、德治"三治"深度融合，推动多

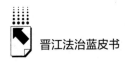

元主体共建共治共享，不断提高居民的获得感、幸福感、安全感，助力晋江加快构建"一三一三七"发展格局，为奋力推进中国式现代化晋江实践，谱写"晋江经验"新篇章作出应有的贡献。建议从以下九个方面着手提升大型社区治理水平。

（一）加强社区党组织建设，落实党对社区治理工作全面领导的各项举措

一是加强党的基层组织建设，增强党组织政治功能和组织力。构建"社区党委—小区党支部（网格党支部）—楼栋党小组—党员联系户"穿透式组织网络。有物业管理、条件成熟的小区单独组建党支部，条件不成熟的小区与周边小区联合组建党支部。二是建立健全"四议两公开"、辖区单位党组织参与的区域化党建工作联席会、社区党组织书记听取辖区各类组织负责人述职汇报等工作机制。三是持续推进社区党建工作与社区近邻服务有机融合。要将城乡社区近邻服务工作纳入基层党建工作的议事日程，制定和完善有利于城乡社区近邻服务工作的规划、制度、规范和程序。四是加大党建对社区工作项目融合力度。党建引领是新时代社区工作鲜明的特点与优势。党建引领社区工作，应以项目为抓手，项目应从社区整体工作规划中选择。项目确定后，引领工作就要从项目理念、内容、力量配备、组织形式、评价体系等方面把党建元素融入其中，增强党建引领的政治力、渗透力和实效。五是创建在职党员和公职人员到居住小区报到服务的有效载体。制定政策措施，实行量化管理，鼓励和引导他们带头组建社区社会组织、带头做好邻里互助、带头参与社区健康向上的文体活动、带头支持业委会的工作、带头参与小区重大事项的协商和投票表决、带头缴纳物业费。六是建立完善党建引领社区工作的责任、职责和评价清单。改进和优化社区党组织的领导方式、工作方式，推进学习型、服务型、创新型社区党组织建设。

（二）推动自治、法治和德治建设工作落地，提高居民社区共识和综合素质

一是坚持党领导居民自治制度，完善与充实社区人民调解、治安保卫、

公共卫生、工会、妇女和儿童、环境和物业管理等方面的机构。落实居民代表会议、"四议两公开"制度及"六要"群众工作法和财务公开制度。二是学习"枫桥经验",优化社区法治人文环境。依托"党建+邻里中心",建立"邻里法庭"和人民调解工作室,培养若干"法律明白人",因地制宜,开展矛盾纠纷调解、以案释法等多样化的法治宣传教育活动。三是开展形式多样的德治活动。建立"邻里讲习堂",推进习近平新时代中国特色社会主义思想进社区,组织居民参与"我推荐、我评议身边好人"活动,广泛开展"文明家庭""最美家庭""绿色家庭"创建活动。四是打造"三治"融合的社区"微议事、微协商"平台。聚焦社区营造、物业提升、邻里纠纷化解等问题,运用楼长议事会、茶桌议事厅等业主议事形式,定期开展民情恳谈、事务协调、工作听证等,理顺公共事务和化解纠纷。

(三)构建"党建引领多元参与"机制,促进社区共建共治共享

一是引导居民参与治理工作。在所有小区建立业委会,坚持党建对业委会的引领,从业委会筹建开始,社区党委就以项目为抓手,促进党建对业委会工作融合式引领。二是建立完善社区居委会、业委会、物业服务企业协调运行机制,形成常态会商机制,协调解决小区治理难题,提升物业服务水平。力争经过3年时间,100%小区物业服务水平在三星级标准及以上。三是借助晋江"中国十大慈善城市"的优势,引导和鼓励新乡贤参与大型社区治理,建立社区基金,发挥侨乡资源优势,引导海外侨胞和乡贤回乡投资社区服务业,为社区治理与服务提供有力支持。四是加大社区社会组织和社会工作人才培育力度,引导和支持社工机构在社区聚焦重点工作,开展专业化、个性化服务,促进"五社联动"。力争在3年内,每个大型社区社会组织至少达到10个,至少有5名社会工作专业人才。五是推动驻区单位与社区每年年初罗列"需求清单、资源清单、服务清单",通过党建联席会议认领确定,提高驻区单位参与治理工作的效能,推动驻区单位向社区开放文化、教育、体育等活动设施。六是优化社区志愿者队伍,推动社区志愿力量与商圈融合,打造可持续的志愿积分兑换机制,让志愿活动在"老少残"

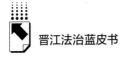

救助、未成年人保护、防台防疫防火和便民服务等方面发挥更大作用。七是引导社会资本参与社区治理和服务工作，促进社会资本和民营企业以微利参与社区配套设施建设、维养和运营，促进社区文体设施、公共设施建得好、维护得好和居民用得上。八是丰富社区文体活动。以中华民族传统节日为牵引，开展形式多样的节日民俗、经典诵读、文化娱乐和体育健身等活动，营造邻里亲、邻里乐、邻里美、邻里和的好氛围，推进生人社区成为熟人社区，进而形成亲人社区。九是开展美好环境与幸福生活共同缔造活动，培育社区文化、凝聚社区共识，增强居民对社区的认同感、归属感。十是打造多样化、生活化、可参与、可议事的社区公共空间场景，营造环境优美、空间宽裕、宜居舒适的大型社区公共空间，形成邻里议事、邻里决事的社区公共空间功能，方便社区各种人群活动，借助生活化的空间场景拉近邻里之间的距离，使邻里之间在不断的互动交往中建构起新的社区关系网络。

（四）提高社区服务居民能力，打造宜居宜业的温馨家园

推动服务与治理相互促进相互融合，是坚持以人民为中心社区治理指导思想的重要体现。要借助《实施方案》落地的良好契机，化解大型社区多样的居民需求与有限的服务之间的矛盾，聚焦为民、便民和安民服务，完善居民幸福生活圈的布局，打造升级版的社区服务体系。一是深化党群服务中心功能建设，积极创造条件对接升级的晋江市"智慧网格"信息平台，做到"一窗受理、一站办理"，实现公共服务的"马上办""就近办""掌上办""网上办""自助办"。二是按照"一社一特色"的思路优化"党建+邻里中心"的服务功能，做到既能服务居民养老、托幼、医疗、餐饮、便民办事等基本生活需求，又能服务居民提高生活品质需求。三是积极吸纳群团组织在社区开展公共服务，鼓励和支持社区与市工青妇组织对接，优化"青年之家""青年文明号""共享职工之家""儿童之家""家长学校""白兰花家庭驿站"等阵地建设，形成常态化服务项目，更好地服务未成年人、老年人、残疾人等特定群体。四是促进网格管理与服务同智能社区建设融合，让居民在家里享受便捷快速安全的公共服务、商业服务、志愿服务。

推进社区事务一张网和一个网格一个微信群落地工作。以网格为基本单元，打造多元主体共同参与、有人文情怀的空间，形成穿透式最后一米温暖服务局面。五是加强社区店面招租业态引导，打造15分钟便民服务圈。合理布局便利店、菜店、食堂、邮件和快件寄递网点、理发店、洗衣店、药店、维修点、家政服务网点等服务设施。六是依托小区"红色物业"提供微利的物业家政、家电维修、代购跑腿等服务。

（五）主动呼应基层治理"晋江模式"的构建，积极为社区减负

十多年来，从决策层、理论界、新闻媒体到实务层面都在呼吁减轻社区负担，中央、省里也颁发过多份关于社区减负的文件，但收效甚微。如前文所述，大型社区繁重的任务和有限的力量之间的矛盾比常规社区更突出，其常住和流动人口数量大，不仅有民宅、居住小区，还有商圈；不仅有常规的社区服务与管理工作，还有大量的行政机关指派的任务。如果不破解大型社区存在的"小马拉大车"问题，很难提升大型社区治理水平。可喜的是，《实施方案》从领导方式、机制、载体、资源统筹优化科技赋能、队伍建设等方面创新了基层社会与社区治理方式。大型社区应主动呼应晋江健全综合执法体制改革和迭代升级"网络+"应用场景新趋势，逐步分阶段将社区承担的大量行政事务，如区域内食品安全监督、违章搭建监管、道路管理、治安巡逻队管理等，从社区事务中剥离。制定政府职能部门和街道办事处在社区治理方面的权责清单，完善社区工作准入目录；目录外的事项，职能部门、街道应通过购买服务方式由社区提供。

（六）厘清社区经费开支项目，增强社区造血能力

刚性运维开支与有限经费之间的矛盾造成多数大型社区资金短缺问题，覆盖社区基础设施建设、人员工资和日常运转等方方面面。对此，建议从以下两个方面发力。一方面，厘清社区经费开支项目，把不应当由社区承担的费用，诸如智能网络维养、行道树保养、交通维护等费用，从社区开支项目中剔除，减轻社区负担。另一方面，在政策、税收上支持增强社区的造血能

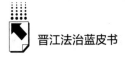

力。比如，组织社区保洁公司负责所有商住小区和安置小区的卫生，许厝社区的相关成熟做法可进一步考察；组织车辆管理机构负责管理辖区各个小区和公共场所的停车管理，晋江市桥南社区小区车辆管理的做法可推广学习；组织中介服务机构服务店面、社区场所以及周边商圈招租，在提供服务过程中增加社区收入。

（七）结合主题教育活动，"一社一策"解决大型社区面临的问题

不少大型社区面临自身不能解决且影响社区治理的问题，比如桥南社区夜市交通凌乱影响居民生活问题；青华社区 10 年集体经济确权到期，重新确权面临矛盾和问题；磁灶社区无力无权负责检查和督促 300 多家食品企业遵纪守法生产和经营问题；狮峰社区 400 多亩土地权属问题；有的社区工作人员待遇不落实、队伍不稳定以及社区资金紧张问题；有的社区设施不达标，亟须通过补建、购置、置换、租赁、改造等方式解决的问题。相关职能部门应在上级党委政府的指导下，以学习习近平新时代中国特色社会主义思想主题活动为契机，深入基层，用"一社一策"来解决问题。

（八）加强队伍建设，提高工作人员素质

一是制定社区工作者队伍建设规划。将社区工作者队伍建设纳入地方人才发展规划，建立社区工作者招聘、定岗、职责、培训、工资待遇、晋升等工作规范与流程，让社区工作者对职业有预期和稳定心理。根据大型社区实际情况和网格基数，适当增加"两委"职数和社区工作人员。二是树立社区工作者的社会好形象。试行从社区党组织书记中招录公务员和事业编制人员，把优秀社区党组织书记推荐到街道（乡镇）领导岗位任职，推荐符合条件的优秀社区工作者担任各级党代会代表、人大代表、政协委员或参评劳动模范。三是提高社区工作人员的政策执行力。按照中央、省委对社区治理工作的要求，对现有的涉及社区治理的政策文件进行归类梳理，汇编成册，采取多种方式进行宣传。通过举办讲座、研讨与观摩的方式，提高社区工作人员对政策文件的理解力，着力提高社区工作者的政策执行力，使政策文件

的效力得以充分发挥。四是提高社区工作者综合素质。运用短期培训、现场观摩、案例讨论等方式加强对社区工作者的培训，支持他们参加学历教育，对获得社会专业职称的发给固定津贴。五是拓宽社区工作人员来源渠道。鼓励和引导机关与企事业单位退休人员、业委会成员、驻小区的"两代表一委员"、新社会阶层代表人士兼职参与社区工作。

（九）加强宣传教育，营造良好氛围

大型社区治理事关千家万户的幸福安康，涉及老年人到婴儿所有居民的切身利益，必须采取多种方式、运用多种载体加强宣传教育，提高社区居民参与社区治理的主动性和积极性。一是认真组织居民特别是党员居民、公职人员居民学习习近平治国理政新思想新理念，系统学习和掌握中央有关社区治理的工作部署，提高参与社区治理的主动性和积极性。二是要把社区治理的理论、方针政策列入中小学思想道德教育内容，采取多种方式引导、支持和鼓励学生参与居住社区美好家园缔造活动。三是加大先进典型宣传力度，用可学可敬的身边典型增强教育的说服力。特别要挖掘、培育、提升和推广本土典型，晋江市有的大型社区从实际出发，创新了社区治理的载体和路径，这些做法具有晋江本土特色，应该得到挖掘、培育、提升和推广。如青华社区以党建引领，整合周边资源、优化空间，建立邻里商家联盟，串起社区养老、托幼、便民等服务，让居民在家享受"文化、商业、公益"的社区邻里服务；桥南社区开创"365工作模式"（"3"是三联合力，凝聚合力；"6"是推进六大平台，增强工作活力；"5"是落实5项服务，提升实效）；许厝社区承包社区物业保洁，既保证保洁质量，又解决社区经费短缺问题；阳光社区推行十二积分，解决夜市交通凌乱的问题；磁灶社区积极发挥新乡贤的作用，通过慈善捐款做好社区养老助学工作。四是要把居民参与社区治理与服务的情况列入优秀党员、公务员年度考核项目和各类先进的评比内容。

B.15
"依法治院"的晋江模式

晋江市卫生健康局课题组*

摘　要：　　"依法治（医）院"是一项重要的公共管理任务，旨在确保医疗机构的合法高效运营。晋江市作为一个经济高速发展的县级市，积极响应中央关于法治建设的文件精神和医疗卫生领域的法律规定，主动回应医疗卫生领域挑战，着眼于医疗机构管理运营机制的薄弱环节与医患纠纷矛盾频发的现状，形成了"依法治院"的晋江模式——"3+1"工作模式，即以健全的法律风险防范体系为基础、以有力的法治建设运行体系为保障、以完善的法律法规学习体系为支撑的医疗机构法治建设框架，以及依法处理医患纠纷机制。但目前来看，仍然存在资源投入不足、监管落实困难、法治意识培养不到位等问题。有鉴于此，晋江市未来将从强化法律监督、加强人才培养、创新普法途径三个方面着手，以期进一步完善"依法治院"的晋江模式。

关键词：　　依法治院　医疗机构管理体制　医患纠纷

一　晋江市推行"依法治院"的背景

（一）法治中国精神的引领

21世纪以来，党和政府高度重视法治建设，并将其纳入国家治理体系和治理能力现代化的整体战略予以推进。加强医疗卫生单位法治建设，是践

---

* 课题组组长：陈鹭旭，晋江市卫生健康局二级调研员。报告执笔人：陈舒曼，晋江市卫生健康局综合监督与政策法规科科员。

行全面依法治国的内在要求，同时也是医疗卫生事业健康发展的重要保障，是实施健康中国战略的坚实支撑。2019 年《中华人民共和国基本医疗卫生与健康促进法》（下文简称《基本医疗卫生与健康促进法》）出台，对医疗行业中常见的问题如医疗资源的配置、医患矛盾的化解、伦理风险的防范等作出了总体回应，为创新医疗卫生体制改革、提升医疗服务质量提供了法律指引。提高公立医院依法管理水平，推动公立医院管理实现制度化、规范化、程序化，是当下促进医疗机构高质量发展的关键一环。

（二）医疗机构管理体制改革的需要

随着中国社会的快速发展和人口老龄化的加剧，医疗卫生服务的需求不断增加。为了满足人民群众的健康需求，政府在医疗机构管理中的角色日益凸显，不仅需要保障医疗服务的质量和安全，还需要促进医疗资源的合理配置和医疗费用的合理控制，我国政府也不断加大对医疗机构的监管力度。公立医院是我国医疗卫生服务体系的主体，但是在现行事业单位管理体制下，卫生行政部门直接监管各类公立医院，以"行政命令"和"行政检查"为主要监管方式，造成"政事不分"的弊端，进一步导致政府与医院职能的错位和缺位。"依法治院"是改变医院过度依赖政府行政化管理的重要举措，创新医院管理模式和转变、调整政府职能需同步进行，缺一不可，公立医院管理体制改革的过程也是政府（尤其是卫生行政部门）职能重新定位与调整的过程，也为医疗机构实现现代化管理提供了重要思路。

（三）改善医患关系的需要

目前，我国医患矛盾不断升级，医患纠纷频发成为社会关注的焦点之一。医患纠纷的发生不仅给医疗机构和医务人员带来巨大的法律风险，也严重影响了医疗服务的稳定和医疗秩序的正常运行。医患矛盾的尖锐化除去部分民众不合理的要求外，也反映了医院的管理体制在处理纠纷时存在空白区域，因此解决医患矛盾和减少医患纠纷是中国医疗卫生领域的一项紧迫任务。这一背景迫使晋江市主动探索出实用性较强、具有晋江特色的医患纠纷

处理机制，法治建设的支持和引导在这一机制中发挥着不可或缺的作用。"依法治院"的晋江模式强调运用法治手段解决医患矛盾，有助于提高医疗服务的质量和效率，也为中国医疗卫生领域的法治建设提供了有益的经验和启示。

二 "依法治院"的晋江模式："3+1"工作模式

（一）以健全的法律风险防范体系为基础

晋江市医疗卫生系统的法律风险防范体系强调"做在前面""严把源头"，通过前期的充足准备，先行建立起一道坚实稳固的"堤坝"，帮助医疗机构更好地理解、遵守法律法规以及应对各项涉法问题，成功将法律风险防范关口前移，降低了医疗机构内涉法纠纷的恶化风险，为"依法治院"提供了坚实的法律基础。

一是梳理医疗卫生系统的制度规定。其一，为建立有效的法律风险防范体系，晋江市对医疗卫生系统现有法律、法规及规章进行梳理。通过检索国家和地方相关规定，将适用于医疗机构的法律规范进行归纳整理，制定详细的管理办法和操作规程，确保医疗机构在合规方面有明确的规范指引。其二，完善医疗机构内部的各项规章制度，确保内部管理体系的合法性、规范性和严密性。对内部规章制度进行逐项审查、修订和更新，以期能够及时适应法律法规的变化，保持与法律要求的一致性，降低法律风险。①

二是排查工作中的法律风险点。医疗机构的运营依靠各内设科室的合力推动，因此各内设科室都可能存在潜在的法律风险点，这就要求医疗机构高度重视法律风险防范工作。为实现这一目标，晋江市医疗机构建立了一套科室参与法律风险防范的机制。一方面，各科室通过梳理自身的工作流程和操

---

① 汪云龙、孙捷、刘寅等：《坚持依法治院　为研究型医院建设提供有力保障》，《中国研究型医院》2016 年第 4 期。

作规范识别出潜在的法律风险点，包括医疗诊断的准确性、病历记录的完整性、患者知情同意的取得等。同时，各科室采取积极的措施以降低风险发生概率，例如，改进工作流程、进行员工培训、建立内部审核机制等。另一方面，鼓励各科室建立法律风险防范的责任体系，明确科室领导和工作人员在法律合规方面的职责和义务，确保法律风险防范不是一项形式上的工作，而是被医院管理层和医务人员真正重视和贯彻的重要任务。

三是实现法律顾问制度全覆盖。为了进一步强化法律风险防范，晋江市还引入了法律顾问制度，由医疗机构聘请专业法律顾问，以提供法律咨询和指导。法律顾问可以作为"军师"及时为医疗机构提供专业的法律意见，确保医疗机构能够更早、更快地发现并解决潜在的法律问题。其作用的发挥也体现在医患纠纷处理中，协助医疗机构与患者或其家属进行沟通和协商，有助于避免纠纷升级。[①] 此外，法律顾问还可以参与医疗机构的内部培训、法律风险评估、涉法事项审核等法律事务，对于提高医务人员的法律意识和风险防范能力，护航医疗机构的法治建设发挥着重要作用。

（二）以有力的法治建设运行体系为保障

法治建设运行体系在公立医疗机构的运营中扮演了关键角色，通过党政主要负责人的领导、设置法治工作机构、明确考核指标等方式，确保法治理念在医疗机构内部的贯彻和执行，促进了法治文化的传播，有助于提高晋江市医疗机构的法治水平。

一是党政主要负责人履行法治建设第一责任人职责。医疗机构的党政主要负责人应履行法治建设第一责任人职责，作为医疗机构法治建设的领导者和推动者，积极引领医疗卫生法治建设工作，确保法治理念贯彻到医疗机构的各项工作中。医疗机构的党政主要负责人应深入了解国家和地方法律法规，与法律顾问和法务人员保持密切联系，及时了解相关规定的调整及法律风险的变化，并有针对性地制定规章制度和应对措施，以确保医疗机构的各

---

① 崔永健：《校院两级管理中加强依法治院工作的思考》，《时代教育》2016 年第 1 期。

项活动都在法律框架内合规运行。此外，还要重视并组织员工法律教育和培训，提升医疗机构工作人员的法治素养。增强医疗机构党政主要负责人的法治意识和责任担当，促使其发挥积极领导和组织的作用，有助于提高医院决策的合法性，对于医疗机构法治建设至关重要。

二是设置法治工作机构。为更好地推动法治建设各项工作落实落细，晋江市医疗机构在单位内部设置相应的法治工作机构，包括法务部门和法治建设办公室，主要负责协助机构党政主要负责人履行法治建设职责、处理日常法治事务。在法治工作机构内，具有法律背景和专业知识的法务人员负责法律风险评估、法律咨询、合同审查、法律培训等工作，使医疗机构能够更加专业地处理法律事务，提高了法治建设的效率和质量。此外，晋江市医疗机构高度重视培养内部法务人才，通过开展法律培训和提供职业发展机会，鼓励员工积极学习法律知识，提高法治素养，这有助于营造浓厚的法治文化氛围，使法治建设得以持续开展。

三是明确考核指标。晋江市设立了一系列法治考核指标，包括法律合规性、法律风险防范、法治培训等方面，用于考察医疗机构法治建设工作的落实情况，评估医疗机构在法治建设方面的表现。建立明确的考核指标，能够激励医疗机构内部各级领导和员工积极参与法治建设工作，也能使医疗机构更好地衡量自身的法治建设水平，发现问题并及时纠正。

（三）以完善的法律法规学习体系为支撑

一是院领导带头学法。法律法规学习体系的完善是为了增强医疗机构内部全体人员的法治意识和法律素养，确保医疗机构中的每个员工都能够遵守法律法规并积极参与法治建设。其一，集体学法，即要求医疗机构的领导积极带头组织集体学法活动，包括法律法规的集体学习、案例分析和法治理念的宣传等，展示出医院管理层对法治建设的坚定支持，也为医院领导更好地吸收和传递法律知识提供了路径。其二，述职必述法，即要求院领导在述职过程中详细报告法治建设工作的推进情况，包括法治教育、法规宣传、法律风险防范等方面的工作，并将法治建设纳入工作重要议程，积极对其实行情况进行评估和监督。

二是干部学法用法。其一，集中培训学习。晋江市注重培养医疗机构从业人员的法治素养，通过组织集中培训学习活动来增强医务工作者的法治意识。培训一般邀请法学专家或法律顾问进行授课，授课内容涵盖法律法规、医疗卫生领域的特殊法律问题以及应对法律风险的方法等内容，以便医务人员通过培训能够更好地理解法律规定，提高依法执业和处理涉法事项的水平。其二，制作涉法问题"口袋书"。为便于医务人员随时查阅法律相关知识和解决法律问题，晋江市推出了涉法问题的"口袋书"（法律手册），囊括了医疗机构常见的法律问题和应对方法，医务人员可在工作中迅速获取相关法律知识和指导，有助于提高其对涉法问题的快速响应和及时处置能力。其三，强化主人翁意识。鼓励医疗机构领导和员工积极主动参与医疗机构法治建设，主动劝导违法违规苗头行为，监督和提醒同事、就诊患者等群体遵守法律法规，及时制止潜在的违法违规行为。这种自我监督和互相监督的机制有助于营造医疗机构学法用法的法治氛围。

三是法治文化阵地建设。法治文化阵地建设包括开办法治教育基地、开展法治主题活动、进行法治文化展览等。晋江市医疗机构利用院内现有的场所，依靠并结合纪检监督宣传阵地，规划建设出丰富多彩的法治文化阵地，如"法治宣传栏""法治长廊""普法视频展播"等，结合主题党日活动举办形式多样的法治活动，构建医院法治文化圈，使法治文化深入医疗机构的各个角落，增强医务人员的法治意识，推动法治建设不断向前发展。

（四）建立依法处理医患纠纷机制

医患纠纷是医疗卫生领域的一大难题，解决这一问题不仅关系到患者的权益，也涉及医疗机构的法律风险防范。晋江市通过建立一套科学、合法、公正的医患纠纷处理机制，为解决医患纠纷提供了可行的路径，颇具亮点和成效。

一是法律顾问参与。医疗机构聘请的专业法律顾问为医患纠纷的处理提

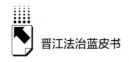

供了法律支持。专业的法律顾问具备丰富的医疗领域法律专业知识和案例处理经验，可提供法律咨询和指导。当医患纠纷发生时，法律顾问及时介入并协助调解，有助于依法处理医患纠纷，维护患者权益，降低医疗机构法律风险。

二是建立调解委员会。为更快速、高效地解决医患纠纷，晋江市卫生行政部门牵头建立了医疗纠纷调解委员会，其由专业的医疗纠纷调解员组成，他们具备医学背景和法律知识，可以更好地了解医患双方的需求。发生医患纠纷时，患者和医生可以向调解委员会申请调解，这有助于低成本解决纠纷，避免诉累。

三是法院适时介入。在某些情况下，医患纠纷可能无法通过调解解决，需要法院介入。将医患纠纷提交法院处理，同时也告知患者在纠纷诉讼中相应的权利和义务，以确保案件在法律程序下得到公平审理。法院介入可以保障双方的合法权益，确保判决的公正性。

四是严格保全证据。为确保医患纠纷处理的公正性和透明性，医疗机构在处理纠纷时严格保全相关证据，包括病历记录、医疗报告、患者陈述等，这有助于确保案件的真实情况充分呈现，为法律裁决提供坚实的依据。

五是加强法治宣传与教育。通过开展法治宣传与教育活动提高患者和医生的法律意识，有助于预防医患纠纷的发生，同时也能够更好地引导纠纷的解决。[1]

依法处理医患纠纷机制的优势主要有以下三个。其一，提高了纠纷解决效率。通过引入法律顾问和调解委员会，医患纠纷得以快速解决，避免了长时间的法律诉讼过程，降低了纠纷升级风险。其二，维护了医生和患者的权益。晋江市医患纠纷处理机制虽以医疗机构为出发点和落脚点，但同时注重保障医生和患者的合法权益，确保了纠纷处理过程中的公平和公正。其三，降低了医疗机构的法律风险。通过合法、公正的医患纠纷处理，医疗机构能够减少潜在的法律风险，降低了赔偿和诉讼成本。总之，依法处理医患纠纷

---

[1]　唐莉：《依法治院在构建和谐医患关系中的现实意义》，《现代医院管理》2012 年第 3 期。

机制是"依法治院"的晋江模式中最为重要、最具亮点的一项机制，为晋江市医患关系的和谐发展提供了重要保障。通过法律顾问、调解委员会和法院的协同作用，医患纠纷可以更加合理、公平、公正地解决，为医疗卫生领域的法治建设提供了成功经验和可复制的模式，也为其他地区的医患纠纷处理提供了有益的借鉴和启示。

三 "依法治院"晋江模式存在的问题

尽管晋江市在"依法治院"方面取得了一系列显著成果，但"依法治院"仍然存在局限，也面临很多挑战。

（一）资源投入不足

医疗卫生资源投入不足的问题在全国范围内普遍存在，在晋江也同样突出，尤其是机构设置、人才培养等方面仍然存在明显的资金不足、力量不够的情况，这可能导致医疗机构无法顺利开展法治建设，影响"依法治院"的进程。

（二）监管落实困难

监管问题是医疗卫生领域目前面临的另一个挑战。尽管晋江市强调依法监管的重要性，但将监管真正落实到位是一个长期的过程。卫生行政部门及医疗机构内部的监管科室缺乏足够的人力和技术资源，难以高效监督医疗机构的合法合规运营，可能导致医疗机构法治建设中存在漏洞、患者权益无法得到充分保障、部分事故未能及时发现和解决等问题。

（三）法治意识培养不到位

"依法治院"需要医务人员具备较强的法治意识，但目前晋江市仍处于医疗机构法治建设推进的开局之年，医务人员的法治意识尚未得到充分培养和提高，导致部分医疗机构难以全面遵守法律法规，医疗服务中仍然存在不

少不规范的行为。因此，需要进一步加强医务人员的法律教育和培训，提高其整体法治素养，确保"依法治院"得以有效实施。

四　展望与规划

（一）强化法律监督

法律监督在晋江市"依法治院"的规划中扮演着重要角色，是医疗机构的法治建设得以持续改进和加强的重要保障。强化法律监督，能够更好地推动医疗机构的法治建设和医患纠纷处理工作，确保医疗卫生领域的法治体系得以不断完善；同时，也有助于提高监管的透明度和公正性，增强医疗机构工作人员对法治建设工作的信任，为医患关系的和谐发展提供更坚实的法治基础。

一是明晰各主管部门职责。法律监督首先要明确监管部门。医疗卫生领域涉及《民法典》《基本医疗卫生与健康促进法》《医师法》等一系列法律法规，同时也涉及多个监管部门，不同部门分别负责不同领域的监督和管理工作。因此，主管部门需要厘清各自的职责，以形成监管合力，避免因责任推诿、扯皮而出现监管漏洞。同时，卫生行政部门与司法部门之间需要建立有效的协调联动机制，通过定期的联席会议、信息共享等方式实现跨部门协同合作，确保法律监督工作的顺畅进行。

二是建立健全监督制度及考核指标。法律监督需要建立健全监督制度和考核指标，以评估医疗机构的法治建设工作情况。其中的关键要素有以下五个。第一，监督制度。建立法律监督的具体制度，明确监督部门的职责和权限；制定监督计划，包括定期巡查、检查、评估医疗机构的依法管理、依法运营情况，确保监督的全面覆盖和落实到位。第二，考核指标。制定一套更加科学、客观的考核指标，用于评估医疗机构的法治建设工作，考核指标应涵盖法律风险防范措施的实施情况、医患纠纷的处理效率、患者满意度等方面。第三，监督反馈。建立监督反馈机制，及时向医疗机构提供监督结果和建议，助推医疗机构更好地开展法治建设工作。监督反馈应当具有约束力，对于未能合规运作的医疗机构，应采取相应的监管措施，包括警告、罚款、撤销执业许可等。第四，法治考核。在监督中强调医疗机构内部的法治教育和培训的数量和质量，必要时通过考核测试等手段确保医务人员和工作人员掌握现行适用的法律法规，提高法治素养。第五，投诉渠道。建立便捷的投诉渠道，让患者和医务人员可以向监督部门报告法律违规行为，确保监督不仅仅是自上而下的，还包括来自基层的反馈。①

（二）加强人才培养

在推进法治建设的过程中，众多医疗机构普遍存在法务专员紧缺的问题。人才培养对于医院的发展至关重要，晋江市将尝试从院校合作、人才激励以及量化法律素养考核三方面进行探索。

一是建立院校合作平台。积极与全国高等院校建立合作关系，培养具备法律知识和医疗卫生专业背景的法律人才，为医疗机构法治建设的推进提供专业支持，推动晋江市医疗卫生领域的法治建设。院校合作可以采用多种方式。第一，制定联合培养计划。医疗机构与高等院校签署合作协议，共同制定联合培养计划，为医技人员、医政人员和法律专业、医学专业学生设置有关法律知识和医疗法律实践的培训课程。第二，加强专业研讨与交流。建立医疗机构与法学院之间的专业研讨和交流机制，促进医学和法学领域的知识共享和合作研究。第三，提供实践机会。为法学院学生提供在医疗机构实习的机会，让学生亲身参与医疗卫生领域的法律工作，积累实践经验。第四，推出学术研究项目。通过共同开展医疗法律领域的学术研究项目为医疗机构提供法律政策建议和法律解决方案。开展院校合作，培养既懂医学又懂法律的复合型人才，并使其在医疗机构中担任法律顾问、法务人员、医患纠纷调解员等，提高医疗机构内部队伍的整体法治素养，同时也加强法律专业人士对医疗卫生领域的了解。这种合作模式可

① 史书龙、高岑：《依法治院　促进医院和谐发展》，《医学与法学》2011 年第 1 期。

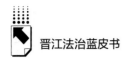

以促进法律教育与实际应用的结合，为医疗机构法治建设提供强有力的支持。

二是建立人才激励机制。人才激励也有多种模式。第一，薪酬激励。为在医疗机构从事法律工作的人员提供具有竞争力的薪酬待遇，以吸引高素质的法律专业人士加入。[①] 第二，晋升机会。建立院内职业晋升通道，提供晋升机会和晋升空间，以鼓励法务人员不断提升自身法律素养和专业能力。第三，专业发展培训。提供持续性的法律培训和进修机会，以确保法务人员紧跟法律法规的更新和发展。第四，荣誉奖励。在全系统乃至全市设立法律领域的荣誉奖励，表彰在医疗机构法治建设中作出杰出贡献的个人和团队，以期吸引和留住法律人才，鼓励更多专业人才投身医疗卫生领域，为法治建设提供专业支持。

三是量化法律素养考核。第一，法律知识考核。针对医疗机构内从事法律工作的人员定期进行法律知识考核，以检验他们的法律专业知识。第二，案例解决能力考核。对于从事医患纠纷处理工作的人员进行案例解决能力考核，考察他们在实际纠纷案件中的法律应用能力。第三，绩效考核。将法治建设的绩效考核与个人职业发展和薪酬激励挂钩，鼓励医疗机构内部的法律人才不断提升自身素养。

（三）创新普法途径

普法工作对于法治文化的建立、法治氛围的营造至关重要，在晋江市医疗机构法治建设的规划中，创新普法途径是非常关键的一环。

一是充分运用新媒体平台。随着互联网和新媒体的迅速发展，信息传播更加便捷和广泛。晋江市拟充分利用互联网、社交媒体、移动应用程序等新媒体平台进行普法。一方面，制作法治教育视频。通过制作生动有趣的法治教育视频，向患者、医务人员、社会大众传播医疗卫生领域的法律知识，并

---

① 裴伟：《与法同行促和谐——油田中心医院"五五"普法依法治院工作纪实》，《盘锦日报》2010年7月7日，第2版。

在晋江市医疗卫生全系统推出普法系列视频。视频内容涵盖医疗卫生相关的法律法规、医患权益保护、医疗事故处理、患者知情权等。另一方面，利用现有智能化手段进行普法。依靠现有的"智慧卫监"App建立独立普法模块，用于发布和更新法律法规、案例解析、常见问题解答等信息，与广大受众建立互动与沟通的渠道。

二是开展医疗普法宣传。医疗普法宣传是指通过各种媒体渠道向社会大众普及医疗法律法规和法治知识，增强其法律意识，提升其法治素养。拟采取以下措施。第一，举办法治讲座和培训班。定期举办法治讲座和培训班，邀请法学专家和医疗法律顾问分享知识和经验，引导医务人员和患者参加。第二，分发法治宣传资料。制作医疗法治宣传手册、海报等资料，分发给医疗机构、社区卫生服务中心和患者，以便他们了解自己的权益和义务。第三，创作法治宣传歌曲、微电影等。通过音乐和影视等艺术形式传播医疗卫生法治信息，吸引大众的关注。

三是开展正向事迹宣传。除了传播法律知识，还应着重宣传医疗领域的正向事迹，倡导尊医重卫的理念。通过以下方式实施。第一，宣传医患和谐典型案例。通过本地媒体定期发布医患和谐的典型案例，展示医生、护士和患者之间的感人故事，宣扬医务人员先进事迹，鼓励社会形成尊医重卫的良好风气。第二，表扬先进医疗机构。每年评选并表彰在法治建设和医患纠纷处理方面表现突出的医疗机构，以形成榜样的力量，鼓励其他医院效仿。① 第三，开展尊医重卫主题宣传活动。组织尊医重卫的宣传活动，包括医患互动会、健康教育讲座、义诊活动等，增强医疗卫生领域的人文关怀和法治理念。

结　语

"依法治院"的晋江模式是晋江市医疗卫生系统在对"晋江经验"进行

---

① 金钧：《市医院依法治院取得长足发展》，《巴彦淖尔日报（汉）》2010年7月3日，第3版。

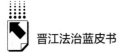

传承弘扬的基础上，通过总结医疗卫生单位管理的经验探索出的一套颇具晋江特色的医院运行机制。其核心目标是通过法治手段提升医院管理水平、优化医患关系、降低医疗风险、提高医疗服务质量。然而，法治建设是一个长期的过程，需要各方的共同努力和持续投入。晋江市将通过不断总结经验、创新方法，进一步提高医疗卫生领域的法治水平，为患者和医务人员创造更加和谐、安全的医疗环境。

B.16
传承"枫桥经验"　下沉依法维权

——晋江市职工维权一体化建设初探

晋江市总工会课题组*

摘　要：　"枫桥经验"是中国共产党在长期建设实践中总结出来的一种群众工作方法，强调以群众为中心，通过调解、协商等方式解决纠纷。在职工维权领域，"枫桥经验"同样具有很强的适用性。晋江市总工会传承"枫桥经验"，聚焦维权和服务基本职能，积极实践"园区枫桥"机制，强化资源跨界整合，通过在省级开发区建立职工法律服务一体化基地，整合各方面的资源，为职工提供全方位、全过程的维权服务，有效保障职工的合法权益，促进劳动关系的和谐稳定。随着劳动关系的发展和一体化基地场地的受限，未来将扩大基地服务半径，发挥基地典型示范、辐射带动作用，加大复制推广力度，推进一体化基地的布点工作，以点带面，覆盖全市东、西、南、北区域，构建全市职工就近维权新格局。

关键词：　"枫桥经验"　园区枫桥　职工维权一体化

党的二十大报告提出："在社会基层坚持和发展新时代'枫桥经验'，完善正确处理新形势下人民内部矛盾机制，及时把矛盾纠纷化解在基层、化解在萌芽状态。"① 作为"晋江经验"的发祥地，晋江不断优化法治化营商环

---

* 课题组负责人：曾云开，晋江市总工会副主席。报告执笔人：施华南，晋江市总工会权益保障部部长。

① 习近平：《高举中国特色社会主义伟大旗帜 为全面建设社会主义现代化国家而团结奋斗——在中国共产党第二十次全国代表大会上的报告》，人民出版社，2022，第54页。

境,激发民营经济发展活力,获评"全国法治政府建设示范市"。"晋江经验"不仅是晋江高质量发展的制胜法宝,更是引领法治政府建设的重要"指南针"。"晋江经验"中的"始终坚持加强政府对市场经济的引导和服务""处理好发展市场经济与建设新型服务型政府之间的关系",为构建新型政商关系、优化营商环境、维护和谐稳定的劳动关系奠定了基调。在"晋江经验"引领下,传承"枫桥经验",就近从快帮助职工依法维权,促进劳动纠纷调解在早期、化解在局部、解决在萌芽状态,成为摆在工会面前的实践课题。

一 "枫桥经验"的产生与发展

"枫桥经验"产生于社会主义建设时期,发展于改革开放新时期,创新于中国特色社会主义新时代,是党领导人民创造的一套行之有效的社会治理方案,对化解基层劳动关系纠纷,构建和谐稳定的劳动关系具有重要的指导意义。

新中国成立后,随着社会主义改造的基本完成和社会主义制度的建立,我国进入社会主义建设探索时期。1963 年 5 月,浙江省委工作队进驻暨诸枫桥开展社会主义教育运动试点,创造了"发动和依靠群众,坚持矛盾不上交,就地解决,实现捕人少,治安好"的经验,被毛泽东称为"矛盾不上交,就地解决",并批示"要各地仿效,经过试点,推广去做"。① 随后,中央又两次对"枫桥经验"作了批转。由此,"枫桥经验"成为全国政法战线的一面旗帜。

进入改革开放新时期,枫桥干部群众把"枫桥经验"运用到社会治安和社会稳定领域,创造了"组织建设走在工作前,预测工作走在预防前,预防工作走在调解前,调解工作走在激化前"的"四前"工作法和"预警在先,苗头问题早消化;教育在先,重点对象早转化;控制在先,敏感时期早防范;调解在先,矛盾纠纷早处理"的"四先四早"工作机制,发展和创造了"党政动手,各负其责,依靠群众,化解矛盾,维护稳定,促进发

---

① 金伯中:《"枫桥经验"的发展历程与重要启示》,浙江新闻网,https://zj.zjol.com.cn/news.html? id=1762922,最后访问日期:2023 年 9 月 18 日。

展，做到小事不出村，大事不出镇，矛盾不上交"的具有时代特色的新时期"枫桥经验"。

进入新时代，2003 年，时任浙江省委书记的习近平同志在浙江纪念毛泽东同志批示"枫桥经验"40 周年暨创新"枫桥经验"大会上提出"要充分珍惜'枫桥经验'，大力推广'枫桥经验'，不断创新'枫桥经验'"。新时代"枫桥经验"的主要内容为坚持党建引领，坚持人民主体，坚持"三治融合"，坚持"四防并举"，坚持共建共享。① 2023 年 3 月，习近平总书记再次强调，要坚持和发展新时代"枫桥经验"，完善正确处理新形势下人民内部矛盾机制，及时把矛盾纠纷化解在基层、化解在萌芽状态。②

从社会主义教育运动领域到社会治安和社会稳定领域，"枫桥经验"在时代的进程中不断被赋予新的内涵、新的工作载体、新的方法经验，为提升我国社会治理能力与创新社会治理方式提供了宝贵的经验。"枫桥经验"是一种经得住历史和时间考验的经验，其核心思想是"矛盾不上交，就地解决"。时代不断发展，需要不断传承"枫桥经验"，在改革创新中不断维护群众的合法权益，运用法治思维和法治方式处理矛盾纠纷，让"枫桥经验"助推法治社会建设。

二 "园区枫桥"机制在晋江实践的缘起与功能内涵

（一）"园区枫桥"机制在晋江实践的缘起

"园区枫桥"机制是福建省践行习近平法治思想，在劳动关系领域深化"枫桥经验"的一项机制创新，对于促进劳动纠纷调解在早期、化解在局部、解决在萌芽状态，降低职工的维权成本、解决矛盾纠纷的社会成本和维护社

---

① 金伯中：《"枫桥经验"的发展历程与重要启示》，浙江新闻网，https://zj.zjol.com.cn/news.html？id=1762922，最后访问日期：2023 年 9 月 18 日。

② 陈赛金：《"枫桥经验"何以彰显强大生命力》，《光明日报》2023 年 7 月 3 日，第 2 版。

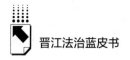

会稳定的基层社会治理成本具有重要作用。晋江市总工会积极实践"园区枫桥"机制，探索劳动关系矛盾纠纷多元化解机制，创建了晋江市首个"一体化"职工法律服务平台，把问题解决在基层，做到小事不出企业、大事不出园区，得到了新福建网等主流媒体的报道和福建省总工会副主席的签批肯定。

首先，邻近兄弟城市有先例可循。从镇里非公企业工会主席轮值值班的职工服务中心，到建在"厂门口"的一站式维权基地，再到以职工法援工作室、劳动关系调解工作室、劳动仲裁庭和劳动法庭"两室两庭"为基本架构的职工法律服务一体化基地……2015年，作为全国服装辅料服饰重镇的石狮市宝盖镇，受国际金融危机影响成为劳动争议的高发地，全国首个"园区枫桥"在这里应运而生。① 宝盖镇辖区有上千家企业，5万多名外来务工人员。2015年，宝盖镇鞋业工业园区成立了职工服务中心，并在镇党委政府的支持下，以中心为依托，设置法援律师服务站和劳动仲裁庭、劳动法庭，由中心负责日常管理，形成集普法教育、矛盾调处、劳动仲裁、司法裁决、维权服务、帮教关爱于一体的职工法律服务一体化基地，受到职工群众的欢迎。2019年该园区获评"全国模范劳动关系和谐工业园区"。

其次，"园区枫桥"机制在全省推广。2016年，福建省总工会联合省高院深入总结了全省基层维权工作"六种模式"，石狮市宝盖镇鞋业工业园区职工法律服务一体化基地为其中之一。2020年，福建省总工会对该园区法律维权一体化机制作进一步研判，认为立足园区、多方联动、一站式服务的维权"一体化"模式契合多元化解、源头化解的基层治理要求，具有可推广可复制的价值，并在此基础上总结设计出创建职工法律服务一体化基地的"园区枫桥"机制。同年，福建省总工会统一制作了"园区枫桥"标识和工作规范，以省级工业园区为重点，按照"试点一批、成熟一批、推广一批"的原则，因地制宜采用两种模式推进"园区枫桥"机制试点：一种是基地型"园区枫桥"，针对实体条件较好、有一定工作力量的园区，集中建设"两室两庭"，为职工提供一站式法律服务；另一种是机制型"园区枫桥"，

---

① 李润钊：《让"枫桥"成为职工群众"连心桥"》，《工人日报》2021年11月27日，第2版。

针对场地有限、人员紧缺、难以集中办公的园区,则以服务场所"飞地"的方式,通过多部门机制联动实现调、裁、诉等职能的衔接。福建省总工会在全国首创劳动关系领域"园区枫桥"机制,是深入践行习近平总书记关于坚持和发展新时期"枫桥经验"的重要指示批示的重要举措,有效解决了职工投诉路径复杂、耗时长、诉累高的困难,为全省各地工会探索实践职工维权一体化提供了基本遵循。

最后,建立健全"园区枫桥"机制是晋江保障园区劳动关系和谐稳定的现实需要。晋江市民营经济发达,产业工人已超过百万人,主要分布在乡镇(街道)、工业园区。工业园区企业集中、职工密集,是劳动纠纷尤其是群体性劳动争议事件的易发地,也是维护劳动领域政治安全的重点区域。随着经济的发展,晋江劳动力市场日益活跃,职工人数日益增加,用工形式日益多样,也带来了矛盾争议的多发。例如,晋江经济开发区作为省级经济开发区示范区,入驻企业超过1000家,职工近10万人,2020年发生劳动争议案件700余起。经济下行压力不断向劳动关系领域传导,成为影响社会稳定的重要因素。在工业园区就近、从快解决劳动纠纷,是维护职工合法权益、保障职工队伍稳定和企业平稳发展的关键。长期以来,职工法律服务涉及的点多面广,维权费用高、周期长、手续杂,且基层工会对职工法律服务措施单一,效果不明显。这些问题不仅影响了职工的合法权益,也影响了企业的形象和社会的稳定。为解决职工法律服务的难点、痛点,减少各种纠纷案件的发生,营造和谐稳定的营商环境,晋江市总工会聚焦维权和服务基本职能,强化资源跨界整合,以晋江经济开发区为试点,于2021年9月在晋江经济开发区建成晋江首个职工法律服务一体化基地,试水多元化解矛盾一体化维权模式,打通维权服务快速通道,实现矛盾纠纷不出园区,切实维护职工合法权益,做到"留心留人留根",让职工安居乐业、无忧创业,为推动开发区高质量发展提供了有力保障。

(二)"园区枫桥"机制的功能内涵

一是组织架构。福建省总工会构建"园区枫桥"机制的主要做法是,

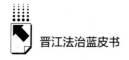

在工业园区内集中设置"两室两庭",即职工法援室、调解工作室、劳动仲裁庭、劳动法庭,建设职工法律服务一体化基地(见图1)。整合工会的劳动法律监督、法律宣传、咨询和援助职能,司法部门的普法、调解、法律援助职能,人社部门的监察、调解和劳动仲裁职能,法院的诉前调解和司法裁决职能,为劳动争议提供预、调、裁、诉一条龙服务。职工法援室由工会主持,负责接收职工的举报或投诉,进行案件登记和分案处理,履行工会劳动法律监督的职责。有条件的工会可聘请律师为职工提供法律咨询和法律援助服务,对于符合司法法律援助条件的案件,由工作人员协助申请司法法律援助。同时可依托职工法援室开展职工法律教育和培训活动。调解工作室由司法、人社、工会等部门联合主持,整合园区人民调解委员会、劳动(人事)争议调解组织,以及工会劳动法律监督员和律师志愿者等调解力量,共同参与事前调解、裁前调解和诉前调解,现场调处劳动纠纷。劳动仲裁庭由人社部门派驻,密切调裁衔接,就地受理案件并组织仲裁。劳动法庭由各地法院以常驻法庭或巡回法庭的形式入驻园区,对不服仲裁结果的案件进行就地审理。

二是运行机制。"园区枫桥"运行机制是充分发挥劳动关系协调相关部门职能优势,强化联动,努力在不增加园区编制、人员和经费的条件下,通过基地共建共享、人员互兼互聘打造工业园区劳动关系领域"大法务"基地。基地的场所建设方面,有的依托园区管委会的办公楼,有的设在工会职工服务中心,有的进驻劳动法庭等。福建省总工会对试点基地建设有资金困难的给予资金补助,主要用于场地设计、简装,购置必要的设备和设施,购买和印制相关宣传品,以及设施维护等。工作力量的保障方面,主要通过各部门工作人员打破壁垒通力合作来解决,如聘请调解员、仲裁员担任工会劳动法律监督委员会特邀监督员,实行司法调解员、仲裁调解员、工会干部和律师、志愿者等各方人员联合调解,最大限度地整合基层工作力量。同时,指导各地将工作重心放在联动机制的建设上,成立联动工作领导小组,明确职责分工,建立联席会议制度,定期会商研讨工作动态。

三是功能设计。以"两室两庭"为基础架构的职工法律服务一体化基地主要承载以下四个功能。其一,法律宣传教育功能。通过发放宣传材料、提供法律咨询服务等开展常态化的法治宣传,通过不定期举办法律讲座、案件公开审理等方式打造"以案说法"的法律教育基地。其二,劳动纠纷全程调处功能。立足园区,提供劳动争议调、裁、诉一条龙服务。其三,劳动纠纷源头预防功能。关口前移,通过指导企业依法规范用工、建立集体协商等劳动关系调处机制使劳动纠纷防患于未然。其四,劳动关系风险隐患排查功能。针对园区中涉及劳动纠纷的不稳定因素,联合公安等部门第一时间主动介入,采取有效措施及时化解、排除隐患。

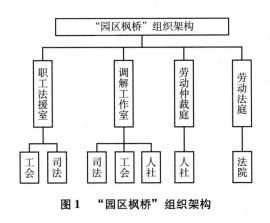

图1　"园区枫桥"组织架构

三　晋江推进职工维权一体化建设的做法与经验

在上级工会的指导下,晋江市总工会联合开发区党工委和晋江市法院、检察院、司法局、公安局、人社局等多部门共同打造晋江经济开发区职工法律服务一体化基地,以"枫桥经验"为指引,整合了法律服务、调解、仲裁等多种资源,就近为企业职工调处急难愁盼问题。该基地选址在晋江经济开发区职工服务中心,两层共400平方米,可满足职工法律服务一体化基地建立所需的"两室两庭"要求,即职工法援室、调解工作室、劳动仲裁庭、劳动法庭(见图2)。晋江市总工会在此基础上,结合实际需求进行了机制

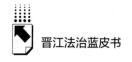

创新、功能创新，赋予"园区枫桥"更多的内涵，主要包括在职工服务中心基础上延伸服务，设立政协委员联系点、检察联络点、营商环境监测点、职工心理咨询室、产业园区（联合）党代表工作室、营商环境法律服务站，形成多元化解职工矛盾纠纷的服务模式。晋江经济开发区职工法律服务一体化基地的运行，标志着晋江市劳动关系矛盾调处水平又向前迈进了一大步，也为泉州其他兄弟县（市、区）提升劳动关系矛盾调解水平提供了可借鉴、可复制的样板。

（一）整合资源，多元化解，维权服务"一条龙"

利用工会场地、人员等方面的便利及桥梁纽带优势，整合司法、人社、法院、检察、公安、纪检等专业调解力量，引入企业家、专兼职调解员、"两代表一委员"、职工代表等，搭建起集咨询、援助、调解、仲裁、诉讼、执行、检察、监察等于一体的综合性法律服务平台，为职工提供普法教育、纠纷调解、法律援助、劳动仲裁、司法裁决、心理咨询、困难帮扶等"一体化""一揽子"法律服务，构筑职工维权绿色通道，让职工能够更加快速、便捷地得到工会服务，不仅为企业、职工就近调处急难愁盼问题，也有效优化园区营商环境，实现小事不出企业、大事不出园区。

（二）闭环管理，无缝衔接，纠纷调处"七步走"

实行"事前、事中、事后"闭环管理，建立案件受理、纠纷调解、法律援助、劳动仲裁、案件判决、检查监督、营商环境监测"七步走"机制，快速处理劳动争议案件。第一，职工服务窗口。开发区总工会、应急办（劳务所）工作人员现场登记受理职工案件，并立即处理。第二，调解工作室。开发区总工会聘任专兼职人民调解员，依照调解工作程序等有关规定协助总工会、应急办（劳务所）工作人员进行调解活动，保障劳动纠纷双方当事人的权益，公安力量协助调解并维持秩序。其中专职调解员2名；兼职人民调解员有40名，按照行业、籍贯聘任，涉及食品、纺织、鞋服、机械、印刷、模具、皮革、钢材等不同行业，以及云南、贵

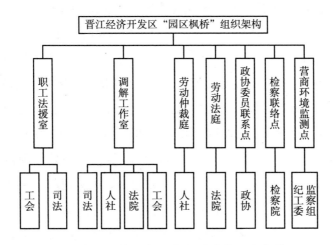

图2 晋江经济开发区"园区枫桥"组织架构

州、重庆、四川、湖南、河南、安徽等不同籍贯，发挥人民调解员熟悉行业标准或同乡优势，有效开展调解活动，协调化解矛盾。此外，还邀请片区的网格员参与调解活动，各片区和分园区为一级网格，片区、园区内以10~20家企业为二级网格，单个企业或企业地块为三级网格，形成三级联动劳动争议调处架构。第三，职工法援室。由市司法局设立，明确1名法律援助联络员，提供法律咨询服务，对调解未果案件，通过公益律师的介入沟通争取达成裁前和解，以减少开庭仲裁案件。对于需要开庭判决的案件，公益律师及时介入为职工提供法律援助，维护职工权益。其中，农民工讨薪申请公益律师不需要任何条件。第四，劳动仲裁庭。由市人社局设立，对调解不成功案件，市人社局派仲裁员到劳动仲裁庭开庭，就地仲裁，降低职工维权成本。第五，劳动法庭。由市人民法院设立，劳动法庭法官对调解不成功或当事人不服仲裁结果的案件进行现场受理判决，提高维权效率，确保矛盾纠纷不出园。第六，检察联络点。由市人民检察院设立，对符合起诉条件的，以支持起诉的方式帮助职工向法院提起民事诉讼；对职工申请民事行政生效裁判、调解书监督、审判程序中违法行为监督、执行活动监督的，依法受理审查，针对违法情形提出检察建议；对涉

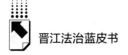
及职工权益的行政争议，开展实质性化解工作；定期分析开发区职工维权情况并提出完善改进意见。第七，营商环境监测点。由经济开发区纪工委、监察组设立，对一体化基地工作人员的工作作风、秉公用权、廉洁勤政、道德操行等情况进行监督。设立纪检信访举报箱及举报电话，建立联系通道，对反馈意见建议及时进行汇总分析，对问题属实的督促整改，对工作人员存在苗头性、倾向性问题的及时谈话提醒，对涉嫌违纪的坚决问责查处。基地还以《工会劳动法律监督提示函》为基础，创新"劳动法律'三色'监督告知函"制度，对违反劳动法律法规的用工单位，根据案件涉及的人数、金额，按轻重程度分别送达白色、黄色、红色《劳动法律监督告知函》，责令限期整改到位并提交书面整改报告，对逾期、拒不履行整改的用人单位采取强制整改等依法处置措施。

（三）夯实载体，筑牢根基，权益服务"四平台"

建设职工权益服务"一中心一站一室一点"保障平台，切实保障职工权益，构建安全、温馨、和谐的用工环境。平台一，职工服务中心。由市总工会指导，开发区总工会具体执行，负责职工困难帮扶、法律援助、医疗互助、就业帮助、信访调解等，以及协调处理一体化基地日常工作。同时，设立职工心理咨询室，定期邀请专业心理咨询师为职工提供心理诊疗服务，用科学方式帮助职工调节情绪和缓解压力，为职工提供普惠、常态的心理关爱服务。平台二，营商环境法律服务站。由市法院设立，择优派驻法官组成专业法律团队提供优质法律服务，掌握园区企业在发展过程中存在的法律困难和问题，给予建设性意见和建议。提供法律咨询、法治宣传活动等公益法律服务，为民营企业发展保驾护航。平台三，产业园区（联合）党代表工作室。由开发区设立，产业园区党代表定期进驻一体化基地，听取园区"大信访"人员的诉求，主动参与信访化解工作，架起党群企"连心桥"。平台四，政协委员联系点。由市政协设立，对职工反映的矛盾纠纷问题，积极开展"小微协商""上门协商""多方协商"帮助解决；多形式、多渠道与职工交流沟通，广泛收集社情民意信息。

四　晋江实践"园区枫桥"机制的
成效、典型案例与启示

依法维护职工合法权益是工会的基本职责。晋江市总工会以习近平总书记重要指示精神为指引，传承弘扬、创新发展"枫桥经验"，与时俱进赋予其新的内涵，努力发挥好"枫桥经验"在服务经济转型升级、协调经济社会关系、预防化解社会矛盾、巩固基层政权中的重要作用，紧密结合园区企业集聚的特点，通过强化平台载体建设，整合纪检、法院、检察院、司法局、公安局、人社局等多部门资源，打造特色鲜明、成效显著的"园区枫桥"工作模式，实施职工纠纷调处"七步走"新机制，打通职工维权"快车道"，实现了小事不出企业、大事不出园区，创造了良好的营商环境。

（一）晋江实践"园区枫桥"机制的成效

一是降低了职工的维权成本。晋江经济开发区职工法律服务一体化基地的建设，避免了劳动纠纷多部门受理、多次立案以及部门之间互相推诿的现象，极大地解决了职工投诉路径复杂、耗时长、诉累高的现实困难，节约了职工维权成本，有效促进职工养成遇事找法、解决问题靠法的行为自觉。正常情况下，仲裁排庭需要 1~2 个月；如果需要打官司，从仲裁开始到一审、二审结案一般要耗时 1 年；倘若用人单位没有能力或拒绝支付判决费用和赔偿，还要再等待 3 个月甚至更长时间。如果同意调解，路线就会完全不同。基地的建设极大缩短了职工的维权时间，降低了职工的维权成本。

二是提高了劳动纠纷化解的效率。晋江经济开发区职工法律服务一体化基地的建设，促成了部门联动，也便于各部门了解具体情况，促成协商解决。基地有来自各行各业的专兼职人民调解员，仲裁员、法官直接参与联合调解也提升了调解的权威性，提高了成功率，促成了"快立、快调、快结"目标的实现。同时，基地还设有"三官一律"工作服务监督台，引入警官、

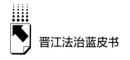

法官、检察官、律师专业力量，切实打通服务职工群众"最后一公里"。在园区，90%的纠纷都能通过事前调解达成和解。

三是提升了区域综治水平和营商环境。晋江经济开发区职工法律服务一体化基地的建设，促进了矛盾纠纷立调立结，极大地减少了劳动争议案件，为园区发展创造了良好的社会环境。基地创建以来，有效搭建起不同部门之间的沟通协调桥梁，有力推动了园区和谐劳动关系的构建和营商环境的优化。基地自2021年9月开始试运营，截至2023年7月31日，已接访调处劳动纠纷716起，涉及职工2389人次，涉及金额2486.9069万元，处理工伤认定申请109件。基地受到职工群众的欢迎和社会各界的肯定，获评福建省"园区枫桥"机制建设优秀单位，被列入全国首批基层劳动关系公共服务样板站点培育名单。

（二）晋江实践"园区枫桥"机制的典型案例

案例一：工伤事故。某集团（福建）有限公司员工刘某某于2021年10月7日在冲床车间从事生产时，右手不慎被机台轧伤，导致右手拇指末节近端离断伤。刘某某送医治疗后于2021年11月向基地提交工伤认定申请，基地受理后及时与其所在公司取得联系，获取相关资料和记录进行调查。基地在完成前期调查后将案件移交给晋江市人社局进行工伤认定。2021年12月16日，晋江市人社局出具工伤认定书，认定刘某某受伤事件为工伤。由于刘某某认为其右手可能致残，希望做伤残等级鉴定，基地工作人员与该集团协商，在刘某某伤残等级鉴定完成期间，将其安排至工作较为轻松的部门。目前刘某某仍在伤情恢复期，该集团公司已向其支付前期治疗费用并向社保中心提交工伤治疗费用报销申请。

案例二：欠薪事件。2022年1月中旬，9名水电施工班组负责人到基地来访，反映该项目22号地块（某某建筑公司承包工地）拖欠施工现场70余名农民工工资共计83万元。基地登记处给来访群众登记后，紧急通知项目业主及某某建筑公司现场负责人到场了解情况。经了解，该起事件是工程转包后市场价格变动导致工程预算超支引发的工程款纠纷。基地工作人员现场核实工资单及承揽合同后对现场各方人员进行调解。经过 3 个多小时调解后，承建方某某建筑公司同意当日召集各层分包单位到工地项目部核对施工进度，并将工人工资报表报送总部予以先行垫付工人工资，来访群众表示满意并接受。

案例三：意外身故。2022 年 1 月 18 日，某某科技有限公司一员工梁某下班后跟同事聚会，然后回到宿舍，自感身体不适随即拨通了家人电话，家人来到宿舍后发现情况有点严重，就拨打了急救电话，经医生检查后抢救无效死亡。开发区接到指挥中心的警情后高度重视该案件，立即组织工作人员协同派出所及企业做家属的善后工作，家属一开始认为是企业的用工时间及管理导致死者因过度劳累而身亡，情绪比较激动，经过基地工作人员连日的耐心调解及专业的法律疏导后，最终达成一致协议，企业从人文关怀的角度出资 13 万元帮助家属解决生活上的困难，双方在基地签订了调解书。

（三）晋江实践"园区枫桥"机制的启示

晋江经济开发区职工法律服务一体化基地能够就近、"一站式"服务企业、服务职工，关键在于践行"园区枫桥"机制。基地的成功实践有重要的启示意义。一是要建立多方联动的工作机制。建立工会、司法、人社、法院四部门定期会商的联席会议制度，实现预、调、裁、审等职能有机衔接。二是要会聚多元参与的工作力量。各部门工作人员打破壁垒通力合作，最大限度地整合基层工作力量。倡导基地引进律师、志愿者及具有调解工作经验的各方面人士参与基地法律服务工作。三是要构建多方联合的调处机制。加强工会劳动争议调处与仲裁调解、人民调解、行政调解的联动，提倡联合调解，促进程序衔接、资源整合和信息共享。劳动争议经调解达成协议后，根据双方当事人共同申请，劳动人事争议仲裁委员会或人民法院应依法依规开展仲裁审查和司法确认。建立健全重大劳动争议应急调解机制，发生集体劳动争议时，第一时间启动联合调解。

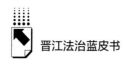

五　晋江职工维权一体化建设面临的新挑战
和持续推进思路

（一）晋江职工维权一体化建设面临的新挑战

一是一体化基地服务范围还不够广。晋江经济开发区于 2021 年 11 月整合全市 14 个工业园区，规划范围约 100 平方公里，实行"全市一区+若干专业园"发展模式。截至 2023 年 8 月，共入驻企业 1407 家，其中规模以上工业企业 413 家（含区域外统计）、限额以上企业 134 家（含区域外统计）、上市及上市后备企业 46 家，服务职工近 10 万人。目前，晋江经济开发区职工法律服务一体化基地是晋江经济开发区唯一的劳动争议处理机构，但服务范围实际上以五里园区为主，服务覆盖面还不够广，仍有部分职工无法享受到基地提供的维权服务。就全市而言，没有职工法律服务一体化基地的地区只能依靠属地法律服务，难以享受到便捷的一体化维权服务，需要进一步扩大服务范围，让更多的职工受益。同时，晋江经济开发区职工法律服务一体化基地只有 400 平方米，场地开拓受限，对拓展基地服务功能形成制约。

二是劳动关系公共服务需求进一步增加。晋江经济快速发展的过程是工业化、城镇化和市场化快速推进的过程，在此过程中大量农村人口变成城镇人口，大量外地人口涌入晋江与本地人口一起工作生活。截至 2023 年 8 月，新晋江人超过 100 万人，与本地户籍人口基本持平。晋江庞大的外来人口主要集中在晋江发达地区，特别是产业集群的工业区和工业园区，大多分布在众多的民营企业中，主要从事制造业。民营企业中外来人口一般占到企业员工总数的 50% 以上，部分企业甚至高达 80%~90%。[①] 100 多万外来人口为晋江经济社会发展注入活力的同时，也给社会管理带来了诸多挑战。晋江各类经营主体超过 30 万户，上市企业 51 家，但劳动密集型制造企业普遍没有

---

①　晋江经验课题组：《中国县域发展："晋江经验"》，社会科学文献出版社，2012，第 214 页。

执行 8 小时工作制、双休日、法定节假日、带薪年休假等制度；部分企业劳动时间长、劳动强度过大，有的一线生产工人日工作时长为 10~12 个小时；部分企业对招工时承诺的薪酬待遇落实不到位；有的企业经常拖欠工资，导致工人产生对立情绪；部分企业工作生活环境较差，设备老旧，安保设施不完善，舒适度低。种种因素使工伤、欠薪、意外身故等劳动争议案件仍然处于多发的态势，关系到晋江社会的和谐稳定，关系到外来人口的权益保障，职工对劳动关系的咨询、调解、仲裁等劳动关系公共服务的需求进一步增加。

三是新业态模式给劳动关系带来新挑战。随着互联网经济的快速发展，新业态新模式不断涌现，外卖、快递等新业态劳动者队伍不断壮大，新业态劳动者权益维护案件不断增多，给劳动关系带来新的挑战。新业态经济具有便捷的智能交互应用、丰富的新型消费场景，使劳动关联主体更加多元化和复杂化，给劳动争议的"用工单位"认定带来巨大挑战。新业态模式下，平台企业、用工者、劳动者三者出现功能分化，由此产生的权利义务关系趋向模糊。新业态从业人员大部分不受劳动法关于工作时间、工作地点、工作条件等规定的限制，平台对从业人员不承担应有的雇主责任，导致从业人员有关权益保障不足。因此，职工法律服务一体化基地也需要对新业态劳动者群体予以积极关注，探索新业态劳动争议多元解纷机制，畅通一体化维权渠道，切实做好一站式维权服务，保障新业态从业者的权益。

（二）未来持续推进思路

晋江经济开发区职工法律服务一体化基地需要不断拓展业务范围，扩大服务覆盖面。目前，晋江市总工会正积极推广"园区枫桥"机制，加快陈埭维权一体化服务基地建设，推动已建的镇级职工服务中心提升服务能力。未来，晋江市总工会将不断丰富"园区枫桥"机制内涵、拓展机制外延，扩大机制覆盖面，扩大一体化基地服务半径，发挥基地典型示范、辐射带动作用，加大复制推广力度，推进一体化基地的布点工作，构建全市职工就近维权新格局。

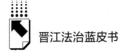

一是拓宽一体化基地服务功能。"园区枫桥"机制是一个开放包容的体系，职工多元化的维权需求是推动"枫桥"迭代升级的驱动力。晋江市总工会将不断适应新形势的变化，进一步完善晋江经济开发区职工法律服务一体化基地配套设施，拓宽服务功能，如开展心理健康讲座、职工技能培训，设立职工健康小屋等，为职工提供招工、培训、咨询、维权等综合性服务。同时推进"园区枫桥"2.0升级，充分发挥职工法律服务"园区枫桥"机制在服务职工、推动构建和谐劳动关系、助力民营经济发展等方面的重要作用。

二是强化一体化基地布点建设。晋江市总工会将进一步扩大晋江经济开发区职工法律服务一体化基地服务半径，将开发区周边如灵源街道、安海镇、永和镇辖区内的企业纳入服务范围。同时，发挥一体化基地典型示范、辐射带动作用，加大复制推广力度，推进一体化基地的布点工作，除了加快陈埭维权一体化服务基地建设，进一步在晋南和晋北进行两个基地选址，以点带面，覆盖全市东、西、南、北区域，构建全市职工就近维权新格局，推动"园区枫桥"从"一地盆景"到"全域风景"。同时，推动"园区枫桥"面向新就业形态劳动者开放，如鞋服大厂背后的带货主播、配送员和外卖小哥等。

三是探索建设智慧维权平台。畅通民意表达渠道是做好利益关系协调、解决社会问题、化解社会矛盾、防范社会风险的前提。晋江市总工会将结合晋江市数字经济发展形势，推进维权服务数字化运作，探索建设智慧维权平台，建立维权服务数据库，通过"云端"法律普及服务、智能解答职工咨询、在线远程调解、线上法律援助申请等形式，进一步畅通民意表达渠道，提供全方位、多样化的法律智慧服务，让职工能够随时随地享受"指尖"上的工会维权服务。

法律服务篇

B.17
法律援助在晋江的实践和创新

晋江市司法局课题组*

摘 要： 法律援助是国家为困难群体密织的一张法律保护网，同时也是我国社会保障机制的重要内容之一。晋江市法律援助工作经过多年的努力和发展，取得了显著成效，呈现"有一支高素质、专业化的法律援助队伍，有一个'横向到边、纵向到底'的三级法律援助网络，有一个'一条龙''一站式'的法律援助工作机制"的特点和良好的发展态势，社会效益日益增长。但在法律援助需求日益增多的背景下，法律援助经费、力量、服务手段及外部支持等方面依旧存在一些实际困难，还需要进一步加强法律援助宣传，丰富援助和服务方式，扩大覆盖范围，提升服务质量。

关键词： 法律援助 公共服务 社会保障

---

* 课题组组长：范飞跃，晋江市司法局党组书记、局长；林雨杰，晋江市司法局党组成员、三级主任科员。报告执笔人：蔡金镜，晋江市司法局公共法律服务科科长。

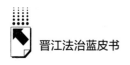

一　晋江市法律援助的发展背景

法律援助是国家为弱势群体和特殊对象设立的一种"救济",是政府向特定人群提供的一项重要公共服务,在加强和创新社会管理中承担着重要职责,在服务和改善民生方面具有独特优势。因此,党和国家高度重视法律援助工作,党的十八届三中、四中全会决定明确提出,完善法律援助制度,扩大援助范围,对法律援助工作做出重大部署。中央深化司法体制改革,将完善法律援助制度作为一项重要改革任务进行部署。2022 年 1 月 1 日起实施的《中华人民共和国法律援助法》(以下简称《法律援助法》),为法律援助工作提供了重要的法律依据,极大地推进了法律援助的制度化、规范化进程。随着法律援助制度规范体系逐步完善,地方法律援助实践也加快步伐。晋江市积极响应,为弱势群体维护合法权益提供渠道,不断完善法律援助工作机制,扩大援助覆盖面,创新援助方式,提升服务质量,取得了重要进展。

二　晋江市法律援助的实践模式及创新做法

晋江市在法律援助工作中,坚持贯彻落实《法律援助法》《法律援助条例》《办理法律援助案件程序规定》《福建省法律援助条例》,紧密联系晋江实际,与时俱进,开拓创新,形成了具有晋江特色的法律援助实践模式。

(一)晋江市法律援助工作概况

一是法律援助组织机构逐步完善。晋江市法律援助中心成立时,机构被定为差额拨款事业单位,2003 年被核改为全额拨款事业单位,现为参公事业单位。先后在工会、妇联、残联、老龄委及人武部横向组建 13 个法律援助工作站,纵向依托各基层司法所及法律服务所设立 19 个镇级法律援助工作站,形成了以法律援助中心为主导、有关维权部门共同参与的法律援助工作网络。二是法律援助队伍不断壮大优化。通过选拔、调任、招考等方式，建立起专职兼职相结合的法律援助工作队伍。晋江市法律援助中心现有工作人员 6 名、辅助人员 2 人。各法律援助工作站总计有专职兼职工作人员 157 名，另有经常性参与法律援助的律师 100 人。三是法律援助工作机制日臻完善。晋江市法律援助中心建立健全了学习、受理审批、财务管理、档案管理、值班、重大情况报告、首问责任、限时办结、服务承诺以及工作人员守则、案件质量评估办法、办事公开暂行规定等多项基本制度，工作规程完善。四是法律援助经费保障初步落实。市财政将法律援助经费列入年度预算，建立法律援助的最低经费保障机制，保障经费及时拨付到位。五是法律援助的受益面不断扩大。2022~2023 年，晋江市法律援助中心共办理法律援助案件 5540 多起（含刑事案件 4558 起，民事诉讼案件 982 起），受援人数达 6000 多人次，为 4229 多名群众解答法律咨询。法律援助案件数量呈逐年上升的态势，众多的贫、弱、残等社会弱势群体通过法律援助实现了法律赋予的权利。

（二）晋江市法律援助的实践模式及创新做法

一是"三个扩大"促法律援助全覆盖。2015 年 6 月，《关于完善法律援助制度的意见》提出了"三个扩大"（扩大民事、行政法律援助覆盖面，扩大刑事诉讼法律援助覆盖人群，扩大法律援助咨询服务覆盖范围）。根据该意见精神，晋江市法律援助中心努力探索新常态下法律援助的新形式、新路子，在渠道上求延伸，在服务上求拓展，在质量上求高效，晋江市陆域面积 649 平方公里，辖 19 个镇（街道）、399 个村（社区），大部分镇（街道）、村（社区）群众到晋江市区时间成本较高。本着不让受援群众为维护自身合法权益多跑一趟路，也不让受援群众因经济困难而维权困难的理念，晋江积极探索"互联网+法律援助"全覆盖路径，即所有人口全覆盖、所有区域全覆盖、所有案件咨询与申请足不出户全覆盖，让法律援助实现与群众的无缝对接。其一，完善法律援助网络，让法律援助的触角延伸到群众家门口。重新调整完善 19 个镇级法律援助站，重新组建 399 个村级联系点，新聘任

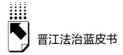
430 名联络员，达到村、镇二级全覆盖，形成以市法律援助中心为主体、各镇（街道）法律援助工作站为支柱、各村（社区）法律援助工作联系点为基础的三级网络体系，受援群众可直接到所在镇（街道）、村（社区）的站、点进行援助申请，实现了法律援助全区域覆盖。其二，建立信息平台，借助科技的力量让法律援助走进家门。从 2015 年 3 月开始，着手筹备法律援助信息平台建设，经过半年的努力，信息平台正式投入使用，群众在家中就能上网查询、咨询、申请，实现网上预审、审批、指派、监督及案件办理进度查询等。建立的信息平台实现了晋江市海内外人口全覆盖。其三，设立行业援助站，拓展法律援助领域。目前为止，晋江市法律援助中心在人武部、团市委、总工会、妇联、残联、老龄委、看守所、计生协会等单位设立援助站，并根据实际需要及时增设行业法律援助站。同时根据不同行业、不同季度的实际情况积极作为，指派律师及工作人员深入机关行业窗口，现场办公，有针对性化解特殊时期受理案件的压力。其四，六条渠道打通法律援助"最后一公里"。晋江市法律援助中心目前开通了六条渠道供群众申请法律援助，包括拨打"12348"功能热线，登录福建省网上办事大厅，关注"法治晋江"公众号，拨打各村、镇级援助站、联系点电话或到援助站、联系点现场办理，拨打法律援助中心热线，拨打各行业援助站电话或到援助站现场办理，特殊群体可享受上门服务。通过这六条渠道打通"最后一公里"，实现零距离的服务，实现法律援助所有案件咨询、申请足不出户全覆盖。

二是"三个保障"促法律援助正常运行。如何让法律援助工作能够正常运行，一系列强有力的保障措施必不可少。其一，人员保障。为了让受援群众得到高效、优质的法律服务，中心要求所聘任的村级联络员必须是村干部，并对联络员进行严格筛选和不定期培训，以便更好地引导和帮助需要法律援助的困难群众申请援助，让法律援助真正在基层落实到位。其二，制度保障。晋江市法律援助中心重新修订法律援助工作站、联系点的工作职责、审批权限、工作程序、建设标准，并建立相应制度，使各援助站、联系点的运行规范化、制度化；印发了《法律援助人员承办法律援助案件暂行规定》，从律师值班、受理案件、指派、提卷、办案、归档、补贴等方面细化要求，精化标准，使法律援助每个阶段、每项工作都有章可循、有序可依。从执行情况看，这些制度有力地推进首问责任制、全员培训制、旁听制、件件回访制、责任跟踪监督制、季度通报制等落实到位，特别是季度通报制，使援助案件的各个环节在阳光下得以规范，办案质量在监督下得以提升，提升了社会关注度。其三，内在保障。打铁还需自身硬，晋江市法律援助中心自加压力。一方面，抓宣传增活力。为了让老百姓更容易了解法律援助，晋江市法律援助中心制作法律援助指南到各镇（街道）、村（社区）悬挂，将法律援助知识传送至各家各户。为敦促各镇（街道）援助站、各村（社区）援助点加大宣传力度，在对司法所进行季度考评时，要求每个镇（街道）抽查三个村（社区），每个村（社区）随机进十户访查群众对法律援助的知晓率，实行加分及扣分制，从而力促镇、村二级采取有实效性的宣传方式，提升群众的知晓率。另一方面，练内功增推力。为了更快捷地提供服务，最大限度压缩案件停留时间，晋江市法律援助中心每日召开交班会，由值班人员汇报前一日受理情况，并对七项工作立即做决定，提高办事效率。立决受理方面，根据值班人员汇报受理的案件，逐起进行集体讨论看能否受理，形成受理意见后，做出受理决定。立决指派方面，根据不同案情和各律师所的办案特长，结合指派规定，集体讨论应指派的律师所及律师，确定并完成指派手续。立决跟踪方面，受理、指派后，根据中心人员各自不同特长，集体讨论确定最合适的跟踪人选，并将相关的卷宗当场交付跟踪人员，同时按不同案情提出相关要求。立决旁听方面，根据办案情况和个别案件的特殊性，集体讨论决定旁听。对于旁听的案件，要求跟踪人员及时了解汇报案件办理进展情况，适时提出要求，确保旁听达到预期效果。立决收卷方面，对于已到收卷期限的案件，要求跟踪人员及时催收，并对收卷存在的问题要求马上整改。立决补贴方面，收卷后，由跟踪人员汇报案件办理情况、集体讨论，决定相应的补贴，并完成相关手续办理及归档整理工作。立决解难方面，将在各自工作中遇到疑难问题或需协调解决的事项，提交班会集体讨论形成解决办法，做到不遗留问题。

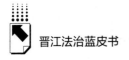

三是树立大局意识，赢得支持。晋江市法律援助工作自起步以来，市委、市政府高度重视。结合法律援助工作开展情况，于2016年出台了《晋江市关于加强法律援助工作的实施意见》，推动法律援助在政府责任落实方面实现新突破。市主要领导多次到法律援助中心视察调研，召开专题会议研究法律援助工作，市人大代表、政协委员也多次对法律援助工作进行视察、质询、指导，有效促进了法律援助事业的健康发展。在基础设施建设方面，晋江市司法局党组对法律援助中心采取政策倾斜措施，在司法局办公用房十分紧张的情况下，专门调整办公用房，为法律援助中心增设了谈话室、办公室、主任室和档案室等。2007年，将沿街主干道150多平方米的商业门面收回，并投入资金30多万元进行内外装修，将其改造为中心的服务窗口。法律援助中心办公场所由过去的20多平方米，增加到现在的近200平方米，法律援助中心规范化建设在硬件上初具规模。在队伍建设方面，为进一步适应新形势法律援助工作发展的要求，法律援助中心录用了一名具有法律职业资格的研究生，并聘用了2名法律专业人员，专职从事窗口法律咨询和法律援助申请受理，通过配备高素质管理人才，确保管理与服务质量。同时，抓好律师资源的整合工作，在全市40家律师事务所的300多名律师中实施了"二个一"制度，即每一位执业律师在法律援助中心服务大厅每年至少值一天班、办两件法律援助案件。在经费保障方面，晋江市财政局认真落实政府对法律援助提供财政支持的具体办法和措施，将法律援助机构工作人员的工资、福利、办公经费、办案经费和办案补贴等费用纳入本级财政预算，并根据法律援助需求量、经济发展状况等综合因素逐年增加法援资金的投入。2022~2023年，晋江市投入法律援助费用373万元，基本满足了全市法律援助工作的经费需求。此外，法律援助办案补贴也增加了。2020年4月，晋江市司法局会同市财政局对法律援助办案业务成本进行调研和测算，对晋江市法律援助办案补贴标准做出调整，刑事案件侦查阶段、审查起诉阶段办案补贴由每件1000元调整为1200元；民事、行政一审案件、再审案件、劳动仲裁案件办案补贴由每件1500元调整为1800元；值班律师补贴由每天150元调整为每天200元。这一举措大大提高了律师和法律服务工作者办理法律援助案件的积极性和主动性，促进了法律援助事业的健康发展。

四是创先争优，强化服务。通过不断强化各项便民、利民措施，提高法律援助案件的质量，切实维护社会贫弱群体的合法权益。其一，着力打造便民场地，树立良好外部形象。2007 年，在沿街设立 150 平方米的服务大厅，统一设置服务窗口，公证、法律援助、"12348"法律服务热线集中统一办公，社会律师均有专门值班窗口。服务大厅从 2007 年 8 月投入使用以来，共接待来访来电人员几万人次，群众对接待工作的满意率达到 100%。同时，积极打造多元化服务形式，不断推行网上申请、上门服务、异地受理等便民利民服务，让法律援助真正滋润受援群众的心田。其二，抓平台建设，畅通法律服务渠道。2016 年，率先运用互联网搭建新的服务平台——晋江法律援助网，宣传法律援助的相关内容，公告受理进程，开辟法律援助网上申请通道，开设在线法律咨询板块，由专人负责解答有关法律问题，法律援助网的开通进一步提高了援助工作透明度，极大方便了法律援助目标群体。目前，晋江法律援助网已并入福建省法律援助信息网。2022~2023 年，晋江市法律援助中心共受理网上申请 61 起。其三，突出法律服务便民主题，满足困难群众需求。以推动职业文明发展和提高青年职工素质为重点，结合法治文化，通过不断深化便民活动内容，创新活动载体，开展一系列便民利民主题活动，不断开创法律援助新局面。比如，走进基层，组织司法行政系统"党团员法律服务队"到部分农村和社区，提供送法下乡、送法进社区服务，通过现场组织文艺表演、开办图片展、分发宣传资料、受理法律援助申请、提供咨询等活动，吸引村民参与；走进工人群众，与工会联合开展困难职工法律援助活动，为符合条件的职工及时提供法律援助，并奖励有贡献的法律援助人员；联合市总工会、市妇联等单位，共同关注平安家庭、新晋江人、法律弱势群体，更好地与市民互动，增强市民法律维权意识。为进一步提高法律援助服务质量，更好地为贫弱群体提供优质服务，在每年的春节，晋江市法律援助中心对部分受援人员进行走访交流。通过开展活动，进一步提高了法律援助的影响力，拉近了政府与群众的距离，为法律援助工作更好地服务民生、促进和谐奠定了坚实的群众基础。为深入贯彻实施《法律援助法》，切实保障困难群众合法权益，中心推出"法援惠民生"系列活动，2023年5月、6月、7月分别开展"法援惠民生　关爱残疾人""法援惠民生　关爱未成年人""法援惠民生　拥军优属"等主题活动，加强民生领域法律援助服务，努力满足人民群众需求，为建设覆盖城乡的现代公共法律服务体系做出新贡献。其四，强化监督，保证服务质量。晋江市法律援助中心依托法律援助信息系统软件，及时查询、跟踪案件处理进度，并采取与法律服务人员沟通、旁听庭审、回访当事人、建立投诉事项登记等一系列措施，对律师办案全过程进行监督，保证援助质量。2016年，出台《法律援助案件质量评估办法》，对每一起案件进行质量评估，将评估结果与办案补贴挂钩，实行差别化案件补贴，并将案件扣分情况进行通报，这一措施的实施明显提升了案件办理的及时性、规范性，从而提高了办案质量。其五，关注民生，能援尽援。中心始终坚持以人为本，紧紧围绕党委政府中心工作，以服务大局、服务基层、服务农村为主线，把法律援助与构建社会主义和谐社会有机结合起来，改进工作作风，改进工作机制，积极为老、弱、病、残、孤等特困群体提供法律援助和法律帮助。群众对法律援助工作满意率达到了99%，取得了良好的社会效果。其六，狠抓办案数量，努力实现能援尽援。扩大法律援助范围。关注社会热点和重点问题，将一些医患纠纷、土地纠纷、重点工程建设、拆迁补偿、旧城改造等社会关注程度高的事项，纳入法律援助补充事项范围，及时满足困难群众法律援助的需求。对一些突遇工伤、交通等重大变故当事人，酌情放宽经济困难标准，特事特办。完善服务网络。建立了以市法律援助中心为主导，以镇、街法律援助工作站和行政村、社区法律援助联络员为依托的"三级"法律援助工作网络。全市已建成镇级法律援助工作站19个，在村、社区聘请法律援助联络员430名，在总工会、妇联、老龄委、人武部、残联等部门设立13个法律援助工作站。法律援助工作更加便民、利民，更加贴近人民群众。

除此之外，还加大对外来务工人员法律援助力度，最大限度地保障其合法权益。近年来，晋江市大量输入外来务工人员，其文化程度普遍较低，社会经验相对不足，用工单位劳动保护措施不健全，常有违规违章操作，外来务工人员的合法权益受到侵害事件时有发生，不仅给外来务工人员身心健康带来伤害，而且挫伤了外来务工者积极性，影响了社会稳定和经济发展。为切实保障外来务工人员的合法权益，按照晋江市委、市政府提出的"不让任何一个外来务工人员维不了权"的要求，对外来务工人员申请法律援助予以与晋江市民同等待遇，对涉及工伤赔偿、追索劳动报酬开通绿色通道，免予经济困难条件审查，方便他们及时申援、尽早受援。同时，联合人力资源和社会保障局、总工会等开展外来务工人员维权工作，把法律援助与人民调解、劳动仲裁相衔接，切实保障外来务工人员的合法权益。联合人力资源和社会保障局推动针对外来务工人员劳动纠纷的公益法律服务活动，如在总工会和外来务工人员较为集中的陈埭镇，设立了职工维权法律援助联络点和工作站，为外来务工人员提供"一站式"法律服务。2022～2023 年，晋江市法律援助中心受理的民事援助案件中，已办结涉及外来务工人员的民事法律援助案件 704 件，共援助 830 多人，涉及劳资纠纷、工伤赔偿、交通事故等民事纠纷，有力地维护了外来务工人员的合法权益，有效地缓和了社会矛盾，为晋江市和谐、稳定、发展做出贡献。

三 晋江市法律援助工作尚待解决的问题

长期以来，晋江市法律援助工作坚持开拓创新，逐步完善各种工作机制，履行"贫者必援、弱者必帮、残者必助"的服务承诺，取得了良好的社会效果，援助工作得到了各级领导和广大群众的充分肯定。但随着社会主义市场经济的不断深化，法律援助工作面临新形势的考验。

（一）现有的法律援助人员配备明显不足，法律援助的供需矛盾比较突出

晋江市现有人口 207.6 万人，其中，最低生活待遇人员、外来人员、残疾人、老年人、未成年人均为法律援助的主要对象。与此同时，全市只有律

师 301 人、基层法律工作者 36 人，法律援助的需求量将大大超过目前的供给能力，法律援助的供需矛盾越来越突出。

（二）法律援助办案经费短缺，制约法律援助事业发展

政府出资，一直是法律援助的主要经费来源。晋江市十分重视法律援助工作，每年都会按一定的比例增加法律援助经费投入，确保法律援助事业与全市经济、社会共同协调发展。2022~2023 年共拨款 373 万元，已发放补贴 315.82 万元。全市由专职律师承办的法律援助案件的办案经费每件平均为 1500 元，2023 年法律援助财政预算专项业务经费为 207 万元，只能保障约 1300 件援助案件。经费缺乏在一定程度上影响了办案质量，阻碍了工作开展。

（三）法律援助宣传不够，全市对法律援助的认识不足

晋江市开展法律援助工作到现在已经近 26 年，尽管举办了《法律援助条例》大型公益宣传活动，受理了大量法律援助案件与咨询，但对于法律援助制度的基本内容、价值和功能，建立健全法律援助制度的必要性和紧迫性等，普通民众和一些领导干部认识不足，甚至存在错误认识。

四　晋江市法律援助工作的完善思路

近年来，晋江市法律援助工作立足实际，充分发挥法律援助在促进经济社会发展和维护公平正义中的职能作用，不断拓展服务领域，创新公共法律服务模式，创设线上、线下立体式服务新模式，突出法律援助服务方式的转型升级，真正提供零距离服务，群众的满意度在不断提高。面对新形势新任务，接下来还将紧扣改革发展脉搏，主动适应社会治理体制创新以及信息化时代群众工作的新要求新变化，全面把握机遇，在全面深化改革、推进转型升级的进程中发挥职能作用，努力实现法律援助工作的快速发展。

（一）发挥职能作用，打造法律援助安民工程

一是认真开展宣传教育，疏导社会不良情绪。法律援助宣传是广大人民群众了解法律援助制度的重要途径，只有广泛、深入地开展法律援助宣传，营造法律援助氛围，提高百姓对法律援助工作的知晓率，使更多的困难群众了解并运用法律援助维护自己的合法权益，法律援助制度才能更好地发挥社会效用，起到稳定社会的作用。在宣传中应当围绕当前的重点、热点问题，依托不同载体，结合承办案件，做到以案释法、以案明理。通过法律下乡、法律咨询等途径进行广泛宣传。利用村、社区和企业的文化宣传阵地，面向农民、来晋务工人员等弱势群体进行法治宣传。同时利用三级服务网络在解答咨询过程中引导群众依法维护自身权益。

二是提前预防、及时化解。目前，全市已形成了一个"纵向到底、横向到边、中心布局、网上直通"的立体式法律援助服务网络，法律援助延伸到了群众的"家门口"。这张网络，不仅是法律援助的服务网，也是社情民意的信息网。通过法律援助网络，结合矛盾纠纷大排查大调处开展走访活动，重点针对各村社区中涉及热点、难点纠纷人群，及时化解矛盾。

三是加强信息交流。在处置重大复杂案件及可能对社会造成重大影响案件时，积极与有关部门沟通交流，加强信息反馈，建立相关联动机制，及时做好应急预案和维护社会稳定工作方案，保证案件办理依法、有序进行，维护社会稳定。

（二）扩大受援范围，满足民生需求

一是扩大法律援助覆盖面。认真落实中央、司法部、省市有关文件精神，进一步增加法律援助事项，逐步将涉及劳动保障、婚姻家庭等与民生紧密相关的事项纳入援助补充事项范围，并将军人军属、聘不起律师的申诉人等纳入援助对象范围。进一步放宽经济困难标准，降低法律援助门槛。二是加强刑事法律援助工作。完善与公检法等办案机关的工作衔接机制，加强通知辩护（代理）工作。加强依靠申请的刑事法律援助工作，畅通申请渠道，

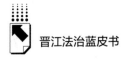

完善被羁押犯罪嫌疑人、被告人经济困难证明制度。三是做好军人军属、农民工等重点群体的援助工作。认真研究制定军人军属法律援助工作实施办法，继续做好农民工、残疾人、老年人等群体法律援助工作。针对新的形势和任务要求，围绕"稳增长、调结构、促改革、治污染、惠民生"、社会和谐稳定、民生基本权益保护等适时组织开展专项服务活动，不断丰富法律援助服务民生的内容、方式，增强实效。

（三）继续深化便民服务措施，加大服务保障民生力度

一是巩固完善便民服务窗口、站点的公共法律服务功能。积极参与公共法律服务平台建设，发挥法律援助在公共法律服务体系建设中的基础性和前导性作用。借助公共法律服务体系建设，规范工作站点建设，创新服务方式方法，发挥工作站点方便、快捷服务困难群众的功能。继续完善法律援助"绿色通道"，建立与司法救助、社会救助的衔接机制，真正为群众办好事，让群众好办事。二是深化信息化平台应用。以便民为导向，依托信息化平台建立便民服务通道，方便群众通过网络申请。加强对信息平台业务培训与应用监督，法律援助工作站点对咨询和案件申请实行即办即录措施，按规定上传相关材料，法律援助中心实现网上审查、审批和指派。重点加强"12348"法律服务热线建设，畅通咨询服务渠道，广泛运用电话、微信、手机、网站等搭建咨询服务平台，为群众提供方便快捷的咨询服务，实现法律援助咨询服务全覆盖。适当以政府购买方式引入专业律师参与法律咨询，引导法律援助人员在提供法律咨询的同时积极开展法治宣传和教育。三是完善法律援助三级网络。在巩固提升法律援助工作站和村联络点建设成果的基础上，积极推进各站点的规范化建设，规范工作站人员配备、工作制度和运行机制等。探索法律援助网格化服务管理新模式，充分利用网格设置优势，将法律援助工作与社区（村）网格有效对接，实现法律援助工作全覆盖。加强基层工作站点经费保障，使办案与补贴挂钩，调动援助人员工作积极性，确保站点有效发挥职能作用。加强各部门和社会团体的法律援助工作站规范化建设，完善各受理点建设，完善

法律援助咨询、指引和初审工作流程，方便社会弱势群体就近获得法律援助。

（四）狠抓法律援助服务质量，提高法律援助公信力

一是加大投诉案件查处力度。按照《法律援助投诉处理办法》规定，向社会公示投诉地址、电话、传真、电子邮箱及投诉事项范围、投诉处理程序等信息，建立台账，及时受理和查处。二是妥善处理好政府责任与律师义务的关系。律师接受法律援助机构的指派，为经济困难公民提供法律援助，是实现其公益性和社会性职责的一项重要内容，办案质量应与其年检注册挂钩。妥善处理好政府责任与律师义务的关系，努力健全和完善相关政策，保护好、发挥好律师参与法律援助的积极性。办案补贴标准应适当提高，并纳入同级财政预算，调动全市律师办理法律援助案件的积极性。三是推进法律援助案件质量标准化管理。继续狠抓援助案件质量监督管理，细化服务标准，完善工作流程，通过对案件进行跟踪询问以及听庭、查阅案卷及抽查等多种途径，加强对承办律师的监督，有效杜绝援助律师对援助案件不负责现象，确保为当事人提供符合标准的法律援助服务。健全案件质量评估机制，建立健全法律援助案件质量评估体系，细化、实化评估指标，完善具体工作措施。开展援助案件回访征询活动，征求社会各界对法律援助工作的意见和建议，不断加强和改进法律援助工作。

新形势下，要开展好法律援助工作，让人民群众更满意，应继续拓展服务领域，创新服务方式，优化服务流程，提升服务能力和水平，努力为弱势群体提供菜单式、超市化、一条龙服务，充分体现法律援助机构便民、利民、亲民的特点，内强素质、外树形象，要以实实在在的工作实效，不断提高人民群众对法律援助工作的满意度，进而赢得广大人民群众的认可。

B.18
多维度筑牢防溺水安全屏障的晋江实践

晋江市教育局课题组*

摘　要： 晋江市教育系统立足全市防溺水安全工作形势，坚持系统思维，从机制、人、物、环境四个维度综合施策，以出台工作方案、落实安全责任体系、加强督导工作为抓手，完善防溺水工作机制，从宣教对象、方式等方面着力推进立体化防溺水宣教活动，同时建立健全防溺水预警和救援机制，并强化水域分类管理，探索出"一镇（街道）一校一游泳池"工程、充分利用网格化管理等创新做法，为筑牢全市中小学生防溺水安全屏障写下生动注脚。

关键词： 防溺水　安全责任　水域管理

根据《2022 中国青少年防溺水大数据报告》，我国每年约有 5.9 万人死于溺水，其中未成年人占据 95%以上，溺水事故成为我国青少年意外伤害致死的头号事故，其中 1~4 岁儿童群体的溺亡率最高，将近 70%的溺水意外发生在乡村。有"海滨邹鲁"之称的晋江，海岸线长达 121 公里，水域面积为 629.78 平方公里，陆域江河湖库众多，主要河流 21 条，有三座湖

＊ 课题组负责人：施嘉奕，晋江市教育局局长。报告执笔人：黄志胜，晋江市教育局副局长；王法英，晋江市教育局学校安全科负责人；李瑞典，晋江市江滨中学校长；陈维熙，晋江市季延中学政教处副主任；胡桂金，晋江市罗山中学政教处副主任；陈邵国，晋江市实验小学副校长；杨桑柏，晋江市新塘街道沙塘中心小学副校长；董白茹，晋江市实验幼儿园副园长；许心心，晋江市第三实验幼儿园副园长。

泊、28 座水库、82 座山围塘以及大量的废弃石窟，水资源丰富，中小学生涉水概率极高，防溺水安全工作形势严峻。2020 年 5 月 22 日，习近平总书记在参加十三届全国人大三次会议内蒙古代表团审议时强调："人民至上、生命至上，保护人民生命安全和身体健康可以不惜一切代价！"① 这为晋江市做好中小学生防溺水工作指明了方向、提供了遵循。近年来，晋江市教育系统在精准把握中小学生防溺水工作规律的基础上，着手筑牢防溺水安全屏障，积极探索创新做法，全市中小学生防溺水工作取得了显著成效。

一 强化责任落实，完善防溺水工作机制

做好预防溺水工作，短期靠运气，中期靠制度，长期靠文化。最大限度地防止溺水事故的发生，既要立足当下，更要放眼未来，晋江市建章立制，初步建立了一套防溺水长效管理机制。

（一）高位推进，彰显决心

2012 年，晋江市政府印发了《晋江市预防青少年儿童溺水工作实施方案》（以下简称《实施方案》），将每年 5 月的第三周设为"晋江市学校交通和防溺水安全教育周"，深入开展"十个一"宣传教育活动，即上一堂预防溺水专题教育课、印发一份致家长一封信、节假日前集中开展一次安全教育活动、组织一次预防溺水或游泳安全知识竞赛或知识展板等宣传活动、印发一份游泳安全和预防溺水宣传册页、召开一次"预防溺水"主题教育家长会、开展一次家长专访活动、布置一篇预防溺水安全教育作业、建立每周一次专题教育制度并在课前课后进行安全提醒、开展一次学生预防溺水集体签名或宣誓活动，强化学生自我管理和约束能力。《实施方案》首次明确了政府、学校、家庭在溺水事故防范中的责任和义务，构建政府、家庭、学校、社会"四位一体"的学生防溺水工作网络，健全学生防溺水工作体系，

---

① 习近平：《论坚持人民当家作主》，中央文献出版社，2021，第 306 页。

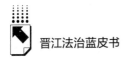
有效解决预防学生溺水工作中存在的突出问题，做到安全责任全覆盖、安全教育全覆盖、安全风险评估全覆盖、隐患排查整改全覆盖、联防联控联管全覆盖，全面落实预防学生溺水事故的各项措施。按照"属地管理、分级管理"和"谁主管、谁负责"的原则，进一步细化安全管理责任，形成了"主要领导负总责，分管领导具体抓，一级抓一级，层层抓落实"的安全责任体系和"横向到边，纵向到底"的安全责任体系。

（二）联防联动，守好责任田

自 2018 年以来，晋江市基本建立了"五级书记"一起抓和"十长"共管的网格化责任体系，全面落实市级领导包镇（街道）、镇（街道）干部包村组（社区）、村干部包户及水域、教育系统干部包学校、学校教师包学生"五包责任制"，不断强化属地、部门、学校和家长四方责任。各镇（街道）严格履行属地责任，积极组织开展以交通和防溺水安全为主题的宣传教育、隐患排查和综合治理活动，组织有关基层部门和村（社区）、企业、学校开展防溺水专项排查，做到全面排查、不留死角，对排查出的安全隐患，指定专人落实整改措施，确保整改到位。各村（社区）充分凝聚村（社区）干部、巡逻队、"五老人员"、青年志愿者、企业等各界力量，对村（社区）户、企业员工加强宣传，尤其是针对外来务工人员，要求他们切实时刻关注孩子动态，做到孩子外出时要"知去向、知同伴、知内容、知归时"。有关部门按照行业主管原则，深入开展重点水域和地段安全隐患排查巡查工作，特别加强对有安全隐患、溺水事故多发的湖、水库、池塘、公园、建设工地水坑等水域的安全检查。移动、联通、电信等充分发挥自身优势，重视交通和防溺水公益宣传报道和公益信息的发送，以各种宣传手段让广大家长和青少年儿童知晓防溺水"六不一会"等内容，切实增强社会各界，尤其是学生和学生家长的防范意识。

（三）常态化督导，念好"紧箍咒"

为进一步压实政府属地责任、部门监管责任、学校主体责任，让督察工作真正"长牙齿"。2020年7月，晋江市学校安全委员会出台了《防范学生溺水工作调查处理及问责办法（试行）》，逐一明确事件调查处理流程、问责情形和处理方式，把防溺水工作融入日常生活。市政法、教育、公安、水利、民政、应急、卫健、人社、住建、农业农村和自然资源规划等部门每年组成联合督察组，采取"四不两直"方式进行督察。督察组坚持"经过就不放过"，常态化暗访督察"解剖麻雀"，及时通报督察情况、揭露问题短板，推动各地各部门各学校时刻绷紧安全生产之弦，举一反三、以点带面抓好督察反馈问题整改工作，确保清仓见底、动态清零。市教育局还联合市应急管理局、市公安局等部门专门制定常态化督察工作方案，成立工作专班，针对检查发现的问题进行现场交办，确保各地各部门及有关学校及时整改，并适时开展"回头看"工作，推动防范学生溺水工作落地见效。

二 坚持以人为本，强力推进立体化宣教活动

为有效预防和减少中小学生溺水事故的发生，确保师生生命安全、校园和谐稳定，晋江市教育系统坚持"以人为本，生命至上"管理理念，发挥学校主阵地作用，开展立体化的安全宣传活动，形式灵活多样，让防溺水安全知识入心入脑。

（一）突出三个重点，让防溺水安全教育有目标

一是抓好"实施人"的教育。校长和教师是抓防溺水安全教育的实施者。每年召开4次以上的全市教育系统安全工作会议，组织签订《学校综治安全目标管理责任书》，让全体学校校长明白防溺水安全教育的重要意义，推动"一把手"亲自抓安全、亲自抓安全教育，发挥领导干部在安全教育中的模范带头作用。依托教师进修学校，围绕学校安全教育等内容，制定培训计划，有计划地组织学校安全管理人员、学校负责人、安保人员开展岗位安全培训，将安全教育及管理内容作为进修学校进行校长、教师培训的重要内容和师训干训的必修课程，每年各级安全培训达8000余人次。

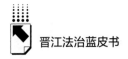

二是抓好"受教育人"的教育。学生的安全教育是我们实施安全教育的最终目标和核心环节，我们充分发挥学校主渠道、主课堂的作用，根据学生年龄特点和认知水平，对学生进行防溺水安全意识的"启蒙、感悟、识别"教育。其一，把防溺水安全教育融入活动。遵守教育规律，引导中小学结合"书香校园"、主题班会、团队活动等形式，开展朗诵、小品、谜语、相声、童谣、快板、南音、木偶戏、故事会、课本剧、三句半展演活动，使防溺水安全教育寓教于乐。如锦青中心小学利用彩印在地上的飞行棋，把防溺水知识和教育内容刻入其中，让孩子在课间课外游戏里，将安全意识常记于心；金山小学自创防溺水童谣，并将之作为校歌传唱，让学生在课堂中学安全知识、在活动中悟安全知识、在生活中践行安全知识。其二，把防溺水安全教育融入教材。开展安全教育优秀教案、课件征集评选活动和图片资料、优秀作品征集活动。如晋江市教育局将优秀防溺水课件汇总上传省教育厅网站分享；安海菌柄小学将安全课纳入课表，制作《学生安全手册》将其作为专用教材，每周组织开展安全教育课堂。其三，把防溺水安全教育融入校园文化。安全文化是校园文化的有机组成部分，在校园网、校报、校刊上宣传安全教育成果。231 所学校编辑校报校刊，694 所学校悬挂、张贴宣传标语，102 所学校设置安全教育展厅，417 所学校结合校园文化节举办安全文化成果展，防溺水安全教育作为重要内容被突出，让安全教育入耳入脑入心。

三是抓好对"监护人"的教育工作。众所周知，家长的"教育"本不属于教育部门和学校，但家长的天职（第一监护人）决定了家长在孩子安全教育方面的重要性。据统计，晋江市 90% 以上的事故都是在家长监护不到位的情况下发生的，市教育部门和学校除了利用告家长书、家长会、家访等常规手段对其进行安全"教育"外，还利用"学校安全教育平台"组织家长参与安全知识宣传活动，每逢节假日来临前都向全市家长发送安全提醒短信，利用"晋江市教育局"微信公众号推送防溺水安全知识。晋江市累计向家长发送防溺水安全提醒短信 1500 多万条，推送防溺水安全主题微信 40 余期，总阅读量 230 余万次。暑期向全市学校发放教育部预防溺水《致家长的一封信》并组织回执回收。

（二）抓好三项结合，让防溺水安全教育全覆盖

一是坚持校内和校外相结合，从时间上力争全覆盖。以校内为主阵地，通过课堂、宣传栏、讲座、班会、每天放学前 5 分钟安全教育、演练、主题活动、"学校安全教育平台"教师版等推进防溺水安全教育进校园进课堂。通过"学校安全教育平台"家庭版活动、暑期学生安全夏令营（暑假期间）、"四点钟"学校（学校放学后）以及短信、微信、告家长书等推进防溺水安全工作。晋江珠江体育文化发展有限公司从 2021 年起着力打造"蓝泡泡"防溺水公益课程，从防溺水进校园到现场实践教学，通过知识讲解和实践体验相结合的方式，向师生、家长普及防溺水安全知识和自救互救技能。截至 2023 年 6 月，已累计开展防溺水宣传教育活动上百场，受益师生及家长超 3 万人次，将防溺水安全教育延伸至校外，营造安全教育时时在身边的氛围。

二是坚持线下和线上相结合，从空间上力争全覆盖。学校每学年开设不少于 12 课时安全教育课程，开展全国中小学生安全教育日、安全生产月等主题宣传教育活动，突出防溺水安全教育内容。选拔 6 名优秀安全教育工作者赴四川成都参加《中小学幼儿园应急疏散演练操作规程》福建专场实操培训，另委托中国教育学会分三期举办《中小学幼儿园应急疏散演练操作规程》实操培训晋江专场，开设"溺水自救互救及洪灾疏散""生命救护（止血 & 心肺复苏术）"课程，全市 701 名安全员参加培训，做足做齐线下安全教育工作。以"学校安全教育平台"为主线、以微信等新媒体为辅线开展线上防溺水安全教育，让学生随处都能接受防溺水安全教育。

三是坚持常规和创新相结合，从内容上力争全覆盖。在保证常规内容不少的情况下，积极探索创新内容，力求安全教育效果最大化。有的学校以防溺水为主题在学校水泥地上彩印飞行棋，吸引学生通过玩游戏掌握防溺水安全知识。制作《让爱不溺》动漫视频、《未成年人安全宝典》宣传手册，免费向学生播放、发放。

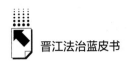

三 持续推进"三防"建设，扎牢防溺水"预警网"

（一）加大宣传教育经费投入

2022年以来，晋江教育系统共开展宣传教育活动703场、排查危险水域34处、新增警示标志609个、制作宣传广告牌51面、发放宣传单（册）30多万份。采取疏堵结合方式，延伸校外服务，积极开展暑期安全夏令营活动，政府投入补助经费约83万元，举办"大爱晋江、七彩暑期、安全护航"暑期学生安全夏令营，服务至少10个镇（街道），共有3000余名人员参加。每年的夏令营设置游泳夏令营和综合夏令营两类。游泳夏令营通过委托具有专业资质的游泳馆，为营员提供专业的游泳培训，提升学生防溺水技能和水中安全技能，一批一批的小营员来到游泳夏令营里，经过学习掌握游泳技能，学成后从夏令营中走出去，所获得的安全技能和防溺水安全知识会伴其一生；综合夏令营由承接方安排社工至外来务工人员密集的企业，为小营员进行全天候的课程教授。课程设计以学生安全度夏为基础，以快乐学习为目标，以针对学生身心发展为特征，涵盖安全常识教育、安全意识培养、安全技能提升及符合学生身心发展特征的兴趣培养、课业辅导、心理健康等领域，倡导情景模拟、学生自主参与、体验式教学等方式，让孩子们在快乐中学习安全知识，有效提升安全意识及自救自护能力，让小营员们在游泳教练、社工的陪伴下，度过安全又快乐的暑期。每年暑期夏令营都以政府购买社工等社会服务形式开办，受到广大外来务工人员家庭、企业、社会的普遍好评，辐射范围愈来愈广。

（二）推进"一镇一泳池"建设

根据《实施方案》文件精神，继续推进"一镇（街道）一校一游泳池"工程建设，并使所建泳池与周边学校实现资源共享，或在暑假期间采取免费或低收费措施向辖区内未成年学生开放，建设资金按市、镇（街道）

各 50% 比例分担，并根据开放量每年补助运行费用 15 万~30 万元。目前，已建成 5 个学校游泳池，共投入 3130 万元，在建学校游泳池 5 个，已投入 3230 万元，拟在晋江市华侨职校再建设游泳场馆 1 座。建成后的学校游泳池在周末和暑期向周边学校学生适当开放，市财政每年给予 60 万元专项补助。

（三）水域环境分类处理

全面贯彻"绿水青山就是金山银山"理念，对前期建设、开发后遗弃的石窟、沙坑、土坑等危险水域进行回填或开发改造，实现生态环境保护和预防溺水工作同步推进，通过改善生态环境，推动废弃矿山、石窟修复工作，促进以项目带动修复工作，探索出通过全面实施生态治理和人居环境整治提升工程带动防溺水工作成效再上一个台阶的新路径。一是抓实日常监管。积极联动各相关部门、各镇（街道）、社会志愿力量形成工作合力，调动一切可调动力量共同参与防溺水安全工作。对一些人员活动较为集中、条件较好的水域，属地单位严格落实日常巡查以及人员值守制度，特别是周末、节假日、暑期时段，增派人手加强区域管控，实行一水域一专队，确保活动集中水域至少有 1 支救援队伍、1 支日常巡查队伍，设置营救专岗、配齐营救设施设备。对于无法落实专人看护、专队营救的水域组织巡逻队、志愿者实时劝阻未成年人私自靠近水边、戏水、涉水等不安全行为。二是加强水域排查整治。全面排查全市范围内江湖河海、渠沟、水池、水库、矿坑、山围塘、在建工地等水域，针对全部水域设置醒目的安全警示标牌，及时设立安全隔离带、防护栏、防护网等。

（四）组建海上义务救护队队伍

晋江市围头海上义务救护队成立于 2009 年 5 月，是一支民间水上义务救生组织，挽救了 600 多名溺水群众，并帮助游玩的家长找回 70 多名走失儿童。经历了 14 个年头的成长，在当地政府大力关怀支持下，围头海上义务救护队从一个非专业的民间组织，成长为今日一支专业的义务救护队伍，有 22 名参与救援值班的志愿者，主要工作是进行专业化、规范化、系统化的水上巡逻、救援及沙滩劝阻，由专业的救生人员进行公开水域安全巡查和防溺水意识的宣传，全年无休地交替值班。队伍现配备有海上救生艇、海上救生摩托艇、救生橡皮艇、智能遥控无人救生艇、救生拖车、高性能救生衣、夜视高清望远镜、救生浮标、水上救生抛绳器、海上救援登礁鞋、高频对讲机、双人皮筏艇、雅马哈船外机、强光手电、救生绳、信号弹、医疗箱等救生设备。海上救援队伍在每年的 4~10 月游客高峰期对围头湾海岸线的沿海村落进行巡护，接到险情通知后立即整合队伍进行救援，不定期组织队员进行应急救援培训和专业技能考试，与其他救援单位进行交流和学习。一路坚持，成立了今天的晋江市金井镇水上救援协会，在这 14 年里，该救护队与大海搏斗，坚守岗位，服务于晋江市沿海各地区，为防溺水事业贡献力量。其工作开展呈现出四个特点。

一是综合性。"一专多能"，以水域应急救援为首要任务。突然事件发生后，快速反应，先期控制，第一时间开展救援，保障救援工作高效及时。长期举办海峡两岸海上救生演练交流活动，进行两岸救生技能交流及培训，在海上救援方面资源共享，共建平安海域、护卫公众安全。积极支持和促进两岸各领域交流与合作。不定期地到周边学校为学生进行"防溺水"教育演讲，教授溺水自救知识，提高了人们"防溺水"应急处置能力。参加防汛防台风工作，开展应急救援行动。

二是专业性。队伍组织专业救援学习、培训和救援演练，优化队伍建设，与其他单位进行交流，不断提高救援能力，提升队伍专业素养，强化队伍战斗力，全力以赴推进队伍向规范化、专业化、标准化发展，确保关键时刻调得动、用得上、顶得住。配备各种必要设备、器材、物资。

三是联动性。与各级领导单位和其他相关团体单位建立联动机制，建立统一、完善的指挥调度体系，在突发事件中能密切协同、形成合力，完成救援任务，有效整合救援力量。

四是广泛性。充分发挥政府、红十字会、学校、行业协会、民间组织的作用，大力发展志愿者队伍，加强队伍基层建设。进行多元化的培训交流，强化救生技能，开展多样化的志愿服务项目，与各相关部门密切合作，构建水上安全防护网，为当地的渔业安全生产、滨海旅游产业发展保驾护航。高强度的劝导巡护下溺水事故越来越少，"防溺水"意识也得到普及。同时利用各种渠道和平台，加强正能量的宣传，提升队伍的知名度和影响力，吸引更多的志同道合的同仁壮大志愿队伍。

四　盯紧水域管理，织密防溺水安全网

为防止溺水事故发生，晋江各市直部门、镇（街道）始终绷紧水域安全管理弦，采取多项有效措施，切实筑牢防溺水安全防线。

（一）撑起水域监管"责任伞"，筑牢安全"守护堤"

2017年全面推行河长制以来，晋江市探索构建"三级五层"（三级指市、镇、村三级，五层指市级河长、镇级河长、河长办、河湖警长、河道专管员）河长制工作体系，形成全员组团治河模式，形成"一条河流、一位河长、一个团队、一抓到底"的治水格局。随着河长制的有序推进，河道硬件防护设施如栏杆、围栏、隔离网、警示标志等被纳入河道清淤改造工程，依托晋江河（湖）长制管理，不断完善水域周边的防护设施，提高水域安全防范水平。2023年晋江重点升级建设智慧网格平台，打造三大基础中台（民意速办中台、任务处置中台、吹哨报到中台）和五大场景应用（"网格+矛盾纠纷调处""网格+安全生产""网格+两违治理""网格+防汛救灾""网格+司法送达"），让网格管理更加便捷高效、基层治理更加精细。在防溺水治理工作中充分兼容"网格+防汛救灾"和"社区联防队职能"，明确"乡镇一级由乡镇（街道）一把手负总责，副职挂片包联""村（社区）一级由村（社区）支部书记任组长（一级网格长），两委分片包干到户"的责任链条，协同社区联防队深入网格水域加大日常巡查力度，采用"步巡+车巡"的方式对在潜在危险水域逗留、垂钓、夜游的人员及时劝离，最大限度地把防溺水工作落实在"一线"、把问题解决在基层。

（二）强化综合治理，扎实做好景区与非景区水域管理工作

景区与非景区的水域管理也是做好学生防溺水工作链条中很关键的一环，强化标本兼治、综合治理势在必行。近年来，晋江市通过市文旅局牵头设立专门的水域管理部门，制定相关管理规定和标准，明确各级管理机构的职责，组建专班，增加巡查人员和设备，建立水域警示预警系统，包括安全标识、预警设施和应急通信网络等，利用先进科技手段，如人工智能、无人机等，加强对水域的实时监测和数据收集，为从事水域管理的工作人员提供相关培训，提升他们的专业能力，加大对违法行为的处罚力度，打击非法开展水域活动的行为，以维护水域安全和秩序。此外，镇（街道）政府还通过石窟、水坑等废弃水域的改造，实现变废为宝、化险为夷。如永和镇，随着建筑饰面石材行业整体退出转型，其在石窟生态修复方面不断下功夫，将多个小型石窟变成绿地和口袋公园，变成人们的休闲去处。生态修复卓有成效，也让永和镇有了一个更"大胆"的设想，即将巴厝这处险峻的大石窟改造成秘境公园。

（三）坚持系统思维，探索"疏堵"新举措

严把泳池（含水乐园）建设审批并提升规范管理能力，有效防范因操作违规导致的溺水事故。截至 2023 年 8 月，晋江全市游泳池（馆）共 60 个，均按要求审批颁证。对泳池建设项目实行专家评估机制，确保审批过程中专业人士的参与，通过科学、客观地评估，减少隐患。制定和完善泳池建设和管理的行业标准，明确泳池的设计、建设、运营和维护等各个环节的规范要求，确保泳池的安全性和卫生条件。此外，还通过对泳池运营管理人员进行培训认证，提高其对泳池管理的专业知识和操作技能的掌握水平，增强其安全意识和应急处理能力，举办泳池安全宣传教育活动，加强对公众、游泳者和相关从业人员的安全意识教育，提高大众对泳池安全相关知识的掌握程度。

（四）拓宽宣教渠道，提升防范意识

坚持不间断地宣传引导，通过微信公众号、村居"大喇叭"、公共显示屏、移动宣传车等渠道面向社会广泛宣传；重点发挥学校主阵地作用，通过"放学5分钟教育"、主题班会、家长会、一封信等多种形式向学生、家长宣传防溺水知识和要求；组织红十字会人员、派出所民警、志愿者等人员深入辖区幼儿园、中小学校，开展安全教育防溺水宣讲活动，现场示范讲解发生溺水时自救、急救的措施及方法等，真正形成全员参与、大抓防溺水的浓厚氛围。将中小学生溺水防范工作延伸至"最后一公里"，确保各项措施落地，是一道绕不开的必答题。持续变化的是工作方式方法，恒久不变的是对生命至上价值的追求。

晋江市中小学生防溺水工作取得了显著成效，但距离满足人民群众对美好生活的向往和形成支撑全市经济社会高质量发展应具备的安全基础保障还有一定的提升空间。一是要进一步发挥网格化管理优势。按照"预防为主、源头治理"的原则，组织防溺水巡逻队对辖区内山塘、水库、江河等危险水域隐患进行全面排查整治，绘制全市水域分布图，对存在问题实行挂牌销号制度，督促及时整改到位，对破坏、丢失的警示牌及时更换添补，在全市高风险水域设立"一绳一杆一圈一哨"应急设施，做到隐患排查全覆盖。二是要持续运用"人防+物防+技防"的手段。通过建设防溺水智能预警平台，安装防溺水视频监控系统、警报系统，借助无人机巡值等举措，实现岸边有预警、水域有巡逻、空中有无人机的立体化防溺水格局。三是要持续推进"一镇（街道）一泳池"建设。借助多元化公共服务设施，引导各镇（街道）建设公益游泳池，开展创建"疏堵结合"防溺水试点工作，以此"疏"解家长的焦虑，"堵"住孩子的"野心"。

Abstract

In June 2002, President Xi, then the Governor of Fujian Province went to Jinjiang to systematically summarize and refine the development model of Jinjiang on the basis of extensive research and deep thinking, and put forward the "Jinjiang Experience". Since then, the "Jinjiang Experience" has become a guideline for guiding the economic and social development of Jinjiang, and has produced a good demonstration effect in Fujian Province and even the whole country.

The *Annual Report on Development of the Rule of Law in Jinjiang No. 1* (*2023~2024*) (*Blue Book of the Rule of Law in Jinjiang*) takes empirical research as the main method, based on Jinjiang County, looking at the rule of law across the country, observing, sorting out and presenting the achievements, dynamics and trends of the work of comprehensively governing the city according to law in Jinjiang City, Fujian Province in recent years, especially since 2022. On this basis, this paper considers how to promote the rule of law at the county level and build a law-based business environment on the new journey, and expects to provide targeted countermeasures, suggestions and intellectual support for the modernization of the grassroots governance system and governance capacity.

The book is divided into six parts: General Report, Rule of Law Government Chapter, Judicial Justice Chapter, Business Environment Chapter, Grassroots Governance Chapter, and Legal Service Chapter. The "General Report" reviews and summarizes the practice of Jinjiang City in promoting the rule of law from many aspects, such as implementing the idea of rule of law, strengthening the party's leadership, optimizing the business environment, administering according to law, ensuring judicial fairness, and building a society under the rule of law, and analyzes some challenges faced by the construction of the rule of law in Jinjiang. The "Rule of Law Government Chapter" focuses on the construction of the rule of law government at Jinjiang County, and shows Jinjiang's achievements in law enforcement and supervision from the perspectives of promoting strict and standardized law enforcement, pilot reform of law enforcement system, emergency rule of law construction and "government cloud" innovation. The two reports of the "Judicial Justice Chapter" respectively start from the perspectives of the people's courts and the people's procuratorates, and discuss the positioning and role of grassroots trials and procuratorial organs in activating the judiciary and justice for the people. The "Business Environment Chapter" focuses on inheriting and carrying forward the "Jinjiang Experience", discusses the path of building a law-based business environment at the county level, and deeply considers the relationship between the government and enterprises, and the contribution of social science research to the construction of the rule of law. The "Grassroots Governance Chapter" interprets pluralistic co-governance with rich practices at the levels of safe Jinjiang construction, large-scale community governance, "to rule medicine according law" and employees' rights protection in accordance with the law. The "Legal Service Chapter" focuses on the practice of legal aid in Jinjiang, and takes "building a multi-dimensional safety barrier against drowning" as an example, reflecting the government's public legal services to promote and guarantee the construction of a rule of law society.

Contents

I General Report

Abstract: For more than 20 years, under the guidance of the "Jinjiang Experience", Jinjiang City has practiced the concept of "the rule of law is the best business environment" and has continued to develop rapidly. Embarking on a New Journey in the New Era, jinjiang takes the demonstration and creation of the rule of law government as the main starting point, comprehensively advances the work of governing the city according to law from various aspects such as implementing the idea of the rule of law, strengthening the party's leadership, optimizing the business environment, administering the government according to law, ensuring judicial fairness, and building a society under the rule of law, forming many work highlights, promoting the high-level construction of the rule of law in Jinjiang, and helping Jinjiang develop with high quality. However, at present, the work of rule of law in Jinjiang is still facing problems such as imperfect working mechanisms and inadequate structural reforms. In the next step, Jinjiang City will further improve the leadership system and working mechanism for the construction of Jinjiang under the rule of law, strive to enhance the effectiveness of rule of law supervision, improve the level of administration according to law, deepen the construction of a rule of law society, and provide a strong legal guarantee for striving to promote the practice of Chinese-style modernization in Jinjiang and write a new chapter of the "Jinjiang Experience".

Keywords: "Jinjiang Experience"; Comprehensively Administer the City According to Law; Rule of Law Government

Ⅱ　Rule of Law Government Chapter

B . 2　Practice of Public Security to Standardize Law

　　　Enforcement in Jinjiang

Project Team of Jinjiang Public Security Bureau / 016

Abstract: In the context of building public security under the rule of law, the Jinjiang Municipal Public Security Bureau has taken the initiative to adapt to the new changes brought about by the construction of the rule of law in China in combination with the actual situation and outstanding characteristics, and has taken the standardized construction of law enforcement as a basic, long-term and systematic project to lead the public security work around the goal of building public security under the rule of law, creating an upgraded version of the standardization of law enforcement, and continuously improving the level of public security under the rule of law. At the same time, however, due to the scattered legal basis for public security law enforcement, the complex law enforcement environment, the uneven quality of the people's police force, and the incompleteness of law enforcement supervision and law enforcement guarantees, there is still room for further improvement in the standardization of public security law enforcement. In the future, it is necessary to improve the list of law enforcement powers and responsibilities, refine the discretionary benchmarks, upgrade the supervision and management of law enforcement, and comprehensively promote the standardization of public security law enforcement.

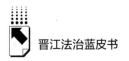
Keywords: Public Security under Rule of Law; Law Enforcement Standardization; Jinjiang Municipal Public Security Bureau

B . 3   Exploration of the Pilot Work of "One Team to Manage

Law Enforcement" in Jinjiang City

Project Team of Jinjiang City Administration Bureau / 029

Abstract: Jinjiang has thoroughly implemented the spirit and relevant requirements of the central government's document on the sinking of law enforcement forces and the reform of town and street institutions, actively carried out pilot work, and continuously deepened the reform of comprehensive administrative law enforcement. In recent years, with the focus on solidly promoting "one team to manage law enforcement" in towns and streets, it has taken the lead in realizing the "five in place" of institutional setup, force allocation, function transfer, mechanism operation, and law enforcement guarantee, effectively resolving the two major dilemmas of "multiple law enforcement and duplicate law enforcement" and "what can be seen and cannot be managed, and what can be managed cannot be sealed up", and promoted the quality and upgrading of the grassroots governance system and governance capacity, and achieved phased results. At the same time, in the face of the problems of lagging behind in the construction of institutional norms, improper allocation of law enforcement functions, and insufficient professional law enforcement forces in the reform of the comprehensive law enforcement system, it is also necessary to further improve the top-level design, straighten out the hierarchical relationship, and strengthen departmental coordination.

Keywords: A Team to Manage Law Enforcement; Comprehensive Administrative Law Enforcement Reform; Grassroots Law Enforcement

B.4 Jinjiang "Emergency Rule of Law" Construction

Project Team of Jinjiang Emergency Management Bureau / 037

Abstract: Jinjiang has always attached great importance to safety production work, closely focused on the overall situation of the city's economic and social development, actively promoted the construction of emergency rule of law, and achieved fruitful results in improving the safety production responsibility system, deepening the rectification of key industries, improving the accident risk prevention mechanism, and consolidating the grassroots foundation of safety production, which greatly eliminated the hidden dangers of safety production and effectively promoted the safety production and development of enterprises in the city. In the future, it is necessary to prevent and resolve safety risks and improve the level of emergency rule of law construction in Jinjiang by further implementing the responsibility for safe production, improving the emergency rescue system, and strengthening the risk monitoring and early warning mechanism.

Keywords: Production Safety; Risk Supervision; Emergency Rule of Law

B.5 "Cloud on Jinjiang"

—County Government Cloud Innovation Practice

Project Team of Jinjiang Industry and Information Technology Bureau / 052

Abstract: Comprehensively building a digital rule of law government and improving the digital level of rule of law government construction are the requirements and goals of the construction of a rule of law government in the new era. Jinjiang City actively explores the "Jinjiang Path" to promote the construction of a new smart city, and takes the construction of "government cloud" as the starting point to create the first district and county government affairs cloud platform in Fujian Province- "Cloud on Jinjiang", leading the orderly migration of departmental business systems to the cloud, and launching a new district and

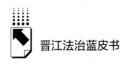

county government affairs cloud application model of "front store and back factory". Compared with the traditional government affairs processing system, "Cloud on Jinjiang" has the advantages of openness and sharing, intelligent operation, convenient use, intensive and efficient, safe and reliable, which greatly improves the efficiency of the use of government funds and effectively improves the level of government governance under the rule of law. However, in practice, the government cloud still faces risks and problems in security operation and maintenance and management, and in the future, it will continue to contribute more powerful digital power to the construction of a digital rule of law government by improving the resource security monitoring system and strengthening service support capabilities.

Keywords: Government Cloud; "Cloud on Jinjiang"; Digital Rule of Law Government; E-government

III Judicial Justice Chapter

B . 6 The Innovative Practice of "Jinjiang Experience" for Brand Judicial Protection

—*Taking the " Three-end, Three-link, Three-high" Mechanism of Jinjiang Court as an Example*

Project Team of Jinjiang Municipal People's Court / 066

Abstract: With the development of big data, Internet of Things, blockchain and other related technologies, the brand industry is in a critical window period of technology accumulation, and the development of brand enterprises has also become the focus of attention of the government, enterprises, investment institutions and other parties. In order to better cope with the development and transformation of Jinjiang brand, and solve the problems of weak brand innovation vitality, unbalanced sales environment, and reduction of infringement costs, Jinjiang Court actively carried out the exploration and practice of the " three-end, three-link, three-high " intellectual property protection mechanism, and made joint efforts in front-end litigation mediation, middle-end trial, and end service, and linked with departments, industries, and experts to promote the implementation of the high-standard strict protection trial concept, high-quality fair competition environment, and high-level severe punishment of infringement, with remarkable results, and was fully affirmed by the higher-level authorities and enterprises in the city. In order to further improve the level of brand judicial protection, it is necessary to further explore a new model of integration of justice, brand and party building, media and big data in the future, release the potential of the brand, and serve the transformation and upgrading of the brand and high-quality development.

Keywords: Brand Judicial Protection; Intellectual Property Protection Mechanism; Brand Rights Protection

B.7   The Jinjiang Practice of "Active Prosecution"

Project Team of Jinjiang Municipal People's Procuratorate / 080

Abstract: The Jinjiang Municipal People's Procuratorate actively serves the work of the whole city center, puts the procuratorial work in the overall situation of the city's economic and social development to plan and promote, not only firmly grasps the positioning of the procuratorial function, further promotes the criminal, civil and administrative procuratorial supervision, and implements the procuratorial function of the new era of public interest litigation procuratorate, but also pays attention to the substantive resolution of contradictions and disputes, the protection of minors, etc. , continues to seek the well-being of the people, and strives to optimize the business environment under the rule of law, launches enterprise compliance construction services, and escorts the development of enterprises with the power of the procuratorate. At the same time, we will persist in innovating methods of popularizing the law, strengthen the work of popularizing the law, constantly enrich the connotation of procuratorial work in the new era, strive to become an advanced grassroots procuratorate in the country.

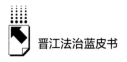
Keywords: Procuratorial Organs; "Active Prosecution"; Procuratorial Supervision

Ⅳ　Business Environment Chapter

B.8　Social Sciences Enable the Construction of Law in Jinjiang

Project Team of Jinjiang Social Sciences Federation ∕ 092

Abstract: Jinjiang Association of Social Sciences is a joint organization of the city's philosophical and social science societies, research societies and associations, and actively plays an organizational role in the inheritance and promotion of the "Jinjiang experience" and the construction of the "Jinjiang rule of law", guides the social science community to integrate into the construction of the rule of law, promotes the popularization of the rule of law, expands the scope and improves the quality, and helps the research on the rule of law to go deeper and more practical, and has solid practical experience and foundation in planning social science work, expanding the mass base, and giving full play to academic advantages. In the future, social science work will be further promoted by strengthening publicity and education on the rule of law, highlighting research on applied countermeasures, and deepening academic exchanges, so as to enhance the effectiveness of social science in empowering the construction of rule of law in Jinjiang.

Keywords: "Jinjiang Experience"; Social Sciences Association; Rule of Law Jinjiang

B.9　Analysis of the Construction Path of County Legal

　　　Business Environment

　　—Jinjiang as the study sample

Project Team of The CPC Jinjiang Municipal Party School ∕ 105

Abstract: The rule of law is an important starting point for creating a high-quality business environment and maintaining regional competitive advantages. Jinjiang City attaches great importance to the supporting role of the rule of law in economic development, always adheres to the concept of systems, starts from the basic aspects of legislation, law enforcement, and judicial rule of law construction, and greatly activates the vitality of private enterprises and the momentum of social development through the introduction of measures such as pro-enterprise policies, parallel regulatory services, judicial protection of property rights, and compliance judicial services, and ranks among the top counties in the country in the business environment evaluation ranking. In the future, Jinjiang will further improve the institutional foundation, promote government services, strengthen judicial guarantees, build a first-class law-based business environment, and escort the development of the private economy.

Keywords: Rule of Law in Business Environment; Private Economy; Rule of Law at the Country Level

B. 10 The Jinjiang Practice of Helping Small and Medium-sized Enterprises to Develop the Market

Project Team of Jinjiang Bureau of Commerce / 119

Abstract: Jinjiang is a large city with a private economy, with a high proportion of small and medium-sized enterprises, which makes a great contribution to economic development. In recent years, Jinjiang City has helped small and medium-sized enterprises to explore domestic and foreign markets through the development of professional markets, the cultivation of exhibition economy, the excavation of overseas Chinese resources, the strengthening of production capacity cooperation, the enhancement of enterprise competitiveness, and the strengthening of government-enterprise interaction, and has achieved certain results. However, due to the complex macro environment at home and abroad, foreign trade orders have shrunk, domestic competition has intensified,

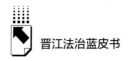
and small and medium-sized enterprises are still facing difficulties in orders, production and sales to varying degrees. In the future, Jinjiang will further guide enterprises to reduce costs and increase efficiency, vigorously develop new forms of foreign trade, and improve the supporting service system, so as to help small and medium-sized enterprises expand domestic and international, online and offline markets, and achieve high-quality development of the private economy.

Keywords: Helping Small and Medium-sized Enterprises; Private Enterprises; Government-enterprise Interaction

B.11　Practice and Thinking of Improve the Government
　　　　 Service Environment to Help Promote the High-quality
　　　　 Development of the Private Economy

Project Team of Chendai Town People's Government / 134

Abstract: The government service environment is an important focus of optimizing the business environment, which requires the government to be guided by the needs of enterprises, to establish a good relationship between government and business as the core, and continuously improve the ability of government service enterprises to create a service-oriented government. Based on the actual situation of the region, Chendai Town has continuously deepened the reform of the examination and approval system, and promoted the online office, nearby office, one-time office, and self-service office of government services by exploring service models such as "license-free office", "handheld approval" and "one industry and one certificate", which has effectively improved the efficiency of examination and approval. In order to continuously improve the efficiency of government services, Chendai Town will further establish a precise service thinking, build a service standard system, deepen digital reform, and promote the high-quality development of the private economy with a high-quality government service environment.

Keywords: Government Service; Business Environment; High-quality Development

B.12 Regulation and Law Enforcement in the Field of IP
Rights in Jinjiang

Project Team of Jinjiang Market Regulation and Administration Bureau / 142

Abstract: In the context of the new era economy, innovation is the primary driving force, and intellectual property protection is an important support for innovation-driven production. In order to ensure the innovation and development of enterprises and help "knowledge empowerment", Jinjiang City has actively carried out work in terms of intellectual property talent cultivation, construction of rights protection positions, diversified dispute resolution, property rights protection publicity and comprehensive trademark supervision, which has effectively alleviated the long cycle and high cost of intellectual property rights protection in Jinjiang City, and built a pattern of intellectual property protection. However, at the same time, it is also faced with problems such as the relative lack of guidance capacity to deal with overseas disputes and the insufficient administrative enforcement force of intellectual property rights, so it is necessary to take the initiative based on the development status of the local market and take the initiative with the intellectual property rapid rights protection center as the main position, so as to further create high-quality rights protection services and stimulate the vitality of social innovation and creativity.

Keywords: Intellectual Property; Optimization of Business Environment; Intellectual Property Rapid Enforcement Center

V Grassroots Governance Chapter

B.13 "Six Guard Six No" Peace Construction Exploration and
Practice in Jinjiang

Project Team of CPC Jinjiang Municipal Political and Legal Committee / 159

Abstract: Since the 19th CPC National Congress, Jinjiang benchmarked the pilot requirements of the Central Political and Legal Commission for the modernization of social governance at the municipal level, continuously deepened and promoted the construction of "Safe Jinjiang", combined the promotion and development of the "Jinjiang Experience" with the "Fengqiao Experience" in the new era, and innovatively launched the "Six Observance and Six No" safety series creation work, that is, honesty and no dishonesty, law-abiding and no cases, law-abiding and no accidents, abiding by contracts without bad customs, abiding by morality without disputes, and keeping integrity without corruption. At the same time, as the external environment becomes more severe and complex, Jinjiang's economy and society are facing new transformation, various risks continue to accumulate and superimpose, there are still weak links in the grassroots foundation, and the construction of safety is also facing great challenges. In the future, it is necessary to strengthen the overall leadership of the party committee and government, accelerate the modernization of the social governance system and governance capacity, improve and improve the mechanism for the creation of peace, consolidate the foundation for the creation of peace, and build a higher level of safety in Jinjiang.

Keywords: "Six Guard Six No"; Safe Jinjiang; Social Governance

B. 14　Exploration of Large Community Governance Mode

in Jinjiang Under the Background of New Urbanization

Project Team of Jinjiang Civil Affairs Bureau / 173

Abstract: With the continuous development of Jinjiang's economy and society, the continuous gathering of industries, and the continuous advancement of the new urbanization process, large communities with a population of more than 10000 people have emerged. The Jinjiang Municipal Party Committee and the Municipal Government have actively innovated the governance methods of large-scale communities in combination with the actual conditions of large-scale communities, and explored the paths of leading party building, improving the guarantee mechanism for community work, promoting the specialization of community work, strengthening the construction of community work teams, and improving the living environment, and a number of large-scale community management practices with Jinjiang characteristics have emerged. However, compared with traditional communities, the governance of large-scale communities in Jinjiang still faces the imbalance between heavy tasks and limited strength, rigid operation and maintenance expenses and limited funds, diverse residents' needs and limited services, and complex community conflicts and limited means of resolution. In order to solve these problems, it is also necessary to continuously improve the community governance system and mechanism from many aspects such as party organization construction, community burden reduction, income generation, team building, convenient services, publicity and education, etc. , and improve the level of large-scale community governance.

Keywords: Large Community; Grassroots Governance; New Urbanization

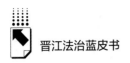

B . 15 The Jinjiang Model of "Governing the Hospital by Law"

Project Team of Jinjiang Health and Health Bureau / 186

Abstract: "Governing hospitals according to law" is an important public management task aimed at ensuring the legal and efficient operation of medical institutions. As a county-level city with rapid economic development, Jinjiang City actively responds to the spirit of the central government's document on the construction of the rule of law and the laws and regulations in the field of medical and health care, actively responds to the challenges in the field of medical and health care, and focuses on the current weak links in the management and operation mechanism of medical institutions and the current situation of frequent contradictions between doctors and patients, and forms the Jinjiang model of "governing the hospital according to law" —the "3 +1" work model, that is, taking a sound legal risk prevention system as the foundation and a strong legal construction and operation system as the guarantee. A framework for the construction of the rule of law in medical institutions supported by a sound system of learning laws and regulations, as well as a working mechanism for handling doctor-patient disputes in accordance with the law. However, at present, there are still problems such as insufficient resource investment, difficulties in the implementation of supervision, and insufficient cultivation of awareness of the rule of law. In view of this, Jinjiang City will start from three aspects in the future: strengthening legal supervision, strengthening personnel training, and innovating ways to popularize law, with a view to further improving the Jinjiang model of "governing the court according to law".

Keywords: Governing Hospitals According to Law; Medical Institution Management System; Doctor-patient Disputes

B. 16   To Inherit the "Fengqiao Experience" and Sink Worker's

Rights Protecting Mechanism According to Law

—*Preliminary Study on the Integration Construction of*

Workers' Rights Protection in Jinjiang

Project Team of Jinjiang Federation of Trade Unions / 199

Abstract: The "Fengqiao Experience" is a mass work method summed up by the Communist Party of China in its long-term revolutionary practice, emphasizing the masses-centered approach and resolving disputes through mediation and consultation. In the field of employee rights protection, the "Fengqiao Experience" also has strong applicability. Jinjiang Federation of Trade Unions inherits the "Fengqiao Experience", focuses on the basic functions of rights protection and service, actively practices the "Fengqiao Park" mechanism, strengthens the cross-border integration of resources, and integrates resources from all aspects through the establishment of an integrated base of legal services for employees in the provincial development zone, so as to provide employees with all-round and whole-process rights protection services, effectively protect the legitimate rights and interests of employees, and promote the harmony and stability of labor relations. With the development of labor relations and the limitation of the site of the integrated base, in the future, the service radius of the base will be expanded, the typical demonstration and radiation driving role of the base will be played, the replication and promotion efforts will be increased, and the distribution of the integrated base will be promoted. Thus from one point, the east, west, south and north regions of the city will be covered, and a new pattern of protecting workers' rights in the nearest place will be built.

Keywords: "Fengqiao Experience"; Park Fengqiao; Integration of Employee Rights Protection

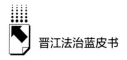
VI Legal Service Chapter

B. 17 Practice and Innovation of Legal Aid in Jinjiang

Project Team of Jinjiang Justice Bureau / 215

Abstract: Legal aid is a legal protection network woven by the state for groups in need, and it is also one of the important contents of China's social security mechanism. After years of hard work and development, Jinjiang City's legal aid work has achieved remarkable results, showing the characteristics and good development trend of "having a high-quality and professional legal aid team, a three-level legal aid network that is 'horizontal to the edge and vertical to the end', and a 'one-stop' and 'one-stop' legal aid work mechanism", and social benefits are growing day by day. However, in the context of the increasing demand for legal aid, there are still some practical difficulties in areas such as legal aid funding, strength, service methods, and external support, and it is also necessary to further strengthen legal aid publicity, expand the coverage of legal aid, deepen measures to facilitate services, pay close attention to the quality of legal aid services, continuously improve and perfect legal aid work, and provide the people with higher quality legal aid services.

Keywords: Legal Aid; Public Service; Social Security

B. 18 The Jinjiang Practice of Building a Strong

Multi-dimensional Anti-drowning Safety Barrier

Project Team of Jinjiang Education Bureau / 228

Abstract: Based on the city's drowning prevention safety work situation, the education system of Jinjiang City adheres to systematic thinking, comprehensively implements policies from the four dimensions of mechanism, people, things and environment, and takes the introduction of work plans, the implementation of safety responsibility systems, and the strengthening of supervision as the starting point, improves the drowning prevention work mechanism, and strives to promote three-dimensional drowning prevention propaganda and education activities from the aspects of propaganda and education objects and methods, and establishes and improves the drowning prevention early warning and rescue mechanism, and strengthens the classified management of waters. Make full use of innovative practices such as grid management to build a strong safety barrier for primary and secondary school students in the city to prevent drowning.

Keywords: Drowning Prevention; Safety Responsibility; Watershed Management

社会科学文献出版社

皮 书

智库成果出版与传播平台

❖ 皮书定义 ❖

皮书是对中国与世界发展状况和热点问题进行年度监测，以专业的角度、专家的视野和实证研究方法，针对某一领域或区域现状与发展态势展开分析和预测，具备前沿性、原创性、实证性、连续性、时效性等特点的公开出版物，由一系列权威研究报告组成。

❖ 皮书作者 ❖

皮书系列报告作者以国内外一流研究机构、知名高校等重点智库的研究人员为主，多为相关领域一流专家学者，他们的观点代表了当下学界对中国与世界的现实和未来最高水平的解读与分析。

❖ 皮书荣誉 ❖

皮书作为中国社会科学院基础理论研究与应用对策研究融合发展的代表性成果，不仅是哲学社会科学工作者服务中国特色社会主义现代化建设的重要成果，更是助力中国特色新型智库建设、构建中国特色哲学社会科学"三大体系"的重要平台。皮书系列先后被列入"十二五""十三五""十四五"时期国家重点出版物出版专项规划项目；自2013年起，重点皮书被列入中国社会科学院国家哲学社会科学创新工程项目。

权威报告·连续出版·独家资源

皮书数据库
ANNUAL REPORT(YEARBOOK)
DATABASE

分析解读当下中国发展变迁的高端智库平台

所获荣誉

- 2022年，入选技术赋能"新闻+"推荐案例
- 2020年，入选全国新闻出版深度融合发展创新案例
- 2019年，入选国家新闻出版署数字出版精品遴选推荐计划
- 2016年，入选"十三五"国家重点电子出版物出版规划骨干工程
- 2013年，荣获"中国出版政府奖·网络出版物奖"提名奖

皮书数据库

"社科数托邦"
微信公众号

成为用户

　　登录网址www.pishu.com.cn访问皮书数据库网站或下载皮书数据库APP，通过手机号码验证或邮箱验证即可成为皮书数据库用户。

用户福利

- 已注册用户购书后可免费获赠100元皮书数据库充值卡。刮开充值卡涂层获取充值密码，登录并进入"会员中心"—"在线充值"—"充值卡充值"，充值成功即可购买和查看数据库内容。
- 用户福利最终解释权归社会科学文献出版社所有。

数据库服务热线：010-59367265
数据库服务QQ：2475522410
数据库服务邮箱：database@ssap.cn
图书销售热线：010-59367070/7028
图书服务QQ：1265056568
图书服务邮箱：duzhe@ssap.cn

社会科学文献出版社 皮书系列
SOCIAL SCIENCES ACADEMIC PRESS (CHINA)
卡号：381596836146
密码：

S 基本子库
SUB DATABASE

中国社会发展数据库（下设 12 个专题子库）

紧扣人口、政治、外交、法律、教育、医疗卫生、资源环境等 12 个社会发展领域的前沿和热点，全面整合专业著作、智库报告、学术资讯、调研数据等类型资源，帮助用户追踪中国社会发展动态、研究社会发展战略与政策、了解社会热点问题、分析社会发展趋势。

中国经济发展数据库（下设 12 专题子库）

内容涵盖宏观经济、产业经济、工业经济、农业经济、财政金融、房地产经济、城市经济、商业贸易等 12 个重点经济领域，为把握经济运行态势、洞察经济发展规律、研判经济发展趋势、进行经济调控决策提供参考和依据。

中国行业发展数据库（下设 17 个专题子库）

以中国国民经济行业分类为依据，覆盖金融业、旅游业、交通运输业、能源矿产业、制造业等 100 多个行业，跟踪分析国民经济相关行业市场运行状况和政策导向，汇集行业发展前沿资讯，为投资、从业及各种经济决策提供理论支撑和实践指导。

中国区域发展数据库（下设 4 个专题子库）

对中国特定区域内的经济、社会、文化等领域现状与发展情况进行深度分析和预测，涉及省级行政区、城市群、城市、农村等不同维度，研究层级至县及县以下行政区，为学者研究地方经济社会宏观态势、经验模式、发展案例提供支撑，为地方政府决策提供参考。

中国文化传媒数据库（下设 18 个专题子库）

内容覆盖文化产业、新闻传播、电影娱乐、文学艺术、群众文化、图书情报等 18 个重点研究领域，聚焦文化传媒领域发展前沿、热点话题、行业实践，服务用户的教学科研、文化投资、企业规划等需要。

世界经济与国际关系数据库（下设 6 个专题子库）

整合世界经济、国际政治、世界文化与科技、全球性问题、国际组织与国际法、区域研究 6 大领域研究成果，对世界经济形势、国际形势进行连续性深度分析，对年度热点问题进行专题解读，为研判全球发展趋势提供事实和数据支持。

法律声明

"皮书系列"（含蓝皮书、绿皮书、黄皮书）之品牌由社会科学文献出版社最早使用并持续至今，现已被中国图书行业所熟知。"皮书系列"的相关商标已在国家商标管理部门商标局注册，包括但不限于LOGO（▨）、皮书、Pishu、经济蓝皮书、社会蓝皮书等。"皮书系列"图书的注册商标专用权及封面设计、版式设计的著作权均为社会科学文献出版社所有。未经社会科学文献出版社书面授权许可，任何使用与"皮书系列"图书注册商标、封面设计、版式设计相同或者近似的文字、图形或其组合的行为均系侵权行为。

经作者授权，本书的专有出版权及信息网络传播权等为社会科学文献出版社享有。未经社会科学文献出版社书面授权许可，任何就本书内容的复制、发行或以数字形式进行网络传播的行为均系侵权行为。

社会科学文献出版社将通过法律途径追究上述侵权行为的法律责任，维护自身合法权益。

欢迎社会各界人士对侵犯社会科学文献出版社上述权利的侵权行为进行举报。电话：010-59367121，电子邮箱：fawubu@ssap.cn。

社会科学文献出版社